Alfons Schweiggert

Bayerns unglücklichster König

Alfons Schweiggert

Bayerns unglücklichster König

Otto I., der Bruder Ludwigs II.

Verlag Sankt Michaelsbund

ISBN 978-3-943135-66-4

Dritte Auflage

Titelbild: Lithographie von Karl Federle, 1889,
nach einer Fotografie von Josef Albert

Gestaltung: Rudolf Kiendl, München

Herstellung: Friedrich Pustet GmbH & Co. KG, Regensburg

Inhalt

Bayerns Schattenkönig

Prolog

Mehr als 3000 Veröffentlichungen in Buchform und in Zeitschriften existieren über den berühmten Bayernkönig Ludwig II. und seine vielbesuchten Märchenschlösser. Über seinen Bruder, den Prinzen Otto, ist so gut wie nichts Umfassendes[1] erschienen. Dabei eröffnet gerade die Kenntnis seiner Biographie interessante, mitunter überraschende neue Aspekte im Hinblick auf das Leben Ludwigs II. In der Aufzählung der bayerischen Könige wird Otto zumeist regelrecht vergessen oder gar mit seinem Onkel, König Otto I. von Griechenland (1815-1867), verwechselt. Er verkümmert zur Randnotiz in Bayerns Geschichte, siechte er doch mehr als die Hälfte seines Lebens, an einer unheimlichen Geisteskrankheit leidend, in Schloss Fürstenried dahin, ohne auch nur eine Stunde lang zu regieren, obwohl er 27 Jahre lang bayerischer König war. Allenfalls erinnert man sich dunkel an den Schauspieler Klaus Kinsky, der 1955 in Helmut Käutners Historienfilm „Ludwig II. – Glanz und Elend eines Königs" neben O. W. Fischer als Ludwig II. in der eindrucksvoll verkörperten Rolle des verrückten Otto seinen schauspielerischen Durchbruch erzielte.

„König Otto I. von Bayern zählt wegen seiner frühzeitig manifesten psychischen Erkrankung und dem dadurch seit etwa 1870 erzwungenen Rückzug aus dem gesellschaftlichen Leben zu den wenig beachteten Persönlichkeiten der bayerischen Geschichte", so auch das Urteil von Wolfgang Burgmair und Matthias M. Weber vom Max Planck-Institut für Psychiatrie in München. „Der jüngere Bruder König Ludwigs II. fristet bis heute sowohl im öffentlichen Bewusstsein als auch in der Geschichtswissenschaft ein Schattendasein. Otto schrieb sich

1 Die erste größere Publikation über Otto erschien erst 1992: Schweiggert, Alfons: Schattenkönig. Otto, der Bruder König Ludwigs II. von Bayern. Ein Lebensbild. München 1992. – Auf der Grundlage zahlreicher neuer Quellen wurde die vorliegende erheblich erweiterte Biographie erforderlich.

weder durch glanzvolle Bauten noch durch ein tragisches Ende ins Gedächtnis der Nachwelt ein. Obwohl sich die beiden Söhne von König Max II. nach 1872 kaum mehr persönlich begegneten, weisen ihre Biographien viel mehr Gemeinsamkeiten auf, als man zunächst vermutet. Ohne die Kenntnis der Erkrankung und der psychiatrischen Behandlung Ottos muss daher auch das historische Verständnis für die Vorgänge um Ludwig II. lückenhaft bleiben."[2]

Wer also war Prinz Otto, der ab 1886 König Otto I. von Bayern war? Wie unterschieden sich die beiden Königskinder Otto und Ludwig, die beide dieselbe Erziehung genossen, die in derselben Umgebung aufwuchsen und intensive Kontakte zueinander unterhielten und wie ergänzten sie sich? Welches Verhältnis hatte Ludwig zu seinem Bruder und welche Bedeutung hatte Otto für ihn? War Otto wirklich geisteskrank? Die Krankenakte, in der seine schrittweise Persönlichkeitsauflösung dokumentiert ist, stellt ein bedrückendes Dokument dar. Wie gingen Staat und Hof mit König Otto I. um und zu welchen Komplikationen im Machtgefüge kam es zwischen 1886 und 1916? Welchen Einfluss auf das monarchische Prinzip hatte Luitpolds Regentschaft und die seines Nachfolgers König Ludwig III. in den letzten Jahrzehnten der Monarchie in Bayern?

Diese und andere Details zu untersuchen, hat sich die vorliegende Biographie zum Ziel gesetzt. Mit belegbaren Fakten sollen alle Fragen beantwortet werden. Dem, der sich für König Ludwig und sein Umfeld interessiert, wird es ermöglicht, bemerkenswerte Querverbindungen zu ziehen. Darüber hinaus ist der Lebensweg des Prinzen Otto, der nach dem Tod seines Bruders 27 Jahre lang rechtmäßiger bayerischer König war, ohne sein Amt allerdings de facto auch nur eine Stunde ausgeübt zu haben, ebenso aufregend und kaum weniger tragisch als

2 Wolfgang Burgmair und Matthias M. Weber vom Max Planck-Institut für Psychiatrie in München haben die Krankheit des Prinzen Otto in einem medizinischen Beitrag kompetent und sorgfältig analysiert: „... daß er selbst mit aller Energie gegen diese Hallucinationen ankämpfen muß..." König Otto von Bayern und die Münchner Psychiatrie um 1900, erschienen in Südhoffs Archiv, Band 86, Heft 1, Stuttgart 2002 (künftig: Burgmair-Weber)

jener Ludwigs II. Durch Einblicke in Ottos Bio- und Pathographie werden nicht nur viele nicht einfach zu verstehende Verhaltensweisen und Aktivitäten seines berühmten Bruders begreiflicher, sondern auch die Entwicklungen, die zum Ende der Monarchie in Bayern führten. „Macht ist immer eine Leiter mit angesägten Sprossen." Gerade Ludwig II., der einsame Träumer auf dem Bayernthron, und sein Bruder Otto I., der vergessene König, erfuhren die bittere Wahrheit dieser alten Weisheit. Nirgendwo sonst zeigt sich die Erbärmlichkeit von Macht eindringlicher, als wenn sie sich im Schatten einer Krankheit zu bewähren versucht. Der Lebensweg der Königsbrüder führt dies erschütternd vor Augen.

München, im Herbst 2015
Alfons Schweiggert

Prinz Ottos Kindheit

1848 bis 1870

Ein schwächliches Siebenmonatskind

Geburt des Prinzen Otto

Das Frühjahr 1848 war eine Zeit voller Unruhen in der Residenzstadt München. Die Bürger revoltierten gegen ihren König Ludwig I. Sein Verhältnis zur Tänzerin Lola Montez hatte das Fass zum Überlaufen gebracht und eine innenpolitische Krise ausgelöst. Diese Frau schockierte die Münchner Gesellschaft nicht nur dadurch, dass sie beim Tanzen ungeniert ihre Beine bloß stellte, sie rauchte auch Zigarren und brachte Ludwig I. fast um den Verstand. Der 60-jährige Monarch überhäufte sie mit Geldgeschenken, stellte ihr eine luxuriöse Villa zur Verfügung und erhob sie in den Adelsstand. Mit seiner Protektion gelang ihr ein schwindelerregender Aufstieg. Wegen ihres zunehmenden Einflusses auf Ludwigs I. Regierung nannte man sie bald „Bayerische Madame Pompadour". Die Bayern zeigten weder für Ludwigs Liebestollheit und noch weniger dafür Verständnis, dass die bayerische Politik künftig über das Bett bestimmt werden sollte. Sie muckten auf und König Ludwig I. musste abdanken.

Ausgerechnet in diesen turbulenten Tagen erwartete die preußische Prinzessin Marie von Hohenzollern, die Frau des Kronprinzen Max, ihr zweites Kind. Um die Hochschwangere vor den Unruhen zu schützen, schlug man ihr vor, sie nach Schloss Possenhofen am Starnberger See zu bringen. Aber Marie wies das zurück und blieb in der Residenz. König Ludwig I. dankte am 20. März 1848 ab. Sein Sohn Max, Maries Gemahl, übernahm daraufhin als König Maximilian II. den bayerischen Thron.

Die revolutionären Umtriebe in der Stadt und der überraschende Aufstieg ihres Mannes zum König setzten Marie mehr zu als sie das wahrhaben wollte. Ihr Kind kam an 27. April 1848 in der Münchner Residenz zur Welt – acht Wochen zu früh und war zunächst „schwächlich entwickelt und von den Ärzten für nicht lebensfähig erklärt.“[3] Es überwand diese Krise jedoch. Später vermutete man, die Aufregung, die seine Mutter während der Schwangerschaft durchzustehen hatte, habe sich auch auf das Kind negativ ausgewirkt und später zu seinem traurigen Schicksal beigetragen.

Ottos Eltern, König Maximilian II. und Königin Marie, hatten vor sechs Jahren, am 12. Oktober 1842, geheiratet. Die Braut war damals 16 Jahre jung. Drei Tage später konnte sie ihren 17. Geburtstag feiern. Die Trauung fand nach altem Brauch in einer Massenhochzeit von 35 Paaren aus den acht Kreisen des Königreichs Bayern in München statt. Ein Jahr nach der Hochzeit hatte Marie am 6. Mai 1843 eine Fehlgeburt erlitten. Zwei Jahre später, 1845, war Ludwig, der spätere Märchenkönig, zur Welt gekommen. Eigentlich sollte er den Namen „Otto“ erhalten. Dieser Name war sogar bereits auf der Taufmedaille eingeprägt. Doch auf ausdrücklichen Wunsch seines Großvaters Ludwig I., der die Eltern überzeugte, den erstgeborenen Enkel nach ihm zu benennen, bekam der Kronprinz den Namen Ludwig.

Etwa Anfang Oktober 1847 war Marie dann zum dritten Mal schwanger und dies, wie gesagt, zu einer recht unruhigen Zeit. Nach der verfrühten Geburt am 27. April 1848 wurde das Neugeborene nach seinem Taufpaten und Onkel, König Otto I. von Griechenland, benannt. Der volle Name lautete: Otto Wilhelm Luitpold Adalbert Waldemar. Der mittlerweile fast dreijährige Ludwig, der eben zum Kronprinzen aufgerückt war, absolvierte bei Ottos Taufe am 29. April 1848 im Thronsaal der Münchner Residenz seinen ersten öffentlichen Auftritt. Ottos Amme war Maria Hacklinger, geb. Tekauschek, aus Mösl am Giglberg im Landkreis Miesbach. Königin Marie übernahm höchst persönlich die Patenschaft bei deren erstem Kind Franziska. Erziehe-

3 Scharrer-Schauenberg, Georg Ludwig: Zwanzig Jahre auf dem bayerischen Königsthron. Otto I., König von Bayern 1886 bis 1916, München 1906, S. 5 (künftig: Scharrer-Schauenberg)

rin der königlichen Geschwister in der frühen Kindheit war Sybille Meilhaus, einer Weinhändlerstochter, von den Prinzen liebevoll „Millau“ genannt.

Die Wintermonate verbrachten die Königskinder in der Münchner Residenz, die Sommermonate in Schloss Nymphenburg und die Ferienzeit in der königlichen Villa in Berchtesgaden oder in Hohenschwangau bei Füssen, wo im dritten Obergeschoss des Schlosses ein einfaches Zimmer für sie eingerichtet war. Die Prinzen spielten im Schlosspark, machten Wanderungen und fingen im Alpsee Fische. Auch zu Bergpartien mit der Mutter, die oft von morgens bis abends dauerten, brachen die Buben mehrfach auf, „ohne daß selbst Otto sich übermüdet fühlte“[4], wie Ludwig einmal versicherte. Aufenthalte gab es außerdem im Schweizerhaus der Königin Marie in der Bleckenau bei Füssen. Auch die Roseninsel im Starnberger See und das nahegelegene Schloss Berg waren im Besitz der königlichen Familie. Schifffahrten gehörten daher zum sommerlichen Programm. Gemeinsam besuchten die beiden Prinzen des Öfteren auch öffentliche Veranstaltungen und kirchliche Feiern. An Repräsentationsverpflichtungen ihrer Eltern mussten sie hingegen selten teilnehmen.

Das schönste Fest im Jahr war für Ludwig und Otto das Weihnachtsfest. Bereits Monate vorher überlegten sie nicht nur ihre Wünsche, sondern machten sich auch Gedanken, womit sie die vielen Mitglieder der königlichen Familie beglücken könnten. Ludwig war schon als Kind ein Meister des Schenkens und überraschte mit ungewöhnlichen Gaben auch seinen Bruder Otto. Eine Regel gab es jedoch: An Weihnachten mussten alle Gaben so groß sein, dass sie auf dem Gabentisch Platz hatten. Aus diesem Grund bekam Otto zu seiner Enttäuschung einmal nicht das Pferd, das er sich so sehr gewünscht hatte. „An Weihnachten kamen die beiden Prinzen ins königliche Max Josef-Stift, um mit den dortigen Kindern zu kochen; denn es war das immer ein Hauptweihnachtsspaß. Wirklich unterhielten sich die

---

4 Hacker Rupert (Hrsg.): Ludwig II. von Bayern in Augenzeugenberichten. Düsseldorf 1966, S. 27 (künftig: Hacker: Augenzeugenberichte)

beiden mit all den Reibeisen, Mörsern und Modeln der Puppenküchen vortrefflich“[5], berichtet Marie Schultze.
Abgesehen von den üblichen kindlichen Rivalitäten und Streitereien kamen die Brüder gut miteinander aus. Besonders in der Öffentlichkeit, wenn die beiden hübschen Buben auf den Münchner Straßen, z.B. auf der eben entstehenden Maximilianstraße, an der Hand der Mutter spazieren gingen, war das ein Bild der Harmonie und Gemeinschaftlichkeit. Auch wenn sie von den Fenstern herab den stehenbleibenden Passanten zuwinkten und ihnen „mit entzückender Grazie Kußhändchen zuwarfen“[6], fanden das die Beobachter allerliebst.

„Otto ist der Lieblichste!“

Die Jahre der Kindheit

Als Kind war Otto ein ausgesprochen liebenswerter Bub mit weichen Gesichtszügen. Der Großvater Ludwig I., bezeichnet seinen Enkel Ludwig als „den Schönsten, – ausgezeichnete Schönheit! – Otto ist der Lieblichste. Keiner ist dem andern ähnlich, aber gute Herzen haben sie alle, das ist das wichtigste.“[7]
Die Geschwister hatten als erste Spielkameraden vorrangig sich selbst, wobei Ludwig gegenüber dem kleineren Bruder Otto von Anfang an dominierte. Diesem wurde von der Amme und den Kinderwärterinnen von klein auf eingeprägt: „Der Kronprinz Ludwig ist stets der Erste.“ Daran hatte sich Otto zu halten. „Obgleich er [Ludwig]“, so Luise von Kobell, „seinen Bruder Prinz Otto gern mochte, machte er doch stets seine Überlegenheit ihm gegenüber geltend, umso mehr als sich der liebenswürdige, jovialere Prinz Otto den Launen und

5 Schultze. Marie: Marie, Königin von Bayern. München 1892, S. 38 (künftig: Schultze)

6 Steinberg-Hohenaschau, Hans: Ludwig II. von Bayern. Der Romantiker auf dem Königsthrone. Kaufbeuern, 1906, S. 26 (künftig: Steinberg)

7 Wolf, Georg Jacob: König Ludwig II. und seine Welt. München 1926, S. 22 (künftig: Wolf)

Wünschen des Thronerben meist willig fügte."[8] Ja, er blickte zu seinem älteren Bruder bisweilen geradezu bewundernd auf und war mit Entscheidungen des Älteren oft einverstanden, wie etwa in folgender Episode aus der Kindheit. Bei einem Spaziergang in Nymphenburg besuchten die beiden eine Kapelle, in der sie ein Christkind aus Wachs entdeckten, das auf Stroh gebettet war. Otto empfand Mitleid, worauf Ludwig meinte: „Dem können wir ja abhelfen." Er nahm sein seidenes Taschentuch und bettete das Jesuskind darauf. Otto gab zu bedenken, dass es zu Hause bestimmt Ärger geben würde, wenn das Fehlen des Tuches bemerkt würde. Ludwig widersprach ihm: „Gewiss nicht, Otto, gezankt wird nur, wenn wir aus Unordnung etwas verlieren. Dies Tuch dient aber jetzt einem höheren Herrn als mir, und ich darf mich glücklich schätzen, daß ich es ihm weihen durfte."[9] Und damit hatte sich Otto zufrieden zu geben.

Bisweilen ahmte der Kleinere sogar Verhaltensweisen seines Bruders nach, wie in folgender Begebenheit aus dem Jahr 1852, von der Josef Ludwig Craemer in seinen Historien[10] berichtet. Damals war Ludwig sieben und Otto vier Jahre alt. Die königliche Familie hielt sich zu dieser Zeit im Schloss „Eremitage" in Bayreuth auf. Einmal zur Mittagszeit erkundigte sich Ludwig bei seinem Vater, ob denn der Wachposten vor dem Schloss auch schon zu Mittag gegessen habe. Der König verneinte, und Ludwig bat daraufhin, ihm ein Stück Fleisch geben zu dürfen. Vom Vater erfuhr er, dass ein wachhabender Soldat nichts nehmen dürfe. Da meinte Ludwig, er müsse es ja auch nicht nehmen. Er würde sich leise an ihn heranschleichen und ihm das Stück Fleisch heimlich in die Patronentasche stecken. Das wurde dem Kronprinzen schließlich erlaubt. Daraufhin schob auch der kleine Otto seinen ganzen Kuchen in die Patronentasche der Schildwache.

---

8 Kobell, Luise von: König Ludwig II. von Bayern und die Kunst. München 1898, S. 6 (künftig Kobell-Kunst); Hacker-Augenzeugenberichte, S. 31

9 Carola von Schirnding, zitiert in Hollweck, S. 36 f

10 Craemer, Josef Ludwig: Königs-Historien, Theile 1-3. München 1894/95/96 (künftig: Craemer-Königs-Historien)

Die Königskinder blieben nie unbeaufsichtigt. Regelmäßig wurden gleichaltrige Adelige zum Spiel in die Residenz eingeladen, wobei allerdings Buben, den damals herrschenden Erziehungsvorstellungen entsprechend, bevorzugt wurden. Zu den Spielkameraden gehörten die Kinder der Possenhofener Familie des Herzogs Max in Bayern, vor allem die fast gleichaltrigen Kinder Sophie, die spätere Braut Ludwigs II., und Max Emanuel, aber auch die schon etwas älteren Herzogskinder Mathilde, Marie und Carl Theodor. Ein gutes Verhältnis zu Prinz Otto hatten ebenso die elf Jahre ältere Sisi, die spätere Kaiserin Elisabeth von Österreich, sowie die 14 Jahre ältere Helene und gelegentlich deren Bruder Ludwig, zu dem der Altersunterschied allerdings bereits 18 Jahre betrug. Auch zu den Söhnen des späteren Prinzregenten Luitpold, zu den Prinzen Ludwig, Leopold und Arnulf und deren Schwester Therese bestand Kontakt, außerdem zu den jungen Grafen Holnstein und Preysing. Sogar „der Sohn des damals noch bürgerlichen Leibarztes Max von Gietl“[11] zählte zu den Spielgefährten. Die kleinen Gäste durften mit den Königskindern wie mit ihresgleichen umgehen und sie ohne die üblichen Höflichkeitsfloskeln ansprechen. „Es war den geladenen Knaben verboten, den Prinzen die Hand zu küssen und sie mit ‚Königlicher Hoheit‘ anzureden“, wie der Biograph Georg Jacob Wolf berichtet.

Vor allem wurden Kriegs- und Soldatenspiele gefördert, wie es damals üblich war. Dabei ging einmal der kleine Graf Tony Arco jedoch zu weit. Er gab bei einer Auseinandersetzung dem Kronprinzen Ludwig eine Ohrfeige. Daraufhin wurden die Einladungen zu den Kindergesellschaften sofort wieder eingestellt.

Natürlich schwärmten auch bürgerliche Kinder von den königlichen Prinzen, so „auch das ganze Töchterinstitut [gemeint ist das spätere Institut der Englischen Fräulein], das in einem Anbau des Nymphenburger Schlosses sich befand und den Prinzen Otto meist an der Seite des Bruders Ludwig zu jener Zeit, als dieser noch Kronprinz gewesen,

11 Hacker: Augenzeugenberichte, S. 23

im Schloßpark vom Institutsgarten aus beobachten konnte, wobei es auch zu mancher persönlichen Bekannt- und Freundschaft kam."[12] Bedingt durch die strenge höfische Erziehung waren Ludwig und Otto von klein auf zurückhaltend, bisweilen sogar schüchtern und verkrampft, wobei Otto etwas mehr aus sich herausging als sein älterer Bruder. Zwischen den Prinzen gab es in vielerlei Hinsicht Unterschiede, wie auch Luise von Kobell betont: „Bei der Verschiedenheit ihrer Naturen ist es erklärlich, dass die Geschmacksrichtungen wesentlich auseinandergingen."
Folgende vergleichende Tabelle listet die wesentlichsten körperlichen und psychischen Unterschiede der Geschwister auf, wie sie in der einschlägigen Literatur[13] erwähnt sind:

	Otto	Ludwig
Körpergröße	mittelgroß (ca. 1,70 m als Erwachsener)	sehr groß (1,91 m als Erwachsener)
Statur	stämmig, robust, rundlicher	schlank, aufgeschossen, schlaksig
Form und Farbe der Augen	schmal, dunkel	groß, dunkelblau
Haarfarbe	blond	dunkel
Verhältnis zu den Eltern	Liebling der Mutter und des Hofes, verwöhnt, mehr der Mutter nachgeartet	distanziertes Verhältnis zu den Eltern, insbesondere zum Vater, von ihm strenger behandelt
Wesensart	aufgeweckt, lebhaft, liebenswürdig, heiter, leutselig, gesellig, weltoffen, realitätsbezogen, mädchenhaft, weichlich	schüchtern, zurückhaltend, menschenscheu, einsamkeitsliebend, ernst, verträumt, romantisch, überempfindlich, sehr freigebig

12 Below, Ludwig: Dem Toten die Ehre. Entsigelte Dokumente. Treue Bayernherzen ihrem Liebling als Denkmal. Roman eines Königstraumes nach ganz neu erschlossenen Quellen. München 1926, S. 124 (künftig: Below)

13 Gottfried von Böhm; Luise von Kobell; Ludwig Schaufert; Marie Schultze; Georg Jakob Wolf; u. a.

	Otto	Ludwig
Beziehung der beiden Brüder zueinander	zum älteren Bruder aufblickend, aber dessen Verhalten nicht immer akzeptierend, freundlich	sich dem jüngeren Bruder überlegen fühlend, Beherrschungstendenzen, manchmal Ablehnung, Verachtung des Jüngeren
Schulisches Lernen	Lernfreude, vielseitig interessiert, fleißig, gutes Gedächtnis, mangelnde Pünktlichkeit	rasche Auffassungsgabe, aber eingeschränktere Interessen, sehr fleißig, ausdauernd, wortgewandter
Hobbys, Interessen	Kriegsspiele mit Zinn- und Bleisoldaten, Militär, Schwimmen, Reiten, Jagd, Fischen, öffentliche Unterhaltungsveranstaltungen	Baukasten- und Theaterspiele, Kostümieren, historische Bilder, Interesse für Kunst, Lesen, Geschichten-Hören (Sagen), Musik, Reiten, Schwimmen, Fischen, Botanisieren
Rangfolge	Prinz (zweiter)	Kronprinz (erster)
Lieblingsfarbe, von den Eltern bestimmt	rot	blau

Otto besaß noch als Elfjähriger die runden kindlichen Formen und gab im Gegensatz zu seinem schlanken, schmächtigen, hohlwangigen Bruder mit der „bleichen, etwas ins Graue spielenden Gesichtsfarbe“ eindeutig „ein Bild bezaubernder jugendlicher Schönheit“ ab. Otto verfügte auch über „einen weit elastischeren Gang, während der Kronprinz schon damals denselben auffälligen Gang hatte wie König Ludwig I., der immer mit seinen Knien das Kinn berühren zu wollen schien, wodurch ein förmliches Übereinanderwerfen der Beine entstand.“[14] Dies beobachtete nicht nur der Redakteur Ludwig Schaufert.

Marie Schultze schildert Otto besonders positiv, wenn sie schreibt: „Der Prinz war teilweise mehr der Mutter nachgeartet, hatte aber auch viel vom Vater geerbt: sanft, bescheiden, von herzgewinnender Güte, Liebenswürdigkeit und Leutseligkeit, die ihn zum Liebling des ganzen Hofes machten. Er hatte ein goldenes Herz, ein selten reines

14 Hacker: Augenzeugenberichte: S. 31

und weiches Gemüt, dem aber eine große Charakterfestigkeit und ein edles Gerechtigkeitsgefühl zur Seite standen, so dass er das einmal als recht Erkannte auch unbeirrt durchzuführen strebte. Da ihn großer Fleiß und seltene Gewissenhaftigkeit auszeichneten, wurde er von Erziehern Altersgenossen als Muster hingestellt.“[15]

Ludwig fühlte sich dem jüngeren Bruder mit den Jahren immer mehr überlegen und kultivierte seine Beherrschungstendenzen geradezu. Bisweilen verhielt er sich ihm gegenüber sogar ablehnend oder zeigte ihm gelegentlich seine Verachtung. So kam es zwischen beiden immer wieder auch zu Auseinandersetzungen. Von zwei solcher Vorfälle berichtet der Redakteur Ludwig Schaufert: „Es war im Sommer des Jahres 1857 während des Aufenthaltes des Hofes in Berchtesgaden. Die beiden Prinzen Ludwig und Otto, ersterer zwölf, letzterer neun Jahre alt, befanden sich ohne Aufsicht im Park der königlichen Villa. Als ein Hofbeamter zufällig des Weges kam, bot sich ihm folgendes Schauspiel: Prinz Otto lag an Händen und Füßen gebunden auf dem Rasen, ein Knebel steckte ihm im Munde, und um den Hals hatte er ein Sacktuch geschlungen, an welchem der zwölfjährige Ludwig heftig zerrte. Der Hofbeamte eilte erschrocken hinzu, um den schwächlichen Prinzen Otto zu befreien, doch Prinz Ludwig widersetzte sich ihm, indem er zornig rief: ‚Er ist mein Vasall und wagt es, ungehorsam zu sein – ich muß ihn hinrichten!‘ Der Beamte mußte Gewalt anwenden, um den Prinzen Otto aus seiner Situation zu befreien. König Max II. war ebenso erschrocken wie erzürnt, als er davon vernahm, und diktierte dem Kronprinzen Ludwig eine empfindliche Strafe. Dieser war darüber so erbittert, daß er für alle Zeit eine heftige Abneigung gegen Berchtesgaden faßte und auch nie wieder seinen Fuß hinsetzte.“[16]

Zwei Jahre später geschah folgendes: „Eines Tages hatte Prinz Otto sich einen Schneeballen gemacht und rief seinem Bruder freudig zu: ‚Siehst du, Ludwig, ich habe einen Schneeballen, der ist größer als dein Kopf.‘ Der Kronprinz riß ihm denselben sofort aus der Hand,

15 Schultze, S. 38

16 Hacker: Augenzeugenberichte S. 29 f

was dem kleinen Prinzen Otto die bittersten Tränen entlockte. Der Erzieher, dadurch auf das Treiben der beiden Prinzen aufmerksam gemacht, fragte, was es gäbe.
‚Ludwig hat mir meinen Schneeballen genommen!', rief Prinz Otto.
‚Königliche Hoheit', wandte sich der Erzieher an den Kronprinzen, ‚das geht nicht; wenn Prinz Otto sich einen Schneeballen gemacht hat, so gehört er ihm, und Sie dürfen ihm denselben nicht nehmen.'
‚Wie', rief der Kronprinz mit blitzenden Augen, ‚ich dürfte diesen Schneeballen nicht haben! Wozu bin ich denn Kronprinz!'
Wohl oder übel mußte er, von dem Erzieher belehrt, daß auch für einen Kronprinzen die Gerechtigkeit die Richtschnur des Handelns sein müsse, denselben dem Prinzen Otto wiedergeben, was diesen sichtlich freute, aber nicht verhinderte, nach wenigen Schritten schon ihn wieder wegzuwerfen.“ [17]
Ein anderes Mal, als Ludwig wie üblich beim Besteigen eines Wagens den Vortritt beanspruchte, warf Otto seine Handschuhe auf die Sitze, bevor sein Bruder einsteigen konnte, damit wenigstens auch einmal ein Teil von ihm Vorrecht habe. Immer wieder, auch kurz vor dem Tod des Vaters, kam es zwischen den Brüdern zu kleinen Reibereien. Dabei schleuderte Otto einmal dem weggehenden Ludwig einen Pantoffel hinterher. Der drehte sich um und äußerte enttäuscht: „Otto, schämst Du Dich nicht, Deinen Feind von rückwärts anzugreifen?“
Besonders treffend illustriert ein Vergleich die Wesensart der beiden Brüder. Ein Eintrag der Prinzen in das Fremdenbuch des Schweizerhauses der Königin weist Ludwig als Schwärmer und Otto als lustigen Burschen aus.
Am 13. August 1864 dichtete der 19-jährige Ludwig:

„Wie freu' ich mich, Dich wieder zu begrüßen,
Du stilles Haus nach langer, langer Zeit! –
Vergnügt begrüß' ich dieses Baches friedlich Fließen
Euch Bäume und euch Berge weit und breit.

---

17 Hacker: Augenzeugenberichte S. 30 f

Ich athme hier der Berge frische Lüfte,
Erfreu' mich an des Himmels klarem Blau,
Es grüßen mich der Blumen süße Düfte,
Auf ihren Blättern liegt des Himmels frischer Thau.
So sag' ich dieser Gegend nun, der hehren,
Mein Aufenthalt wird lange noch hier währen.
Ludwig"[18]

Der 16-jährige Otto reimte am selben Tag hingegen:

„*Eben trug Fürst Taxis*
Mit Kellner Praxis
Kaffee und Butter
Uns zum Futter.
Otto"[19]

Ab 1860 legte der zwölfjährige Otto eine Speisekartensammlung an, die aus den Exemplaren bestand, die bei den Mahlzeiten der Königsfamilie aufgelegt wurden. Diese Sammelleidenschaft dauerte etwa vier Jahre. 1864 wurde sein Bruder Ludwig dann König. Otto bekam einen eigenen Etat, speiste häufig alleine und bezog sich Notiz- und Skizzenpapier anderweitig. Denn hauptsächlich zu diesem Zweck hatte er die Speisekarten für sich zurückbehalten, wie seine Notizen und Skizzen darauf belegen.
Bekanntlich verabscheute Ludwig militärische, kriegerische Spiele, denen Otto durchaus aufgeschlossen gegenüberstand. Im Prinzenzimmer hatte er „auf dem Tisch eine ganze Armee Bleisoldaten [...] sehr schön geordnet aufgestellt."[20] Die Hofdame Helene von Racowitza berichtet in ihren Erinnerungen folgenden Vorfall: „Einmal kamen wir auf die Idee, den sehr schönen, großen, plastisch gearbei-

---

18 Böhm, Gottfried von: Ludwig II. König von Bayern. Sein Leben und seine Zeit. Berlin 1924, S. 11 f (künftig: Böhm)

19 Böhm, S. 11 f

20 Schultze Marie, S. 38

teten Zinnsoldaten die Köpfe umzudrehen […] Ich erzählte das Märchen (vom Zinnsoldaten von Andersen) meinem kleinen königlichen Freunde – und plötzlich, als wir uns wieder unserem Spiel zuwandten, fing Ludwig an bitterlich zu weinen – ‚weil wir nun so viele solch herrlicher kleiner Zinnsoldaten getötet hätten!'"[21] Otto reagierte nicht emotional, für ihn gehörte das zum Spiel.

Schon früh beteiligte sich Otto auch an Jagdausflügen, insbesondere in dem großem Jagdgebiet seinen Vaters Max II. in Berchtesgaden, aber auch in Salzburg und Tirol. „Die Schußliste des Jahres 1862 zählt allein drei Gemsen als ‚von Sr. kgl. Hoheit dem Prinzen Otto erlegt' auf und jeder Tag, an dem er seine Beute erlegte, zählt zu seinen glücklichsten. Einmal zog er sich den Zorn Ludwigs II. zu, weil er an diesen die Frage gestellt hatte, ob er einen Schwan, bekanntlich die Lieblingstiere des Königs, die er auf seinen Schlössern mit Vorliebe hielt, abschießen dürfe. Ludwig verbannte seinen Bruder Nimrod daraufhin auf drei Tage aus seiner Nähe."[22] Ein anderes Mal, als die beiden Brüder beim Förster in Obermenzing zur Hasenjagd erschienen, kam Ludwig in Trauerkleidung, da er den Tod der Hasen erahnte und gleich im Voraus betrauerte. Er schoss in die Luft und meinte, vom Förster daraufhin angesprochen: „Was hat mir der Hase getan, daß ich ihn erschießen soll?" In jungen Jahren nahm Ludwig allerdings schon einige Male an Jagden teil, wie die Hohenschwangauer Schloßchronik etwa am 14. Oktober 1863 zu vermelden weiß: „Seine Königliche Hoheit der Kronprinz erlegte drei, Prinz Otto eine und Prinz Adalbert zwei Gemsen […]." In einem Brief an den Großvater schrieb Ludwig am 21. August 1858, dass er und Otto in Berchtesgaden sich gut unterhalten „und zuweilen Vögel – besonders Neuntödter – schießen […]"[23] Das Fischen war Ludwig allerdings lieber als die Jagd. „Ich lese stets beim Fischen, was zu meiner großen Freude sich leicht vereinigen

21 Racowitza, Helene von: Von Anderen und mir. Erinnerungen aller Art. Berlin 1909 (künftig: Racowitza)

22 Below, S. 124

23 Böhm, S. 463

läßt"[24], teilte er seinem Lieblingscousin Wilhelm von Hessen-Darmstadt mit. Im Sommer 1881 ließ er sich stolz vom Hoffotografen Albert mit einem achtpfündigen Hecht fotografieren, den er gefangen hatte. Die Prinzen besaßen auch Haustiere. Otto bekam zum 14. Geburtstag zwei Eichhörnchen, die er in großen Käfigen hielt. Ludwig besaß eine Schildkröte, die er sehr gern hatte. Da sie ihn angeblich beim Lernen zu sehr ablenkte, wurde sie ihm von seinem Vater bald wieder weggenommen. Die Großmutter Therese hielt in ihrem Turmzimmer zwei Papageien und ein Affenpaar, mit dem Otto und Ludwig spielen durften, wenn sie zu Besuch kamen.

Wie alle diese Beispiele zeigen, schienen die Kindheit und Jugend der Prinzen also ohne größere Schwierigkeiten abgelaufen zu sein. Dem war jedoch nicht ganz so, da ein problematisches Verhältnis zu den Eltern bestand, bei beiden Kindern aber auch Verhaltensauffälligkeiten beobachtet wurden.

Auffälligkeiten in Ottos Kindheit

1848 bis 1858

Inwiefern die Tatsache, dass Otto bereits im siebten Monat verfrüht zur Welt kam und zunächst ein schwächliches Kind war, auch seine geistige Entwicklung beeinflusste, ist zwar nicht bewiesen, sollte aber dennoch nicht unerwähnt bleiben. Jedenfalls verbarg sich hinter Ottos liebenswürdiger Fassade eine höchst empfindsame, nervöse Natur.

Eine besonders vertrauenswürdige Quelle zu beobachteten Verhaltensauffälligkeiten von Prinz Otto in seiner Kindheit und Jugend ist seine Cousine Prinzessin Therese von Bayern, die eine tiefe Zuneigung, ja Liebe zu Otto empfand. Sie schrieb, wie sie gegen Ende ihres Lebens betonte, alle ihre Eindrücke nieder, „da sich später eine ganze Legende u. die unrichtigsten u. verlogensten Erzählungen über seine Erkran-

24 Brief Ludwigs vom 24.07.1863 an seinen Cousin Wilhelm von Hessen-Darmstadt

kung im Volke breit machten, indessen die Eingeweihten wußten, dass er wohl schon mit diesen traurigen geistigen Veranlagungen das Licht der Welt erblickt hatte."[25] Dieses Urteil, dass er bereits von Geburt an krankhaft belastet gewesen sei, rührt daher, dass bei Otto bereits von klein auf mehrfach ungewöhnliche Verhaltensweisen beobachtet wurden, so etwa Ängste, Aggressionen oder Zwangsvorstellungen. Sowohl er wie auch sein Bruder Ludwig schienen von akustischen Halluzinationen betroffen zu sein. So hörte Ludwig plötzlich Stimmen und führte mit unsichtbaren Personen Gespräche. Bei Otto wurde ähnliches bereits ab dem fünften Lebensjahr wahrgenommen. Während Ludwig schwermütiger und ernster wirkte, war Otto jedoch heiterer und gelöster.

Therese berichtet in ihren ausführlichen autobiographischen Tagebuchaufzeichnungen, dass Otto bereits „im Alter von höchstens sechs oder noch weniger Jahren durch fixe Vorstellungen gequält worden sei."[26] Eine Dame, die als Kind mit Otto gespielt hatte, habe ihr erzählt, dass dieser „schon mit fünf Jahren deutliche Anzeichen seines letzten Krankheitsbildes hatte."[27] Auch „ein Arzt erinnerte sich später, dass Otto bereits als fünfjähriger Bub Stimmen gehört haben will, die ihm Vorschriften gemacht und Aufträge erteilt haben sollen. Mit sieben Jahren fühlte er den Zwang, sich unzählige Male am Tag waschen zu müssen, und als Dreizehnjähriger sammelte er seine Exkremente in einem Gefäß, das er dann aus dem Fenster entleerte. Auch sonst benahm sich das Kind merkwürdig, etwa wenn er sich auf einem Bein in eine Ecke stellte oder auf allen Vieren kroch und dabei wie ein Hund bellte."[28]

---

25 Bußmann, Hadumod: „Ich habe mich vor nichts im Leben gefürchtet". Die ungewöhnliche Geschichte der Therese Prinzessin von Bayern. (1850 – 1925). München, 4. Aufl., 2012, S. 69 (künftig: Bußmann)

26 Bußmann, S. 68

27 Bußmann, S. 68

28 Vgl. Karl August von Solbrig. Ärztliches Bulletin, 14.06.1886. GHA. MKH 197. In: Hilmes, Oliver: Ludwig II. Der unzeitgemäße König. München 2013, S. 229 f und S. 416 (künftig: Hilmes)

Die ersten Verhaltensauffälligkeiten hatte man bei beiden Prinzen also schon von klein auf bemerkt, sie damals jedoch nicht ernst genommen. Sie wurden verharmlost und verdrängt, zumal sie immer wieder von Phasen völliger Normalität unterbrochen wurden. Erst später, als die Krankheitszeichen deutlicher und schließlich unübersehbar wurden, erinnerte man sich wieder daran. „Die unverkennbaren Zeichen schwerer geistiger Erkrankung [Ottos] flößten der geängstigten Mutter manchesmal große Sorgen ein."[29] Aber die Leibärzte beruhigten sie, alle Eigenheiten ihres jüngsten Sohnes würden schon vergehen, wenn er einmal erwachsen sein würde. Dass das genaue Gegenteil eintrat und sich die Krankheit mit den Jahren nach und nach verschlimmern sollte, ahnten selbst sie nicht.

„Wir haben vor unserem Vater gezittert!"

Eltern und Erziehung[30]

Dem Vater König Max II. hatten sich seine Frau ebenso zu fügen wie seine beiden Söhne. „Du weißt, was ich bedarf, was ich vermißt habe", erklärte Max seiner Gemahlin, „keinen Widerspruchsgeist, freundliches, meinen Wünschen entgegenkommendes Wesen."[31] Und dies galt auch für die Königskinder. Der Vater befürwortete eine spartanische, strenge Erziehung nach dem Motto „früh aufstehen, magere Kost, sehr viel Unterricht, strenge Strafen [bei Verfehlungen] und wenig Taschengeld". Persönlich kümmerte sich Max II. infolge der zahlreichen offiziellen Verpflichtungen wenig um die Prinzen und überließ deren Betreuung Erzieherinnen und Lehrern. „Der König", so berichtet der langjährige Kabinettssekretär Franz von Pfistermeister, „sah seine beiden Söhnchen, die Prinzen Ludwig und Otto, des Tages nur ein- oder zweimal, mittags beim zweiten Frühstück und abends bei der Hoftafel, gar selten in den Zimmern, wo sie aufwuchsen. Dabei reichte er ihnen

29 Scharrer-Schauenberg, S. 6

30 Siehe dazu auch Schweiggert-Kronprinz, S. 39-60

31 Böhm, S. 441

meist nur die Hand zum Gruße und empfahl sich schleunigst."[32] Die Buben fühlten sich, wie Ludwig später formulierte, „de haut en bas", also „von oben herab" behandelt, „höchstens en passant einiger gnädiger, kalter Worte gewürdigt." Der Vater trat vorrangig in Erscheinung, wenn sich Otto und Ludwig wieder einmal danebenbenommen hatten. Er übernahm dann die Maßregelung der Übeltäter, die nicht immer sanft ausfiel und ihn bei seinen Söhnen nicht gerade beliebter machte. Sogar Prügel sollen die beiden eigenhändig von ihm bezogen haben, wenn ihm deren jugendliche Streiche und Pflichtversäumnisse hinterbracht wurden. Später äußerte Ludwig: „Wir [ich und Otto] haben vor unserem Vater gezittert."[33]

Max II. handelte nicht böswillig. Er folgte nur den damals üblichen strengen Erziehungsmethoden an vielen Fürstenhöfen, da er seine Söhne zu tüchtigen Menschen erziehen wollte. Dass ihm dies in vielen Punkten misslang, ist auch seinen heftigen Kopfschmerzen zuzuschreiben, die ihn fast ständig plagten und ihn zwangen, Distanz zu den Kindern zu halten. Zudem erlaubte ihm sein Pflichtbewusstsein nicht, sich dem täglichen Arbeitspensum häufiger zu entziehen und sich mehr und mit größerer Herzlichkeit seinen Kindern zuzuwenden. Die Mutter zeigte sich gütiger, freundlicher, so wie es ihrem Naturell entsprach. Stiftprobst von Türck nannte in seiner Gedächtnisrede auf Marie als „Grundzüge ihres Wesens und Charakters [...] Geduld, Selbstbeherrschung, Herzensgüte, Versöhnlichkeit, Liebe zu Land und Volk, volle Ergebung in den Willen Gottes." Die liebenswürdige, unkomplizierte Königin besaß ein hausmütterliches Wesen. Ihr lagen Hausarbeiten wie Staubwischen, Blumenpflege und Weißnäherei näher als hochgeistige Gespräche, vor allem wenn sie Langeweile verbreiteten. Außerdem zeigte sie zeitlebens großes soziales Engagement. Wenn Paul Heyse urteilt: „Trotz allen Bemühens aber war es nicht gelungen, der Königin Interesse an Literatur und Poesie einzuflößen.

32 Hacker: Augenzeugenberichte: S. 25-26

33 Steinberger, Hans: Ludwig II. von Bayern. Der Romantiker auf dem Königsthrone, Kaufbeuern 1916, S. 26

Ihr war nur wohl im leichtesten Geplauder […]", so übersah er dabei, dass in der Erziehung von Mädchen, so vor allem auch von Prinzessinnen damals auf diese Bereiche nicht immer großer Wert gelegt wurde. „Ich lese nie ein Buch", so lautet ein viel zitierter Ausspruch Maries, „und ich begreife nicht, wie man unaufhörlich lesen kann." Vielleicht las Marie nicht so viel wie ihr Mann und ihr Sohn, aber dass sie überhaupt nie ein Buch zur Hand nahm, ist sicher übertrieben, sie besaß immerhin eine Privatbibliothek. König Maximilian schrieb seiner Frau nachweislich 243 Briefe[34], die heute nicht mehr erhalten sind. Seine Frau antwortete ihm auf alle, vermutlich schrieb sie ihm sogar mehr. Auch ihre Kinder erfreute sie mit Dutzenden von liebevollen Briefen und hatte auch mit vielen anderen Personen zu korrespondieren, was ihr den Namen „schreibselige Königin" eintrug.
Als Mutter war sie Ludwig und Otto herzlich zugetan. Während sie dem Vater nur mit Ehrfurcht begegneten, empfanden sie für die Mutter Liebe. Zu ihr hatten sie jedenfalls mehr Kontakt als zum Vater, auch wenn der Kabinettssekretär Franz von Pfistermeister eine andere Ansicht vertrat: „Auch die Königin verstand es sehr wenig, ihre Prinzchen an sich anzuziehen. Sie besuchte sie zwar häufiger in ihren Zimmern (als der Vater), wußte sich aber nicht mit ihnen abzugeben, wie Kinder es eben verlangen. Das zog die Söhnchen auch nicht an die Mutter."[35] Gegen dieses harte Urteil sprechen die vielen Berichte, die sehr wohl eine Zuneigung der kleinen Prinzen zu ihrer Mutter belegen: die Blumen, die sie den herzlichen Briefen an sie beilegten, die kleinen Geschenke, die sie ihr von dem wenigen Taschengeld kauften, die stürmische Begrüßung, wenn sie die Königin nach einer Trennung, bedingt durch eine Reise, wiedersahen. Auch das gemeinsame Fangenspiel mit ihrer Mutter in der Residenz, was zwar der Hofetikette widersprach, bereitete den Prinzen großen Spaß, ebenso gelegentliche Ausstellungsbesuche, wie etwa zu Ottos neuntem Geburtstag: „Die Mutter führte uns in die Blumenausstellung, wo es mir sehr gut gefiel", notierte Otto.

34 Böhm, S. 440

35 Hacker: Augenzeugenberichte, S. 26 f

Sie „gab uns Loose, mit welchen wir Hyazinthen gewannen.“[36]
An den von der Mutter organisierten Spielen nahmen die Prinzen nicht so gerne teil. Ähnlich wie Ludwig hatte auch Otto zu Hazard, Borgia, Billard, Croquet, Karten- und Schachspiel wenig Lust. Luise von Kobell schreibt: „Prinz Otto hatte schon frühzeitig Gelegenheit, bei den Damen des Hofes das Kartenspiel zu sehen, aber auch ihm fehlte gänzlich der Sinn für derlei Unterhaltung.“ Auch „das familienhafte Hintereinanderspazierengehen am Lande langweilte den Kronprinzen [und auch Prinz Otto], ebenso die kindlich patriarchalische Beschäftigung der Königin am Spinnrad […]“.[37]
Am nächsten kamen die Kinder ihrer Mutter bei sommerlichen Bergwanderungen, die sie gerne mitmachten. Die Königin war eine leidenschaftliche Bergsteigerin und bestieg furchtlos zahlreiche Gipfel. So etwa Hochplatte, Säuling, Schlicke und Gehrenspitze. Sie ließ sich sogar eine eigene Bergsteigertracht anfertigen und auch ihre Söhne für Bergwanderungen mit Stock und Rucksack ausstatten, nahm sie doch die Gefahren der Berge sehr ernst. Als bei einer dieser Unternehmungen Baron Wulffen beim Edelweißpflücken abstürzte und schwer verletzt liegen blieb, waren auch die Prinzen zugegen. „Otto hatte bei dem Unglück“, wie sich die Königin später erinnerte, „geweint und geschluchzt, und Ludwig dann auch angefangen.“[38]
1844 stiftete Marie für alle tüchtigen Bergsteiger sogar einen eigenen Orden, den sogenannten „Alpenrosen-Orden, der aus einer silbernen Alpenrose mit rosafarbener, silberdurchwirkter Schleife bestand.“ Ihn erhielten alle, „die in ihrer Begleitung den Axel, einen Berg in der Nähe Hohenschwangaus, bestiegen hatten“.[39] Auch ihre beiden Söhne zeichnete die Königin damit aus.

---

36 Schad, Martha: Bayerns Königinnen, Regensburg 1992, S. 201 (künftig: Schad-Königinnen)

37 Kobell, Luise von: König Ludwig II. von Bayern und die Kunst. München 1898, S. 4 (künftig: Kobell-Kunst)

38 Böhm, S. 7

39 Memminger, Anton: Der Bayernkönig Ludwig II. Würzburg 1919, S. 48 (künftig: Memminger)

Spartanisch ging es beim Essen zu. Diesbezüglich wurden die Prinzen recht knapp gehalten. „Es gehörte zu den Torheiten der damaligen vornehmen Erziehung", so Gottfried von Böhm, „daß man Kinder sich nicht satt essen ließ."[40] Beide Buben waren deshalb froh, wenn ihnen von der treuen Wärterin Lisi, von mitleidigen Hofdamen oder vom Küchenpersonal und Lakaien heimlich ein paar Bissen von deren reichlicheren Kost zugesteckt wurden, was der Vater jedoch nie erfahren durfte. Dies war nicht so schwierig, da König Max die Buben selten außerhalb der Mahlzeiten sah und froh war, wenn er mit erzieherischen Belangen nicht belästigt wurde. Außer der alltäglichen „Diät" waren für die Prinzen noch zusätzliche Fasttage vorgesehen. Eine Hofdame ließ Ludwig des Öfteren eine Tasse Kaffee zukommen, den der Kronprinz gerne trank, aber nur selten bekam. Doch diese heimlichen „Kaffeekränzchen" wurden bald entdeckt und strengstens verboten.

Taschengeld bekamen die Prinzen ebenfalls sehr wenig. Ab dem 6. Lebensjahr mit Beginn der Schulzeit bekamen sie monatlich 90 Pfennig. Ab dem 10. Lebensjahr gab es monatlich 12 Gulden und ab dem 15. Lebensjahr dann 25 Gulden. Die kargen Einnahmen und Ausgaben mussten gewissenhaft in ein Büchlein eingetragen werden. Ludwig gab sein Taschengeld für Geschenke, z. B. Bleisoldaten für seinen Bruder, und Naschereien aus, besonders für Bonbons, die er angeblich „für Otto und zu Almosen" verwendete, wahrscheinlich aber hauptsächlich selbst vernaschte. Sogar die Eintrittskarten ins Hoftheater musste er in jungen Jahren aus eigener Tasche finanzieren, da die Logen nur volljährigen Prinzen zugänglich waren. In den Pausen erhielt er übrigens ohne väterliche Erlaubnis keine Erfrischung. Otto ging es in dieser Hinsicht nicht besser, was ihn einmal auf eine absurde Idee brachte. „Prinz Otto", so schildert Ferdinand Mayr-Ofen in seiner Ludwig-Biographie, „erschien eines Tages in der Praxis eines Zahnarztes, dessen Schild er im Vorbeigehen gesehen hatte. Der bejahrte Doktor, hochgeehrt durch das unerwartete Erscheinen des königli-

---

40 Böhm, S. 7

chen Prinzen, fragte, ob denn furchtbare Schmerzen ihn veranlaßt hätten, ohne Anmeldung durch das Hofamt bei ihm zu erscheinen. Nein, Schmerzen waren es nicht, die den Jüngling hertrieben. Vielmehr hatte er gehört, daß man für frische, gesunde Zähne zehn Gulden bezahle, und er wollte sich einen oder zwei seiner Backenzähne heimlich ziehen lassen, um so endlich zu ein wenig Geld zu kommen. Natürlich verständigte der Zahnarzt den Hofmeister, der Hofmeister den König. Es gab, wie konnte es anders sein, in dieser Plamannschen Anstalt[41] der bayerischen Residenz eine Tracht Prügel, die Seine Majestät persönlich verabfolgte. Immerhin begann nun die Königin, sich ins Mittel zu legen. Sie war Preußin genug, um gegen die sinnlose Übertreibung des Preußischen warnend aufzubegehren, und die letzte Folge dieses naiven Finanzierungsversuches beim Zahnarzt war, daß man den beiden Prinzen das schmale Taschengeld verdoppelte."[42]

Durch die Sparsamkeitserziehung lernten die Prinzen nicht, wie beabsichtigt, sorgfältig mit Geld umzugehen, sondern sie entwickelten eine falsche Einstellung dazu. Kaum war Ludwig zehn Tage König, bestimmte er: „Es ist mein Wille, daß jegliche übertriebene Sparsamkeit und Knauserei ende."

Die Wohnräume der Prinzen waren konsequenterweise ebenfalls relativ bescheiden eingerichtet. Gottfried von Böhm überzeugte sich selbst davon: „Ich sah die Wohnräume der Münchner Residenz [...] das gemeinschaftliche Schlafzimmer, den blauen Salon mit den Louis-XVI.- und Empire Möbeln, mit dem großen Käfig für die Eichhörnchen, einem Schreibtisch, verziert durch zwei Hände, die den einbrechenden Dieb fassen sollten. Zu der Zeit, als die Prinzen ihn benutzten, hätten Diebe Nennenswertes darin nicht gefunden."[43]

---

41 Erziehungsanstalt in Berlin, benannt nach dem Pädagogen Ernst Plamann (1771-1834)

42 Mayr-Ofen, Ferdinand (= Zarek, Otto): Ludwig II. von Bayern. Das Leben eines tragischen Schwärmers. Leipzig-Wien, 1937, S. 14f (künftig: Mayr-Ofen)

43 Böhm, S. 8

Bis zur Volljährigkeit wohnte Ludwig zusammen mit seinem Bruder unter Aufsicht der Erzieher im Nordwestpavillon des Königsbaus der Residenz. Dieser Pavillon lag im Zwischengeschoss über dem ersten Stock mit Blick auf den Hofgarten.

„Otto lernte lieber …"

Schule und Erziehung

Der Alltag der Prinzen bestand nicht nur aus Freizeit, Unterhaltung und Spiel. Als sie noch klein waren, brachte ihnen Sybille Meilhaus, die spätere Baronin Leonrod, als erste Erzieherin die Grundlagen des Lesens, Schreibens und Rechnens bei. Sie betreute auch Otto, bevor sie zum Leidwesen der Prinzen 1854 aus dem Hofdienst ausschied. An ihre Stelle trat ab 1. Mai 1854 der 52-jährige Generalmajor Graf Theodor Basselet de La Rosée, der die weitere Erziehung des neunjährigen Ludwig und des sechsjährigen Otto übernahm und sie überallhin begleitete, auch in die Ferienaufenthalte nach Hohenschwangau. Von dort teilte Ludwig in einem Brief seiner ehemaligen Erzieherin Sybille Meilhaus mit: „Otto und ich sind gesund und vergnügt. Wir machen täglich mit Graf La Rosée schöne Spaziergänge, pflücken Blumen, fangen im Alpsee Fische und jagen den Schmetterlingen nach. Am Sonntage sahen wir die Fronleichnamsprozession in Füssen. Alle Tage habe ich meine Lernstunden wie in München."[44]

Dem Grafen La Rosée standen zuerst Baron Wulffen zur Seite und nach dessen erwähntem Unfall in den Bergen Major Carl von Orff. Als einen Monat nach dem Tod des Vaters Graf de la Roseé starb, übernahm Major Orff die Erziehung Ottos, dann Baron Wilhelm Branca, der noch von König Max zum Erzieher ernannt worden war, aber seine Stelle erst nach dem Tod des königlichen Vaters 1864 antrat. Problematisch war sicher, dass Graf de la Rosée die Prinzen, vor allem Kronprinz Ludwig, förmlich zum Hochmut erzog. Doch die Kinder hingen

44 Hacker: Augenzeugenberichte, S. 24

an ihm. Ludwig besuchte „seinen zweiten Vater", wie er de la Roseé nannte, sogar am Totenbett, was den Grafen zu Tränen rührte.

Den Elementarunterricht, also den Grundschulunterricht, übernahm Volksschullehrer Michael Klaß. Auf Wunsch Max II. mussten sich während der Schulzeit Reisen für die Prinzen in Grenzen halten, um die strenge Tageseinteilung nicht zu unterbrechen. Sie fanden deshalb nur gelegentlich statt. So weilte der sechsjährige Ludwig 1851 mit den Eltern in Bayreuth. Eine weitere Ausnahme stellte 1855 eine Fahrt nach Nürnberg dar, wohin die Eltern ihre beiden Söhne nachkommen ließen, um sie der Bevölkerung vorzustellten.

Mit Beginn der Schulzeit fing für die Prinzen der Ernst des Lebens an. Ein Stundenplan aus dem Nachlass von Franz Pfistermeister schildert den Tageslauf des 14-jährigen Kronprinzen vom 7. Juni 1859, der bei Otto wohl ähnlich aussah. Danach wurden die Prinzen bereits um 5.45 Uhr morgens von einem Diener geweckt, der „mit einem Licht in der Hand, laut räuspernd ins Schlafzimmer kam". Nach der Morgentoilette mit kaltem Wasser bereiteten sie sich auf den Unterricht vor. Nach einem kargen Frühstück „mit Eichelkaffee und Kreuzersemmeln" begann gegen 7.30 Uhr der stundenweise Unterricht in den verschiedenen Fächern nach genau festgelegter Einteilung. Von 10.30 bis 11.00 fand ein Kurzbesuch bei der Mutter statt. Danach bis 13.00 Uhr wieder Unterricht. Von 13.00 bis 15.00 Uhr Mittagspause und Spaziergang, danach bis 17.00 Uhr weiterer Unterricht. Von 17.00 bis 18.00 Uhr Besuch bei der Mutter, danach noch eine Stunde Unterricht bis 19.00 Uhr. Nach einem kargen Abendessen durften die Prinzen die Zeit bis zur Bettruhe um 21.00 Uhr zu Gesprächen und Freizeitbeschäftigung nutzen.[45] In den achtstündigen Unterricht täglich wurde auch die körperliche Ertüchtigung eingeplant. Nur sonntags war unterrichtsfrei. Als Erziehungsideale galten Fleiß, strenge Pflichterfüllung, Pünktlichkeit, Härte gegen sich selbst und Rücksicht gegenüber anderen.

---

45 Merta, Franz: Franz Steininger. In: Bialuch, Jürgen (Hrsg.): Gestalten um den Märchenkönig. Biographische Skizzen. Bd.1. Reutlingen 1994, S. 161 f (künftig: Bialuch)

Im März 1857 schrieb der fast neunjährige Prinz Otto seinem Vater, der in Rom weilte: „Ich möchte recht gerne jetzt auch mit Ihnen in Rom Blumen pflücken! Hier findet man rein gar Nichts als Veilchenknospen. Bei Herrn Klaß lerne ich täglich fleißig, mach schon kleine Aufsätze und ziemlich schwere Rechnungen. Am meisten freut mich der Unterricht in der Geschichte und der Geographie [...] Ich freue mich, Sie lieber Vater, bald wiederzusehen und mit Ihnen einige Zeit auf dem Lande verbringen zu dürfen. – Ich küsse Ihnen ehrfurchtsvoll die Hände, und bin in aller Liebe Ihr dankbarer Sohn."[46]

Ab dem 11. Lebensjahr begann für die Prinzen der humanistische Gymnasialunterricht, acht Stunden täglich, den unter anderem der Altphilologe Franz Steininger, Gymnasialprofessor am Münchner Maximiliansgymnasium, übernahm. Auf dem Stundenplan standen die klassischen Sprachen Latein und Griechisch. Da Ludwig Griechisch wenig lag, wurde dieses Fach bald durch Französisch ersetzt, das er später ausgezeichnet beherrschte und das von Ferdinand Maurice Trautmann unterrichtet wurde. Auch in Deutsch hatte Ludwig keine Probleme. „Die ersten Briefe", so Gottfried von Böhm, „die der Kronprinz an die Mutter richtete, sind besser geschrieben als die des Prinzen Otto, wenn sie auch etwas besonders Bemerkenswertes nicht enthalten."[47] Interessant sind Ludwigs Briefe zwischen 1861 und 1869 an seinen gleichaltrigen Cousin Prinz Wilhelm von Hessen-Darmstadt (1845-1900), „der einen Teil seiner Kindheit an dem Hofe seiner Tante, der Königin Marie, [also Ludwigs Mutter] verlebte."[48] Seither verband ihn mit Otto, vor allem aber mit Ludwig eine enge Freundschaft.

Die Lehrer erteilten den Privatunterricht in der Residenz und in Schloss Nymphenburg. Weitere Fächer waren Deutsche Literatur, Geschichte, Geographie, Mathematik und Geometrie. Den Zeichenunterricht erteilte Leopold Rottmann und Kunstgeschichte Karl

46 Schad-Königinnen, S. 201

47 Böhm, S. 7

48 Below, S. 302

Trautmann, der Sohn von Maurice Trautmann. Christian Wanner, Professor am Münchner Konservatorium, war für den Musik- und Klavierunterricht der Prinzen zuständig. Wie Ludwig liebte Otto die Musik, sicher nicht so schwärmerisch wie dieser und außerdem in erster Linie leichte beschwingte Melodien. Dies boten ihm nicht Richard Wagners Opern, sondern Jacques Offenbachs Operetten. Während Christian Wanner bei Ludwig sehr die Musikalität und die Interpretations- und Reproduktionsfähigkeit von Musikstücken vermisste, brachte es Otto diesbezüglich weiter. Er konnte zum Beispiel zur Freude seines Bruders ihm auf dem Klavier Wagners Pilgerchor aus dem „Tannhäuser" vorspielen, wie Ludwig am 23. Juli 1863 von Hohenschwangau aus Sybille Meilhaus brieflich mitteilte: „Eben spielt Otto [14 Jahre alt] den Pilgerchor aus Tannhäuser! Wundervoll!"

An sportlichen Betätigungen favorisierten Ludwig und Otto vor allem Schwimmen und Reiten. „Die Lust am Reiten", berichtet Luise von Kobell, „war beiden schon in der Kindheit eigen, und beide wurden tüchtige Reiter."[49] Als Kinder besaßen sie zwei Rapp-Ponys und als sie älter waren, stattliche Reitpferde.

Auch eine militärische Grundausbildung durfte nicht fehlen. Ab dem 14. Lebensjahr wurden die Prinzen in Waffenlehre und im Fechten unterwiesen. Außerdem mussten sie das Tanzen erlernen.

Am 27. April 1861 wurde Prinz Otto von seinem Vater zum Leutnant oder, wie es damals hieß, „Unterleutnant" im Infanterie-Leibregiment ernannt und der 16-jährige Ludwig zum Oberleutnant im Regiment Kronprinz.

Größte Bedeutung für die religiösen Eltern hatte der Religionsunterricht. Erteilt wurde er von Domdechant Georg Carl von Reindl und von Daniel Haneberg, Abt von St. Bonifaz, der auch Beichtvater der Prinzen war. Grundlage waren die „Väterlichen Ermahnungen", die ein Wittelsbacher Vorfahre, Kurfürst Maximilian (1573-1651), zusammengestellt hatte und nach denen sich auch Max II. richtete. Darin ist die Rede „von schrecklichen Gerichten" Gottes „über Herrscher",

---

49 Kobell-Kunst, S. 7

die „nicht nur für sich, sondern auch für Ihre Unterthanen [...] einst Rechenschaft geben müssen." Wenn ein Fürst bedenkt, dass Gott alles sieht und „Deine geheimsten Gedanken durchschaut [...] der Alles auf der Waage der Gerechtigkeit abwäget, und keine Ungerechtigkeit ungestraft läßt, [...] so wirst Du gerne einen tausendfachen Tod einer einzigen Beleidigung Gottes vorziehen, und auch durch den Abscheu gegen jede geringere Sünde beweisen, daß Du Gott und das Heil Deiner Seele höher achtest, als alle sinnlichen Genüsse, als alle Güter der Erde, höher als alles Leben selbst."[50] Mit Sicherheit blieb dieses Bild eines sündenstrafenden Gottes nicht ohne Einfluss auf die Prinzen, die später – jeder auf seine Weise – bei Verfehlungen gegen die zehn Gebote erhebliche Schuldgefühle, ja sogar einen religiösen Wahn entwickelten. Auch der kränkliche Vater befasste sich häufig mit Gedanken an Schuld, Leid und Tod. Im obersten Geschoß der Residenz hatte er sich ein „Sanctuarium" einrichten lassen, ausgestattet mit einem Betschemel und einem Kreuz, wohin er sich oft zurückzog. Hierher hatte er angeblich heimlich auch den hölzernen Innensarg seines künftigen Sarkophags bringen lassen, in dem er einmal bestattet werden wollte und der ihn stets an die Vergänglichkeit des Lebens erinnern sollte und daran, dass er sich nach dem Tod vor dem göttlichen Gericht zu verantworten habe.

Hofsekretär Lorenz von Düfflipp nannte die Auffassung Ludwigs „eine leichte und schnelle". „Ludwig lernte und faßte schnell auf", urteilte auch seine Mutter, „er lernte aber nicht so gern wie Otto." Engagement zeigte er nur für jene Lerngegenstände, die ihn interessierten. Beide Kinder besaßen ein gutes Gedächtnis. Nach dem Urteil Gottfried von Böhms hatte Otto „vielseitige Kenntnisse und las viel."[51] Angeblich war er auch fleißiger als sein Bruder. Doch Böhm relativiert diese Ansicht auch, denn einmal wurde Otto von Ludwig aufgefordert, fleißiger zu lernen. „Otto, der dies nicht gern tat, antwortete: ‚Du hast gut

50 Merta, Franz: Die Tagebücher König Ludwigs II. von Bayern. In: Zeitschrift für Bayerische Landesgeschichte, Bd. 53, Heft 2, München 1990, S. 322 f

51 Böhm, S. 453

reden; Du wirst einmal König und mußt etwas lernen; ich aber bringe es höchstens so weit wie Onkel Adalbert, und dazu weiß ich genug.'"[52] Vermutlich aus diesem Grund nahm es Otto auch mit der Pünktlichkeit nicht so genau.

Nachdem Ludwig im Alter von 17 Jahren das sogenannte Gymnasialabsolutorium – also das Abitur – abgelegt hatte, begann das Studium an der Münchner Universität mit dem Besuch von Vorlesungen und Kollegien. Als einziger unter dem fürstlichen Nachwuchs beanspruchte er einen eigenen Platz. Zum Fächerangebot gehörte neben Physik, Chemie und allgemeinen Naturwissenschaften auch Logik, Geschichte der Philosophie und Staats- und Völkerrecht. Besonderes Interesse zeigte er für Literatur, vor allem für Schauspiele, sowie für Opern und für Kunst und Architektur. Physik studierte Ludwig bei Professor Friedrich Jolly, Chemie bei Professor Justus von Liebig, sowie Logik und Geschichte der Philosophie bei Franz Steininger, den er bereits aus seiner Gymnasialzeit gut kannte.

Auch für Otto war eine sorgfältige Ausbildung vorgesehen. Ab 1866 wurde dem 18-Jährigen an der Münchner Universität von Prof. Wilhelm von Giesebrecht die Geschichte der deutschen Kaiser nahegebracht und von Prof. Wilhelm Heinrich Riehl die Geschichte der sozialen Theorien. Von Prof. Carrière wurde er in Ästhetik unterwiesen.[53] Dazu kamen noch etliche andere Fachbereiche. Gottfried von Böhm erinnerte sich später: „Ich kam früher zuweilen mit ihm [Otto] in den Hörsälen der Universität zusammen, die er meistens nur mit erheblichen Verspätungen besuchte."[54] Auch für Astrologie interessierte sich Otto, wie Justizminister Bomhard berichtet, der im September 1864 bei König Ludwig eingeladen war. Otto war ebenfalls zugegen: „Auf dem Rückwege im Wagen mit König, Königin [Marie] und dem Prinzen unter dem herrlich gestirnten Himmel […] mußte ich dem Prinzen Otto Aufschluß über den Sternenhimmel geben und von mei-

52 Böhm, S. 5

53 Scharrer-Schauenberg, S. 7

54 Böhm, S. 453

nen Universitätsjahren und Korpserlebnissen erzählen, [...] ich ward behandelt, wie zur Familie gehörig."

Zweifellos belastete Max II. „den Studienplan des Kronprinzen [aber auch den Ottos] mit allerlei Überflüssigkeiten, und das hatte die Wirkung, daß eine merkwürdige dilettierende Halbbildung erzielt wurde statt des ‚Universalismus', der Maximilian vorschwebte."[55] Das Ergebnis von Ottos Ausbildung beschrieb Generaladjutant Prinz zu Hohenlohe-Ingelfingen so: „Der jüngere Prinz Otto war ein lebendiges Lexikon, so viel hatte er auswendig gelernt. Aber an seiner Logik war schon damals manches auszusetzen."[56] Manche meinten später, die Prinzen hätten zu ihrer gesunden Entwicklung der strengeren preußischen Erziehung bedurft. Königin Marie war hingegen der Ansicht: „Max [der Vater] starb zu früh." Beides hätte allerdings das tragische Schicksal der Kinder wohl nicht verhindern können.

Weinend am Totenbett des Vaters

Der Tod König Max' II. 1864

Im November 1863 zog Kronprinz Ludwig, der im August volljährig geworden war, aus dem Nordwestpavillon im Zwischengeschoss über dem ersten Stock des Königsbaus der Residenz aus, in dem er gemeinsam mit Otto die Kindheits- und Jugendjahre verbracht hatte. Seine neue etwa 300 Quadratmeter große Fünfzimmerwohnung mit Vorraum lag nun ein Stockwerk höher in dem von seinem Großvater Ludwig I. aufgestockten Nordwestpavillon im dritten Obergeschoss, direkt unterm Dach. Wie er seiner Erzieherin Sybille Meilhaus berichtete, geschah der Wohnungswechsel, „da ich an der Schwelle zum Mannesalter steh [...] Die heutige Nacht ist die letzte, welche ich in unserem alten Zimmer zubringe, morgen beziehe ich meine neue Wohnung (dem Hofgarten und Theatinerkirche zu). Die Aussicht ist dort sehr schön, die unteren Zimmer werde ich erst in einigen Wo-

55 Wolf, S. 24

56 Böhm, S. 25

chen beziehen können [...] Der arme Otto wird sich nun sehr allein fühlen." Otto lebte bis zu seinem 24. Lebensjahr in der Residenz, bis er 1872 wegen seiner geistigen Erkrankung nach Schloss Nymphenburg kam.

Während Ludwig im Winter 1863/64 an Gelenkrheumatismus erkrankte, war der 15-jährige Otto wohlauf und durfte am Faschingsdienstag 1864 ohne seinen Bruder im renovierten Residenz-Theater in der Tracht eines Edelknaben von 1753 am Ball- und Kostümfest teilnehmen. Er sah allerliebst aus und bot zusammen mit seiner Mutter, die im Kostüm einer Kurfürstin erschien, ein Bild des Glücks. Ludwig fühlte sich nicht wohl und musste das Bett hüten. Er schrieb darüber an seine Erzieherin, Sybille Freifrau von Leonrod: „Obwohl ich schon seit mehreren Wochen das Zimmer nicht verlassen darf, so bin ich doch froh und vergnügt; ich lese viel, was ich lieber habe denn alle Bälle."

Wenige Wochen später schied am 10. März 1864 der Vater unerwartet aus dem Leben. Er starb wahrscheinlich an einer durch Streptokokken ausgelösten nekrotisierenden Fasziitis. Ludwig war 18 ½ Jahre alt und Otto 15. Marie und die beiden Prinzen waren erschüttert. Wie es heißt, lagen sie weinend vor dem Totenbett des Vaters auf den Knien. Aber noch mehr als dem geliebten Vater galten die Tränen der eigenen Situation, die überraschend eingetreten war. Die Prinzen waren nun allein mit der Mutter, hatten plötzlich neue, ungewohnte Verpflichtungen zu übernehmen. Ludwig, ein unfertiger Student, ja fast noch ein halbes Kind, wurde unversehens König. Er konnte nicht mehr sein Studium in Göttingen fortsetzen, wo einst auch sein Vater und sein Großvater die Universität besucht hatten. Die Jugendzeit war damit abrupt beendet. Das machte Ludwig und Otto fassungslos.

An der aufwendigen Bestattungsfeier nahmen auch die beiden Prinzen teil. Der Musiker und Gesanglehrer Julius Hey erzählt: „Der junge bleiche König inmitten des Trauerzuges, neben sich seinen pausbäckigen jüngeren Bruder Otto." Als Ludwig gefragt wurde, welchen Platz sein Bruder im Trauerzug einnehmen solle, meinte er: „Wie immer, mir zur Seite."

Prinz Otto wurde nun zur militärischen Ausbildung ins Kadettenkorps eingeführt und am 26. Mai 1864 von seinem Bruder zum Oberleutnant ernannt. Die königliche Order lautete: „Seine Majestät der König haben allergnädigst geruht, am 26. Mai den Unterleutnant Prinzen Otto von Bayern, Kgl. Hoheit, im Infanterie-Leibregiment zum Oberleutnant zu befördern." Ob sich auch Otto bei seiner ersten Residenzwache wie seinerzeit Ludwig, der als 17-Jähriger ebenfalls Residenzwache abzuleisten hatte, wie „am Schandpfahl" fühlte, ist nicht belegt, aber vorstellbar, da die Blicke neugieriger Münchner Bürger sicher auch ihm nicht besonders angenehm gewesen sein dürften. In den folgenden Jahren folgten weitere Ehrungen für Otto. So wurde er 1868 von seinem Bruder in den Hausorden der Wittelsbacher, den Ritterorden vom Heiligen Georg aufgenommen und 1869 erfolgte auf Initiative von Kardinal Karl August von Reisach die Investitur in den Ritterorden vom Heiligen Grab zu Jerusalem.

Otto war als ernstzunehmender, wenngleich noch sehr junger Partner nach dem Tod des Vaters auch bereit, an den für Ludwig noch ungewohnten Aufgaben Anteil zu nehmen und mitzuhelfen, insbesondere die Fülle von Repräsentationspflichten des Königs zu bewältigen. Die bei ihm immer wieder zu beobachtenden Verhaltensauffälligkeiten wurden zwar von den Ärzten festgestellt, aber weiterhin bagatellisiert.

Auffälligkeiten in Ottos früher Jugend

1859 bis 1865

„Ludwig scheint auch im Alter von 13 bis 14 Jahren an förmlichen Halluzinationen gelitten zu haben", schreibt Gottfried von Böhm. „Er wähnte, während er Billard spielte, laute Stimmen sprächen auf ihn ein und sah sich nach den unsichtbaren Sprechern um. Der Leibarzt Gietl, ‚der es miterlebte, war darüber so frappiert, dass er dieser Erscheinung schriftlich niederlegte.' Auch Prinz Otto litt schon als Knabe an heftigen Zwangsvorstellungen."[57]

---

57 Böhm, S. 5

1865 konstatierten die Ärzte erneut, dass Otto „an qualvollen Zuständen von Angst und innerer Unruhe leide, Halluzinationen habe, gereizt sei und zu Gewalttätigkeiten neige". Gleichwohl wurden diese Auffälligkeiten von der Familie und dem Hofstaat noch immer nicht besonders ernst genommen. „Die Ärzte versicherten [...] der Königin, das werde mit der Entwicklung verschwinden."[58]

Von dem 17-jährigen Otto schildert seine Cousine, Prinzessin Therese, etwa eine Angstattacke vor einem harmlosen Gatter: „Eine Episode aus dem Sommer 1865, dem letzten vor erlangter Volljährigkeit: Wir gingen, wie fast immer, in großer Gesellschaft spazieren, als er plötzlich auf mich zutrat, nach einem vor ihm befindlichen Gatter, das seitwärts führte, griff u. mir mit flehend verzweifelter Stimme sagte: ‚Thereschen, wenn Du mich liebst, so gehst Du mit mir.' Die Worte ‚Wenn Du mich liebst' packten u. betäubten mich u. ich konnte nicht anders, als ihm folgen, war es doch er, der dieses Zeichen von Liebe von mir forderte ... Ich wäre für ihn durch das Feuer gegangen. Genau war ich mir bewußt, dass diese ungewöhnliche Handlung, uns von der übrigen Gesellschaft zu entfernen, einen Sturm von Entrüstung hervorrufen würde, aber da gab es für mich keine Wahl, bis er das Gatter fahren ließ u. verzweiflungsvoll die Worte herausbrachte: ‚Es geht nicht.'"[59]

Die Angst Ottos, das Gattertor einer Weide zu durchschreiten, beurteilte Prinzessin Therese später als ein Symptom seiner psychischen Störung. Trotz seiner Verhaltensauffälligkeiten schien Otto jedoch ein sympathischer junger Mann gewesen zu sein. So jedenfalls beschreibt ihn die in ihn verliebte Therese:

„Er [Otto] war unbewußt liebenswürdig, nicht berechnend, nicht gesucht, sondern gerade durch seine bescheidene Liebenswürdigkeit äußerst gewinnend. Zu dieser liebenswürdigen Bescheidenheit gesellte sich eine Einfachheit u. Natürlichkeit, die anziehen mußte. Offen u. gerade in seinem Wesen war er unerschütterlich fest, wenn es galt, sei-

58 Böhm, S. 5

59 Bußmann, S. 68

ne Überzeugung zu vertreten.“[60] Insbesondere rühmte Therese Ottos „religiöses Seelenleben; er war fromm u. überzeugungstreu u. wirkte, mich zu Gott führend, wohlthätig auf meine Seele zurück, indem er mich zum Beten ermunterte.“[61] Darüber hinaus schwärmte sie von Ottos „Charakter, bereit für das, was er einmal als Recht erkannt hatte, durch das Feuer zu gehen. Dazu beseelte ihn eine seltene Güte, ein seltenes Wohlwollen für die Menschheit, welche mich an die meines Vaters gemahnte. All diese edlen Charakterzüge zogen mich an u. im Umgang mit ihm fühlte ich mich gehoben, fühlte ich mich ein besserer Mensch zu werden.“[62] Wenn auch nur ein Bruchteil dessen der Wahrheit entspricht, was Therese über den von ihr angehimmelten Cousin äußerte, darf Otto als ausgesprochen sympathischer Mensch bezeichnet werden. Dazu passt auch, dass sich Otto stets den Wünschen seines Bruders fügte, wie er das von Kindheit an als der Zweitgeborene gewohnt war.

60 Bußmann, S. 68

61 Bußmann, S. 61

62 Bußmann, S. 61

Prinz Ottos Jugendjahre

1864 bis 1870

„Immer lächelnd und stets zu Diensten!"

Otto und sein königliche Bruder

Gleich, nachdem Ludwig König geworden war, hatte er Ottos Platz als „wie immer mir zur Seite" bestimmt. Und so bezog er ihn gerne bei offiziellen Anlässen und den zahlreichen Repräsentationsverpflichtungen ein, denen er sich „früh", wie Gottfried von Böhm schreibt, und „wenn immer möglich zu entziehen und sie anderen aufzubürden"[63] suchte. Königin Maries Äußerung, dass Otto täglich vor Tisch auf die Jagd ging, „ansonsten thut er fast gar nichts den ganzen Tag"[64], darf nicht zur Annahme verleiten, der Prinz sei ausschließlich ein Müßiggänger gewesen. Vielmehr machte sich der zurückhaltende und menschenscheuere Ludwig gerne Ottos Leutseligkeit und liebenswürdigen Charme zunutze, wenn es darum ging, in der Öffentlichkeit zu repräsentieren. Als König war er froh, wenn ihn sein Bruder bei offiziellen Feierlichkeiten begleitete, beispielsweise am 2. Oktober 1864, als die beiden gemeinsam erstmals das Münchner Oktoberfest besuchten. Der Schauspieler und spätere Hoftheaterintendant Ernst von Possart schildert dieses Ereignis: „[…] und nun erscheint im sechsspännigen Galawagen, von der goldenen Herbstsonne bestrahlt, die hochragende ideale Jünglingsgestalt Ludwigs II., ihm zur Linken sein fröhlich lächelnder Bruder Otto. Ein langhallender Jubel übertönt die Fanfaren […] Nach allen Seiten grüßend neigt der König mit majestätischer Würde das schwarzumlockte bildschöne Haupt. Der blonde Prinz Otto an seiner Seite lehnt sich bescheiden lächelnd in

63 Böhm, S. 652

64 Schad-Königinnen, S. 251

die Polster zurück und überläßt alle Huldigungen dem Erstgeborenen. München, berauscht von der märchenhaften Erscheinung Ludwigs und dem anmutigen Bilde brüderlicher Eintracht, erneut am Abend bei der Festvorstellung des ‚Oberon' die Ausbrüche jauchzender Begeisterung."[65]

Ein Jahr später deprimierte den König die erzwungene Entfernung des von ihm angebeteten Richard Wagners aus München zutiefst. Nachdem sich der Komponist am 10. Dezember 1865 in die Schweiz zurückgezogen hatte, beherrschte Ludwig nur ein Wunsch: „Lange halte ich es nicht mehr aus von ihm [Wagner] getrennt zu leben [...] ich leide fürchterlich [...] mit Freuden verließe ich jetzt Land und Leute und folgte Ihm!"[66] So gestand er tief betroffen Cosima von Bülow in einem Brief. Erstmals wollte er zugunsten seines Bruders Otto abdanken. Doch Wagner, der nichts von dieser Absicht seines Finanziers hielt, riet ihm erfolgreich ab. Otto wäre zu dieser Zeit erst 17 Jahre alt gewesen und wäre der Bürde des Königsamtes sicher noch weniger gewachsen gewesen, als das bei seinem damals 18-jährigen Bruder 1864 der Fall war.

Das Brüderpaar zeigte sich gemeinsam auch bei Theaterbesuchen und Empfängen sowie bei anderen Festlichkeiten, so etwa am 8. Februar 1869 beim traditionellen Metzgersprung, bei dem auf dem Münchner Marienplatz am Fischbrunnen die jungen Metzger freigesprochen wurden.

Auch in Konfliktsituationen wandte sich Ludwig klagend oder um Rat fragend an Otto. Die Überlegungen des jüngeren Bruders gaben ihm seelischen Halt und beeinflussten nicht selten seine Entscheidungen. So bat er Otto, gegenüber seiner späteren Braut Sophie als Vermittler aufzutreten. In einem undatierten Brief schrieb er an ihn: „... Elsa [Sophie] will mir gar nicht aus dem Sinn und ich glaube nun fast, daß es nicht mehr lange dauern wird, bis aus dem Gefühle treuer

65 Possart, Ernst von: Erstrebtes und Erlebtes. Erinnerungen aus meiner Bühnentätigkeit, Berlin 1916, S. 203 f (künftig: Possart)

66 Hacker-Augenzeugenberichte, S. 107

und aufrichtiger Freundschaft, das ich für sie im Herzen trage, wahre Liebe wird und mir der Gedanke kommt, sie als meine Gattin zu sehen. Für unmöglich halte ich es nicht! – Tröste und beruhige sie vollkommen und sage ihr, daß du glaubst, meine Zuneigung wandle sich in Liebe."[67] Otto erledigte diese „diplomatische Mission" dahingehend, dass er Sophie erklärte, sein Bruder sei sich sicher, dass aus der Freundschaft zu ihr bald Liebe werden könne und dass sogar eine Heirat möglich sei. Dies war kein leeres Versprechen, wie die bald erfolgte Verlobung zwischen Ludwig und Sophie zeigte, auch wenn sie nur ein knappes Jahr hielt. Otto bedauerte das Ende, wie er seiner Cousine Therese schrieb: „Wie traurig haben sich die Angelegenheiten zwischen Ludwig und Sophie gestaltet. So schrecklich es ist, so ist es, denke ich, doch besser, sie gehen beizeiten auseinander, als dass sie am Ende zeitlebens unglücklich zusammen leben […]"[68]

Am 1. April 1868 ordnete Ludwig an: „Ich halte es für gut, wenn bei Hofe wieder größere Tafeln gegeben werden, wegen meines Unwohlseins werde ich für die nächste Zeit kaum sobald solche abhalten können, ich gedenke daher den Prinzen Otto zu beauftragen, im alten Wintergarten in meinem Namen einigen Tafeln zu präsidieren, zu welchen Einladungen an die Hofchargen, die Minister, Staats- und Reichsräte ergehen können."[69] Wieder also delegierte der König eine seiner Repräsentationspflichten an den Bruder. Als Otto später dazu nicht mehr in der Lage war, musste am 27. Januar 1872 zumindest dessen Krankheit herhalten, um einen Hofball abzusagen: „Wie Sie wissen, ist Prinz Ottos Zustand ein sehr bedenklicher." Daraus folgerte er, „daß die Abhaltung eines Hofballes unter solchen Umständen einen befremdenden Eindruck machen wird und die allenfallsige Nichtabhaltung sich fast von selbst motivieren würde."[70]

67 Böhm, S. 392

68 Schad, Martha: Romanzen auf der Roseninsel. Rosenheim 2005, S. 50 (künftig: Schad-Roseninsel)

69 Böhm, S. 652

70 Böhm, S. 652

Otto wurde von seinem Bruder auch in politischer Hinsicht beeinflusst. Wie Ludwig „haßte er Preußen über alles und war, wie ja auch sein Bruder im Beginn seiner Regierung, für ein patriarchalisches Regiment ohne die lästigen Kammern“[71], das heißt für eine absolutistische Monarchie. Eine Woche vor dem feierlichen Einzug der Truppen in München, die am 16. Juli 1871 stattfand, klagte Ludwig: „Denke nur, Otto, aus politischen Gründen, gedrängt von allen Seiten, habe ich mich veranlaßt sehen müssen, zum Truppeneinzug den Kronprinzen von Preußen einzuladen, was mich geradezu zur Verzweiflung bringt; ach, es ist wirklich kein Wunder, daß seit dem vorigen Jahre (Feldzug, Abschluß der Verträge, etc. etc.) mir das Regieren und die Leute verhaßt wurden [...] Wehe mir, daß ich in eine solche Zeit hineingeschneit wurde, in der mir alles vergällt wird.“[72] Otto war ebenso bedrückt wie sein Bruder und erschien beim feierlichen Empfang Friedrich Wilhelms auf dem Bahnhof demonstrativ zu spät.

Bekanntlich hielt es Ludwig für unangebracht, wenn man sein Verhalten kritisierte. Er fühlte sich nicht nur als Staatsoberhaupt, sondern auch innerhalb der königlichen Familie als „unantastbare Majestät“. Kritisieren durfte alleine er. Als Otto einmal vergaß, seinem Bruder zu dessen Namenstag zu gratulieren, erhielt er von ihm „die schärfste Rüge“. Dies widerfuhr auch dem 19-jährigen Otto, als er bei einem Empfang versehentlich nicht in der von Ludwig angeordneten griechischen Uniform des Onkels und griechischen Königs Otto erschien. Doch Ludwigs Standpauke ließ er sich diesmal nicht gefallen. Mit deutlichen Worten protestierte er: „Doch bitte ich Dich herzlich, wenn Du mich auch nur ein wenig noch gern hast, nicht vor Andern also heftig zu sprechen. Wie schon so oft ich Dir gesagt, gerne sterbe ich für meinen König, dem ich gewiß so treu anhänge, doch stoßen oder gar schlagen, das lasse ich mich von Niemandem.“[73] Ganz andere

71 Böhm, S. 453

72 Hacker-Augenzeugenberichte, S. 199

73 Böhm, Christiane: „... Dein treuer Freund Ludwig“ oder Warum auch ein König keinen Elefanten bekam. Eine Biographie König Ludwigs II. von Bayern für Jung und Alt. München, 2011, S. 15 f (künftig: Böhm Christiane)

Töne finden sich in einem Brief ein paar Jahre später, in dem Otto seinem Bruder für dessen „so überaus herzlichen, liebreichen Brief" dankte, der ihm „die Thränen in die Augen" trieb. „Du bist von jeher immer so gut u. lieb für mich"[74], beteuerte er.

Um die Distanz zu unterstreichen, wurde Otto von Ludwig auch immer freundlich mit „Eure Königliche Hoheit" angesprochen. In späteren Jahren, selbst wenn Otto anderer Meinung als Ludwig war, verzieh ihm dieser immer wieder und nahm ihn in Gnaden auf, wenn Otto Reue zeigte. Dies tat er nicht nur, weil er zu Otto eine besondere Zuneigung besaß, sondern auch weil er ihn immer wieder benötigte. Erst, als bei Otto die Geisteskrankheit fortwährend stärker zum Vorschein kam, waren für Ludwig etliche Flucht- und Zufluchtsmöglichkeiten aufgehoben. Wem sollte er jetzt noch Klagebriefe schreiben, an wen wichtige Repräsentationsaufgaben abgeben, falls ihm Depressionen solche Gedanken aufzwangen? Bei einem Gespräch im August 1873 zwischen dem Dichter und Professor Felix Dahn und dem König kam die Rede auf Ottos Regierungsfähigkeit: „Da verfinsterten sich seine Züge: es zog wie eine dunkle Wolke über ihn: ‚Mein Bruder kann nie regieren.'"[75]

Andererseits stellte Ludwig gelegentlich in Abrede, dass ihm Otto „ein verstehender, teilnehmender Freund" sei. Seine „Gewöhnlichkeit", seine „niedrigen geistlosen Interessen" hielt er nicht vereinbar mit seinem Sinn für „Hohes und Schönes". Im Grunde seines Herzens aber wusste er, wie er 1871 verlauten ließ, dass ihn von allen Menschen nur Otto wirklich leiden könne.

„Prinz Otto – wie immer mir zur Seite!"

Otto, Reisebegleiter seines Bruders und seiner Mutter

Zu Ottos Assistenzaktivitäten zählte aber nicht nur dessen Beteiligung an offiziellen Anlässen und diversen Repräsentationsverpflich-

74 Böhm Christiane: S. 16

75 Hacker-Augenzeugenberichte, S. 210

tungen, sondern auch seine Tätigkeit als Reisebegleiter, die von seinem Bruder wie von der Mutter gerne in Anspruch genommen wurde. Schon bevor Ludwig König geworden war, begleiteten er und sein Bruder die Mutter mehrfach wie etwa am 12. Oktober 1863. An diesem Tag hatte sich Königin Marie mit Ludwig und Otto etwa nach Trauchgau unweit Schwangaus begeben und war samt Gefolge im dortigen „Wirtshaus" eingekehrt, „wo im Saal die Goldene Hochzeit des Wegmachers gefeiert wurde, ein erstaunliches Zeugnis von Volksverbundenheit der königlichen Familie."[76] Später avancierte Otto zum Begleiter seines königlichen Bruders. Am 19. April 1865 nahm er beispielsweise an Ludwigs Stelle als Begleiter der Königin Mutter an der Leichenfeier der Großherzogin Anna in Schwerin, einer Tante Maries, teil. Anschließend reisten beide nach Berlin, wo Marie Otto ihren königlichen Verwandten vorstellte. Von dort fuhr Otto nach Hamburg, wo er sich den Hafen ansah, anschließend nach Kiel. „Dort machte ein preußisches Kriegsschiff eben einige Manöver und nach Rücksprache mit dem Kommandanten durfte Prinz Otto einer zweistündigen Seefahrt an Bord beiwohnen."[77] Im Juni begleitete er seinen Onkel König Otto von Griechenland zu einer Aufführung von „Tristan und Isolde".

Vom 18. Juni bis zum 15. Juli 1864 reisten die königlichen Brüder gemeinsam nach Kissingen zu einem Treffen mit dem österreichischen und russischen Kaiserpaar. Am 6. März 1866 wurde Otto von seinem Bruder nach Miramare gesandt. Im Zusammenhang mit dem vakanten Thron der Donaufürstentümer kam Otto als möglicher Kandidat ins Gespräch. Allerdings geriet er als benötigter Königsbruder und möglicher Nachfolger Ludwigs II. nicht ernsthaft in die nähere Auswahl. Zudem hätte für ihn eine fremde Krone wenig Verlockendes gehabt. Die negativen Erfahrungen seines Onkels, des Königs Otto von Griechenland, waren ihm Warnung genug.

---

76 Schulze, Dietmar: Ludwig II. Denkmäler eines Märchenkönigs. München 2011. S. 268

77 Below, S. 122

Im August 1865 erschien Ludwig mit seiner Mutter und Prinz Otto in Füssen. Im Saal „Zur Post" „wohnte er der ganz gelungenen Aufführung einer Extravorstellung der hier weilenden sehr anständigen und soliden Schauspielergesellschaft unter der Direktion des C. Schmidt bis zum Schlusse an", wie das Füssener Blatt von 19. August 1865 berichtet.

Vom 5. bis 10. Dezember 1866 ließ Ludwig auf seiner Frankenreise Prinz Otto zu sich nach Nürnberg kommen. So triumphal diese Reise für Ludwig II. auch verlief, so unzufrieden war man in München mit ihm. Mittlerweile kritisierten Minister den König mehr und mehr, der in ihren Augen die Erwartungen, die man an einen Monarchen hatte, nur unzureichend erfüllte. Bereits am 9. April 1867, also drei Jahre nach Ludwigs Regierungsantritt, berichtete der preußische Gesandte Georg Graf von Werthern an Bismarck, man bemühe sich, den König „um alle Popularität zu bringen, vielleicht gar für verrückt erklären zu lassen, und auf diese Weise, mit Umgehung des Prinzen Otto, die Thronbesteigung des Prinzen Ludwig, Sohn des Prinzen Luitpold, vorzubereiten".[78] Demnach traute man also auch dem damals 19-jährigen Otto nicht mehr zu, die Nachfolge seines Bruders anzutreten.

Am 1. Juni 1867 unternahm der König streng inkognito mit seinem Bruder eine Studienreise nach Eisenach, um den Schauplatz des Sängerkrieges, die Wartburg, zu besichtigen. Sie trugen damals ihre Namen ins Stammbuch ein. Ludwig war vom Sängersaal der Wartburg ebenso begeistert wie vom großen Festsaal, dem Rittersaal, der Kemenate und Kapelle. Auch die in Wagners Oper „Tannhäuser" bezeichnete Venusgrotte auf dem Hörselberg lernten sie kennen. Der Besuch auf der Wartburg bot Ludwig II. entscheidende Impulse für die Errichtung seines Schlosses Neuschwanstein.

Am 6. Oktober 1867 fuhren die Königsbrüder von Hohenschwangau nach Augsburg, wo auf dem Bahnhof eine zweistündige Begegnung mit dem preußischen König Wilhelm I. und dessen Gemahlin Au-

---

78 Werthern an Bismarck, München 09.04.1867: Politisches Archiv des Auswärtigen Amtes Bonn (PAAA) Bayern 46 secr vol 2, A 1742

gusta stattfand. „Nachmittags kurz vor 4 Uhr traf S. M. der König in Begleitung S. K. H. der Prinzen Otto und Adalbert im hiesigen Bahnhof ein, um die von Hohenzollern über Ulm nach Nürnberg reisenden königl. preußischen Herrschaften zu begrüßen", berichtete das „Füssener Blatt".

Am 2. August 1868 begleitete Otto Ludwig erneut nach Kissingen, wo sie dem russischen Kaiserpaar bis zum 10. August Gesellschaft leisten. Schon im Juni/Juli 1864 hatten sich die beiden hier aufgehalten. Dort trafen sie auch mit der österreichischen Kaiserfamilie und dem württembergischen Königspaar zusammen.

Erst nach 1870 nahte mit Ottos Teilnahme am Deutsch-Französischen Krieg das Ende von dessen Assistenztätigkeit für seinen Bruder Ludwig. Doch noch im Oktober 1873 besuchte Ludwig mit Otto in Oberammergau das Schauspiel „Die Stiftung Ettals" und spendete der Gemeinde für die Kirche ein Glasfester mit dem Abbild Kaiser Ludwigs des Bayern. Danach fanden Ottos Aktivitäten als Begleiter und Gesandter des Bruders und der Mutter durch die immer stärker auftretenden geistigen Beeinträchtigungen ein jähes Ende.

„Er schwärmt fürs Ballett!"

Prinz Otto und die Frauen

Als Ludwig 1866 im Alter von 21 Jahren in einem Gespräch mit dem Justizminister Eduard von Bomhard hingewiesen wurde, dass es im Interesse des Königshauses und des Landes läge, wenn sich der junge König verheiraten würde, meinte Ludwig schnippisch: „Zum Heiraten habe ich überhaupt keine Zeit, dies kann der Otto besorgen."

Mit dieser Bemerkung schob er das Weiterbestehen des Königshauses auf seinen Bruder ab. Doch der drei Jahre jüngere Otto dachte nicht ans Heiraten. Zum einen entsprach es der Hofetikette, dass erst der ältere Bruder verheiratet sein musste, bevor die Reihe an ihn kommen durfte. Zum anderen hinderten ihn seine bald zunehmenden Depressionen und nervlichen Ausnahmezustände, mit dem anderen Geschlecht Kontakt aufzunehmen.

Doch in jüngeren Jahren, so ging die Rede, hatte Otto drei Leidenschaften: die Jagd, das Reisen und die Frauen. „Im Gegensatz zu seinem Bruder war er eine großer Freund der ‚geschürzten Muse'."[79] Das wusste auch Ludwig, dass der Kleine „besonders für das Ballett schwärmt", wie er im Januar 1867 über seinen damals 19-jährigen Bruder äußerte, der gerne Ballettvorstellungen im Hoftheater besuchte. Sicher blickte ihm so manches Mädchen sehnsüchtig nach, wenn er in seiner schmucken Chevauleger-Uniform schlank und hoch zu Ross durch die Straßen der Residenzstadt ritt, und ihm waren diese Blicke ebenfalls nicht unangenehm. Die Ärzte vermuteten, dass Otto, im Gegensatz zu seinem Bruder, lebhaften Kontakt zu Frauen gepflegt habe. Auch auf Reisen zeigte er Interesse für die Damenwelt. Davon würde die zunächst bei ihm vermutete syphilitische Geschlechtskrankheit herrühren.

1869 soll sich Otto bei einem Picknick in eine Gräfin verliebt haben, die später jedoch in ein Kloster ging. Eine Freiin v. Redwitz berichtet von einem Offiziersball im Odeon im Winter 1870: „[…] der König […] sprach einen Moment mit mir. […] Doch war seine Art zu reden nicht angenehm; er kniff die Lippen zusammen – und es war schwer zu errathen, was er meinte. Im ganzen war er auf dem Balle wortkarg und wenig leutselig. Hingegen sehr sein Bruder, Prinz Otto, mein Verehrer und eifriger Tänzer. Ein sehr lieber und netter, aber schrecklich nervöser junger Mann, der, als er von meiner Verlobung mit einem Bürgerlichen hörte, sich ganz von mir zurückzog; sonst tanzte er meist den Kotillon mit mir."[80]

Bezüglich eventueller homosexueller Neigungen konnte bei Otto nie etwas festgestellt werden. So erklärte der Assistenzarzt Doktor Guddens, Dr. Franz Carl Müller: „Ich selbst habe die Überzeugung, daß der König in diesem Punkt so wenig gesündigt hat wie sein Bruder

---

79 Below, S. 124

80 Böhm, S. 23; Aus handschriftlichen Aufzeichnungen von Frau Anna von Kühlmann, geb. Freiin v. Redwitz

Otto, dem man ja auch alles Mögliche nachgeredet hat. Ich weiß, daß das auch Guddens Ansicht war."[81]

Hingegen munkelte man, Prinz Otto habe Kontakte zu Prostituierten gepflegt. Noch Anfang 1872, so berichtet Dr. Gietl, habe der 24-jährige Prinz mehrmals wöchentlich Münchner Prostituierte aufgesucht und seine Dienerschaft diesbezüglich zum Schweigen verpflichtet. In späteren Jahren scheint er allerdings durch seine zunehmenden psychischen Störungen und die immer strenger werdende Isolation daran gehindert worden zu sein, derartige Beziehungen aufrecht zu erhalten. Ebenso begannen sich ehemals am Prinzen interessierte Damen von ihm, der sich durch seine Krankheit fortwährend stärker in seiner Persönlichkeit veränderte, abzuwenden.

In der Mitte des 19. Jahrhunderts rekrutierten sich Prostituierte unter anderem auch aus dem Umfeld der darstellenden Künste. Insbesondere schlecht bezahlte Ballett- und Chormädchen oder Statistinnen an kleineren Bühnen, Varietés und Kabaretts waren auf materielle Unterstützung durch Freier angewiesen. Angeblich seien weibliche Hauptattraktionen an Bühnen von den Direktoren sogar dazu angehalten worden, sich betuchte Verehrer zuzulegen, die regelmäßig Logenplätze buchten und auf diese Weise die Theater finanziell unterstützten. Nicht nur ehrbare Bürgersöhne, sondern auch junge Aristokraten pflegten Kontakte zu Prostituierten. Bei ihnen konnten sie ihre ersten Erfahrungen sammeln, auch wenn sie stets der Gefahr der Ansteckung mit Geschlechtskrankheiten ausgesetzt waren. Von ehrbaren Frauen wurden sie auf diese Weise bis zur Heirat ferngehalten.

Ottos wahre Liebe

Therese Prinzessin von Bayern

Von Kindheit an verehrte Prinzessin Therese (1850-1925), Tochter des Prinzregenten Luitpold, ihren Cousin, den Prinzen Otto. „Den Otto

81 Müller, Franz Carl: Die letzten Tage Ludwigs II.- Der letzte Bericht eines Augenzeugen. In: Süddeutsche Monatshefte München, Heft 11, 26. Jahrgang, August 1929, S. 792 (Künftig: Müller F.C.)

hab ich so gerne, als wenn er mein leiblicher Bruder wär“[82], vertraute sie ihrem Tagebuch an. Ab dem 13. Lebensjahr entwickelte sich aus der jugendlichen Freundschaft Liebe zu ihrem zwei Jahre älteren Cousin. Ihr wurde klar, dass sie Otto lieber hatte „als Vater und Brüder, lieber als alle anderen Menschen auf der Welt.“[83] Ihre Zuneigung war derart selbstlos, dass sie nicht einmal eifersüchtig reagierte, als sie erfuhr, dass sich Otto in ihre Cousine und Herzensfreundin Olga, Tochter des Großfürsten Konstantin Nikolajewitsch Romanow, eines Bruders des Zaren Alexander II., verliebt hatte. Im Gegenteil, sie unterstützte diese Beziehung, die allerdings daran scheiterte, dass Otto so lange zauderte, bis es zu spät war. Olga hatte Otto um ein Foto gebeten, er aber konnte sich nicht dazu überwinden, es ihr zu schicken. Sie heiratete schließlich den dänischen Prinzen Georg, den späteren König von Griechenland.

Nun hatte Therese Otto für sich allein. Gleichwohl war es eine einseitige Liebe, denn Otto sah in ihr lediglich seine Schwester und Herzensfreundin. Doch Therese war damit glücklich. „Bescheiden, schüchtern und anspruchslos, wie Therese zu jener Zeit ist, schätzt sie sich bereits überglücklich, wenn Otto sie ‚zum Thee führt‘, wenn er sie – wiewohl ein schlechter Tänzer – als Tanzpartner begleitet, oder wenn er sie vor seiner Italienreise zum Abschied am Krankenbett aufsucht – gegen den Willen ihrer gestrengen Erzieherin Gräfin Dürckheim, die dies für nicht passend hält, aber mit dem Einverständnis ihres Vaters.“[84]

Besonders schätzte Therese an Otto, dass er einfühlsamer Gesprächspartner war, mit dem sie über alles reden konnte, wie sie sich später erinnerte: Wir „trösteten uns gegenseitig in unseren unangenehmen oder schmerzlichen Angelegenheiten, sprachen von Gott und Religion, von allem Hohen u. Schönen, ich las ihm erhabene Gedanken, die ich aus Büchern cogniert, u. er trug mir Gedichte vor. In diesen Zwiegesprächen offenbarte sich mir immer wieder seine ganze Seele,

82 Bußmann, S. 59

83 Bußmann, S. 59

84 Bußmann, S. 61

fromm, vornehm und edel. Ich verstand ihn so gut in seinem weichen Gemüth."[85]

Thereses Zuneigung zu Otto blieb auch ihrer Mitwelt nicht verborgen. So äußerte Mitte der siebziger Jahre Thereses Bruder Ludwig [der später König Ludwig III.] gegenüber seiner Frau: „Ich glaube ... [Otto] will Thereschen heirathen."[86] Als Therese diese Äußerung von Ludwigs Frau zugetragen wurde, blieb ihr, wie sie notierte, fast „das Herz stehen aus Seligkeit, ich wäre ja am Ziel meiner Wünsche gewesen. [...] Ich antwortete nur leise u. mit bebender Stimme ‚es wäre mir ganz recht'."[87] Auch Ottos Mutter, Königin Marie, bemerkte die Zuneigung Thereses zu Otto. „Man sagt zwar, daß Heirathen unter Verwandten nicht gut sei," gab sie zu, „aber ich hätte doch garnichts dagegen, wenn ... [Otto] und Thereschen sich heirathen würden."[88] Auch Tante Adelgunde und Onkel Nando (Ferdinand IV. von Toskana) sprachen Prinzessin Therese auf eine Heirat mit Otto an.

Als bei Otto sich die ernsthaften Anzeichen seiner geistigen Erkrankung jedoch häuften, war sich Therese im Klaren, dass eine Heirat nicht mehr in Frage käme. Aber mit einem anderen Mann wollte sie sich keinesfalls binden. Sieben Heiratskandidaten aus fürstlichem Geblüt, die für sie nach und nach als mögliche Lebenspartner zur Verfügung standen, schlug sie aus.

Zu Weihnachten 1869 schrieb die 19-Jährige in ihr Tagebuch: „Wieder fühlte ich so recht deutlich, dass mein Herz ihm gehörte u. nur ihm, u. dass sein klares u. festes Stehen im Glauben, seine Bescheidenheit im Verkehr mit seinen Nächsten, sein Wohlwollen u. seine Leutseligkeit gegen die Menschen u. endlich sein ernstes pflichttreues Wesen, das keine Falschheit kannte, Alles Eigenschaften waren, welche weit die brillanteren Eigenschaften seiner vermeintlichen Concurrenten überragten u. einzig u. allein mir die Gewähr eines Seelenverständnisses

85 Bußmann, S. 73 f

86 Bußmann, S. 74

87 Bußmann, S. 74

88 Bußmann, S. 75

für das ganze Leben [gaben].“[89] Als sie sicher war, dass eine Verbindung mit dem kranken Otto keinesfalls mehr möglich war, schob die 30-Jährige allen weiteren Eheanbahnungsversuchen ihrer Familie ab 1880 dadurch einen endgültigen Riegel vor, dass sie das Amt der Obersten Vorsteherin und Äbtissin des Münchner Damenstiftes zur Heiligen Anna übernahm, das nur unverheiratet gebliebenen Wittelsbacher Prinzessinnen zustand.

Bereits ab 1871 frönte Therese einer anderen Leidenschaft, dem Reisen. Ihre Forschungsreisen führten sie durch die ganze Welt, u. a. nach Griechenland, Italien, Dänemark, Schweden und Norwegen ebenso wie nach Russland, England, Schottland und Irland bis nach Spanien und Portugal, in die brasilianischen Tropen, nach Kanada, Nord- und Südamerika. Für ihre Verdienste als geachtete Forscherin und Naturwissenschaftlerin wurde sie mit zahlreichen Ehrungen bedacht.

„Stets an gefährlichen Punkten zu Stelle!“

Prinz Otto im Bruderkrieg 1866

Als Ludwig nach dem Tod seines Vaters am 10. März 1864 auf den Thron kam, befanden sich die beiden Großmächte Preußen und Österreich im Krieg mit Dänemark. Es ging um die sogenannte „schleswig-holsteinische Frage“, das heißt darum, ob die beiden Elbe-Herzogtümer Schleswig und Holstein tatsächlich Dänemark zustanden oder nicht. Dies war bereits seit vielen Jahren die Streitfrage zwischen Dänemark und dem Deutschen Bund.

Nach dem Sieg der österreichisch-preußischen Truppen wurde Dänemark im Frieden von Wien aufdiktiert, alle seine Rechte auf die umstrittenen Herzogtümer an den Deutschen Bund abzutreten. Schleswig wurde daraufhin von Preußen verwaltet und Holstein von Österreich. Doch Bismarck wollte mehr, er strebte nach der Vorherrschaft Preußens im Deutschen Bund und dies unter Ausschluss Österreichs, was Österreich empörte. Die Zeichen standen nun auf Krieg.

89 Bußmann, S. 66

Da Bayern auf eine militärische Auseinandersetzung völlig unvorbereitet war, wollte es Ludwig II. aus dem Kriegsgeschehen möglichst heraushalten. Bismarck versuchte, Bayern ins preußische Lager zu ziehen, oder wünschte sich zumindest die Neutralität Bayerns, aber Österreich pochte auf die Einhaltung der vereinbarten Bündnispflichten. Bayern und sein König waren zwischen dem Wunsch nach Neutralität und der Einhaltung der Bündnisvereinbarung hin- und hergerissen. Die Einstellung Ludwigs II.: „Ich will keinen Krieg!“ stieß in der Armee und Öffentlichkeit auf Unverständnis und Ablehnung. Unerhört wurde auch seine Bemerkung empfunden: „Ich hasse und verachte den Militarismus.“ Da er erkannte, dass er für unsinnige Kriege nicht tauge, schrieb er an Richard Wagners Frau Cosima: „Es gibt höhere Kronen, erhabenere Reiche, als diese irdischen, unseligen.“[90] Damit deutete er an, abdanken zu wollen.

Da Ludwig II. aber die Bündnistreue Bayerns gegenüber Österreich achtete, unterschrieb er am 11. Mai 1866 den Mobilmachungsbefehl. Elf Tage später, am 22. Mai war die Landtagseröffnung festgesetzt, die der König mit einer Thronrede vornehmen sollte. Doch er eilte an diesem Tag lieber zu Richard Wagner nach Tribschen und die Landtagseröffnung musste auf den 27. Mai verschoben werden. Erst nach erheblichen Widerständen ließ sich der König herab, die dort erwartete Thronrede zu halten. „Empfang eiskalt! Presse schändlich!“ So empfand er die durchaus verständlichen Reaktionen.

Am 9. Juni marschierten die preußischen Truppen widerrechtlich in das von Österreich verwaltete Holstein ein und provozierten damit Österreich. Das protestierte sofort gegen den Rechtsbrecher Preußen und forderte von den Bündnispartnern ein Einschreiten. Daraufhin trat Preußen am 14. Juni 1866 aus dem Deutschen Bund aus. Eine kriegerische Auseinandersetzung Preußens mit Österreich und seinen Bündnispartnern, zu denen neben Sachsen, Württemberg, Baden, Hannover, Hessen-Darmstadt, Hessen-Kassel und Nassau auch das Königreich Bayern zählte, war damit unausweichlich.

90 Hacker-Augenzeugenberichte, S. 123

Während die bayerischen Truppen in den Kampf marschierten, zog sich Ludwig II. deprimiert nach Schloss Berg und auf die Roseninsel zurück, wo er zu seiner Zerstreuung bei künstlichem Mondschein Vergessen suchte. Der Bruderkrieg 1866 lief somit ohne ihn ab, während ihn sein 70-jähriger Großonkel, Prinz Karl von Bayern, und sein fast noch kindlicher Bruder Otto als Mitglied des Königshauses vertraten und an die Front zogen.

Otto war am 27. April 1866 volljährig geworden. Mit diesem Datum standen ihm nicht nur ein eigener Hofstaat und eine Apanage von 80000 Gulden zu. Er wurde auch zum Hauptmann befördert, womit sein aktiver Militärdienst beim Infanterie-Leib-Regiment begann. In der Funktion als Hauptmann nahm er auch am Deutschen Krieg 1866 teil.

Immerhin begleitete Ludwig Otto bis zum Bahnhof. „Die Prinzen Luitpold, Otto und Ludwig [Luitpolds Sohn] fuhren in einem Salonwagen mit ins Feld, bei ihnen auch der bayerische Oberbefehlshaber Prinz Karl. Auch König Ludwig II. erschien am Bahnhof. Er zeigte sich aber nur kurz der Truppe, um dann bis zur Abfahrt im Waggon bei Prinz Karl zu bleiben. [Das Reichsratsmitglied] Franckenstein war von der Atmosphäre am Bahnhof tief beeindruckt und hätte es für richtig gehalten, wenn der König sich mehr den Soldaten gezeigt hätte.“[91]

Die Königinmutter geleitete Otto bis Augsburg. Ab da war „der Kleine“ sich selbst überlassen. Er diente unter seinem Großonkel Karl im Stab des Armeehauptquartiers. Ludwig II. kam nur einmal, am 26./27. Juni, zu einer Stippvisite ins Hauptquartier nach Bamberg. Er versicherte seinen Truppen, dass er an sie denken würde, wenn sie „mutvoll und begeistert dem Feinde entgegen gehen“[92]. Mit den Worten: „Meine Gedanken bleiben bei euch“, zog er sich wieder auf die Roseninsel zurück, wo der Prinz Paul Taxis und Reitknecht Völk auf ihn warteten.

---

91 Aretin, Karl Otmar von: Franckenstein. Eine politische Karriere zwischen Bismarck und Ludwig II. Stuttgart 2003 (künftig: Aretin-Franckenstein)

92 Hacker-Augenzeugenberichte, S. 122

Bereits eine Woche später, am 3. Juli, kam es bei Königgrätz in Böhmen zum Entscheidungskampf zwischen Preußen und Österreich, bei dem Österreich eine schwere Niederlage erlitt. Abermals eine Woche später erlebte Otto, wie am 10. Juli die Bayern unter Prinz Karl, obwohl sie wie Löwen kämpften, bei Kissingen und Hammelburg aufgerieben wurden und zum Rückzug Richtung Würzburg gezwungen waren. Nach dem Beschuss der Feste Marienberg bei Würzburg kapitulierte am 26. Juli die bayerische Armee. Als die Preußen am 1. August Nürnberg besetzten, zog Prinz Karl seine Truppen nach Ingolstadt zurück und legte am 2. September, enttäuscht über die Niederlagen, sein Kommando nieder. Nach schweren Vorwürfen wegen seiner Truppenführung und verärgert über das Verhalten Ludwigs II. zog sich der alte Herr zutiefst verletzt nach Tegernsee zurück.

Während der Sohn Luitpolds, Prinz Ludwig – der spätere König Ludwig III. –, durch einen Schuss in den linken Oberschenkel schwer verwundet wurde, blieb Otto unverletzt, obwohl er sich, wie Augenzeugen bestätigten, tapfer verhalten habe, stets an gefährlichen Punkten zur Stelle war, dabei aber immer gelassen erschien. Dafür wurde er mit dem Ritterkreuz 1. Klasse ausgezeichnet.

Schuld an der Niederlage war unter anderem die Ausrüstung und Organisation des bayerischen Heeres, die seit Jahrzehnten vernachlässigt worden waren. „Die bayrische Armee", urteilte Fürst Hohenlohe, „ist in keinem genügendem Zustand. Die Offiziere haben kein rechtes Vertrauen in die eigene Kraft."[93]

Ludwig II. wusste nicht, was auf Bayern und ihn als Verlierer des Krieges nun zukam. Schon am 15. Mai 1866 hatte er nach Kabinettsekretär Pfistermeisters Aussage an Rücktritt von seinem Königsamt gedacht: „Der König sprach von Abdanken unter dem Vorgeben, dass er geistig nicht ganz gesund sei, um dann in die Schweiz [zu Richard Wagner] zu gehen und dort leben zu können." Am 21. Juli versicherte er Cosima Wagner in einem Brief, so könne es nicht fortgehen, er wolle künftig nur noch mit Richard Wagner zusammen sein und deshalb: „Teuerste

93 Mayr-Ofen, S. 165

Freundin, ich bitte Sie, bereiten Sie den Geliebten [Wagner] auf meinen Entschluß vor, die Krone niederzulegen […] daß ich sterbe, wenn ich ohne ihn leben muß. […] Mein Bruder ist volljährig, ihm übertrage ich die Regierung." Aber hatte Ludwig nicht an eigenem Leibe erlebt, wie schwer es ist, als 18-jähriger noch unfertiger Mensch den Thron zu erben? Wollte er eine solche Verantwortung wirklich seinem kaum erwachsenen Bruder zumuten, von dem er doch wusste, dass es mit dessen Nerven nicht zu Besten bestellt war, dass sich bei ihm fortwährend mehr Zeichen einer schweren Erkrankung zeigten?

Von der Verwirklichung dieses Planes konnte er nur mit Mühe abgehalten werden. Einen Brief an Otto hatte Ludwig bereits sogar mit der Anrede versehen: „Seine Majestät König Otto I. von Bayern." Ottos „politische Ansichten", so Gottfried von Böhm, „entbehrten der Reife; er haßte Preußen über alles und war, wie ja auch sein Bruder im Beginn seiner Regierung, für ein patriarchalisches Regiment ohne die lästigen Kammern."[94] Am 17. November 1867 teilte Ludwig seinem fast gleichaltrigen Cousin Prinz Wilhelm von Hessen-Darmstadt, den er „als seinen geliebten Bruder" bezeichnete, in einem Brief mit: „Wir leben en effet in einer verteufelt ernsten, schwierigen Zeit parbleu, diese Scheiß-Preußen (um mit Onkel Louis zu reden) sind doch recht unverschämt in ihren Forderungen [nach dem verlorenen Krieg 1866] und versauern einem das Leben; […]" Wenn Otto „mit Preußen zusammen kommen muß, wie im Oktober mit dem König und jüngst mit dem Gesandten, so zittert er vor Wuth u. Zorn u. vergießt Thränen vor innerer Erregtheit."[95]

Natürlich war Otto als Kriegsteilnehmer am 17. September 1866 beim Empfang der 2. Batterie des reitenden Artillerie-Regiments, das sich bei Kissingen kämpferisch hervorgetan hatte, in München vor der Residenz zugegen. Doch danach erholte er sich von den Strapazen des

94 Böhm, S.453

95 Seitz, Maria: „Hätt ich Flügel, um mich zu Dir schwingen zu können, …" Dokumente einer lebenslangen Freundschaft. Briefwechsel zwischen König Ludwig II. von Bayern und seinem Vetter Prinz Wilhelm von Hessen-Darmstadt. Darmstadt 2011, S. 205 (künftig: Seitz)

Krieges bei einer Gamsjagd in Berchtesgaden. Am 30. September feierte er wie jedes Jahr in Hohenschwangau mit seiner Mutter und dem Bruder Namenstag. Anschließend, im Oktober 1866, startete er ohne Gefolge, nur in Begleitung seines Adjutanten, zu einer Reise nach Italien und hielt sich unter anderem in Mailand, Turin, Vicenza, Padua und Venedig auf. Am 6. November kehrte er nach München zurück, ohne Rom und Neapel besucht zu haben, was ursprünglich seine Absicht war. Doch im Frühjahr 1867 holte er den Besuch dieser Städte nach und traf in Rom seinen Großvater Ludwig I., der am 26. März 1867 an seinen Enkel Ludwig II. berichtete: „Otto läßt dich grüßen, der recht wohl ist und sich sehr gut benimmt. Ihm gefällt Rom. Wir genießen prachtvolles Frühlingswetter."[96] Am 23. April 1867 betonte er erneut: „Otto benimmt sich fortwährend sehr gut."[97] Ludwigs I. mehrfache Versicherung, dass sich „Otto sehr gut benimmt", weist darauf hin, dass auch er von den zunehmenden nervlichen Problemen Ottos Kenntnis hatte.

Am 25. November 1866 zeichnete Otto gemeinsam mit seinem Onkel Luitpold und dessen Sohn Ludwig im Hof der Türkenkaserne Offiziere und Soldaten mit Verdienstkreuzen aus, die sich im Krieg hervorgetan hatten. Damals ahnte Otto sicher nicht, dass ihn dereinst nach Ludwigs II. Tod Luitpold als Prinzregent und dessen Sohn Ludwig als König Ludwig III. zu vertreten hätten, da er als Geisteskranker in Fürstenried regierungsunfähig sein würde.

Preußens Friedensbedingungen gegenüber Bayern waren glücklicherweise relativ gemäßigt. Statt des drohenden Endes von Bayerns Unabhängigkeit und damit von Ludwigs Regierung musste Bayern „nur" einige Landesteile abtreten und die „erträgliche Summe" von dreißig Millionen Gulden Kriegsentschädigung zahlen. Die Schutz- und Trutz-Klausel im Friedensvertrag, dass sich Bayern und Preußen künftig als Bündnisgenossen gegenseitig Hilfe zu leisten hätten, wurde in ihrer Bedeutung erst begriffen, als Bayern 1870 in den Deutsch-

96 Böhm, S. 484

97 Böhm, S. 485

Französischen Krieg verwickelt wurde. Wäre Bayern jedoch unter Preußens Vorherrschaft gekommen, hätte Ludwig abgedankt, denn: „Ein Schattenkönig ohne Macht will ich nicht sein“[98], versicherte er seinem Freund Wagner. Seinem Bruder hätte er ein „Schattenkönigtum“ allerdings schon zugemutet.

Nach dem Friedensschluss wurde Ludwig ab 10. November 1866 auf einer Reise nach Franken, das vom Krieg besonders stark heimgesucht war, zu seinem Erstaunen als Kriegsgegner und Friedensfürst frenetisch umjubelt. Die Reise endete in Nürnberg, wo er triumphal gefeiert wurde. Die Begeisterung der Menschen und die Stadt gefielen dem König so sehr, dass er allen Ernstes daran dachte, seine Residenz von München hierher zu verlegen. Er rief sogar seinen Bruder zu sich, um ihn an seinem Triumph teilnehmen zu lassen. Am 5. Dezember 1866 traf Otto in Nürnberg ein und gelangte im Jubel der Menge zur Burg. Zusammen mit Ludwig besuchte er am 7. Dezember das Germanische Museum, dazu einige industrielle Einrichtungen. Am 8. Dezember wurde den Königsbrüdern zu Ehren ein Konzert im Rathaus gegeben. Außerdem nahmen die hohen Gäste allabendlich im Stadt-Theater an einer Aufführung teil. Am 10. Dezember fand die Rückreise nach München statt. Ludwig und Otto waren von den Erlebnissen dieses Aufenthaltes in Franken begeistert. Sie schienen geradezu ein Herz und eine Seele zu sein. Als Cosima Wagner allerdings ihre Freude über Ludwigs gute Beziehungen zu seinem Bruder in einem Schreiben an den König ausdrückte, relativierte er diese Annahme: „Als wir neulich aus Nürnberg uns schriftlich unterhielten, meinten Sie, mein Bruder wäre für mich ein verstehender, teilnehmender Freund. O nein, geliebte Freundin, er ist ein ganz gewöhnlicher Mensch, ohne nur den geringsten Sinn für Hohes und Schönes. Er ist den ganzen Tag oft auf der Jagd, viel in Gesellschaft meiner flachen, geistlosen Vettern und des Abends viel im Aktientheater, wo er besonders für das Ballett schwärmt.“[99]

---

98 Hacker-Augenzeugenberichte, S. 122

99 Hacker-Augenzeugenberichte, S. 247

Dieser „ganz gewöhnliche Mensch“ Otto aber hatte im Krieg 1866, zu dem er in Erinnerung an die Kriegsspiele der Kindheit und seinem Interesse fürs Militär noch begeistert aufgebrochen war, einen ersten Schock erlitten. Dadurch geriet seine angeschlagene Psyche derart aus dem Gleichgewicht, dass sich von da an sein Geist zunehmend verwirrte. Der Anblick der Kriegsschrecken, die Schmerzensschreie der Verwundeten und Sterbenden, der Anblick von Gefallenen und das Leid der hilflosen Pferde auf den Schlachtfeldern lösten in dem sensiblen Gemüt schwere Erschütterungen aus, die in der Folge irreparable Angst- und Verwirrtheitszustände verursachten. Manche vermuten, dass sich der Ausbruch seiner Krankheit etwas hinauszögern hätte lassen, wäre auch er wie sein älterer Bruder dem Krieg ferngeblieben. Wahrscheinlich hätte ein solches Verhalten jedoch das Konfliktpotential zwischen Königshaus und Volk noch vertieft.

So sympathisch Ludwigs damalige Einstellung: „Wenn schon Krieg, dann ohne mich“ aus heutiger Sicht wirkt, so problematisch wurde sein Verhalten damals in der Öffentlichkeit empfunden. Es verwundert nicht, dass der österreichische Gesandte in München, Gustav Graf Blome, am 14. Juni 1866 dem österreichischen Außenminister Graf von Mensdorff schrieb: „Man fängt an, den König für irrsinnig zu halten.“[100] Wäre Ludwig II. nicht König gewesen, hätte man ihn vermutlich wegen Fahnenflucht oder Kriegsdienstverweigerung zur Rechenschaft gezogen. Die Regierung und ein Teil des Volkes begannen also bereits zwei Jahre nach der Thronbesteigung an Ludwigs Regierungsfähigkeit zu zweifeln. Vermutlich dachten manche, dass Otto, der am Krieg teilgenommen hatte, ein besserer König sein könnte. Doch schon 1867 wurde Otto von der Thronfolge ausgeschlossen, da seine nervlichen Störungen zunahmen.

100 Brief von Gustav Graf Blome an Graf von Mensdorff-Pouilly, 14.06.1886; zitiert nach: Conte Corti, Egon Cäsar: Elisabet „Die seltsame Frau“. Nach dem schriftlichen Nachlaß der Kaiserin, den Tagebüchern ihrer Tochter und sonstigen unveröffentlichten Tagebüchern und Dokumenten, Salzburg 1934, S. 47

Ottos Auffälligkeiten als junger Mann

Nach 1866

Eine beunruhigende Auffälligkeit zeigte sich bei Otto beim Jahreswechsel 1866/67. Während einer Teegesellschaft, die seine Mutter, Königin Marie, am Silvestertag 1866 gab, reagierte Otto auf eine beiläufige Bemerkung seiner Mutter plötzlich aggressiv. Der 19-jährige Prinz fühlte sich ohne Anlass bedroht und wollte sich überraschend mit einer dritten Person duellieren. Doch tags darauf, am 1. Januar 1867, war ihm der Grund für sein Verhalten nicht mehr bewusst. An seinen Bruder Ludwig schrieb er: „Noch wollte ich gerne über das gestrige Gespräch über die Mutter gestern Abend sagen, daß sie [...] gar nichts Beleidigendes gesagt. — Wegen dessen, was sie mir gesagt, hätte ich auch Niemanden zu fordern gebraucht. — übrigens weiß ich, was ich ihr schuldig, lasse mir jedoch von Niemanden [sic] etwas gefallen. Ich weiß nicht recht, ob ich nicht etwas vielleicht ganz Anderes Unrichtiges [im Original gestrichen] nach dem Thee gesprochen.“[101]

Statt von einer Geisteskrankheit bei Otto sprach man zunächst von „Jugendirresein“, von Karl Ludwigs Kahlbaums Schüler Ewald Hecker auch als „Hebephrenie“ bezeichnet und von Emil Kraepelin 1883 als „Dementia praecox“. Im Vordergrund stehen dabei Veränderungen im affektiven und sozialen Bereich. Der Prinz wirkte häufiger unkonzentriert, geistesabwesend und zerfahren. Dazwischen gab es aber längere Phasen, in denen er noch völlig normal reagierte. Auch Anwandlungen innerer Angst wurden bei ihm beobachtet. Depressives Verhalten wechselte mit läppischem, versponnenem Benehmen. Manchmal zitterte er, wie von kalten Schauern geschüttelt. Er sah Dinge und Personen, die nicht vorhanden waren, und führte Gespräche mit ihnen. Der einst lebensfrohe Offizier wandelte sich nach und nach zu einem ängstlichen, weinerlichen Melancholiker.

Ludwig war deshalb sehr besorgt und beobachtete den Verlauf sichtlich erschüttert. Er hatte schließlich alle Entscheidungen zu fällen,

---

101 GHA: KA L II, 14, Otto an Ludwig II., 01.01.1867; Burgmair-Weber, S. 29

die zur sukzessiven, ständig strengeren Verwahrung seines Bruders führten. Gleichzeitig sah er sich selbst von der schrecklichen Krankheit bedroht. Und nicht nur er. Schließlich hatte er es 1866 „abgelehnt, in Spitälern die Verwundeten zu besuchen, er hatte es abgelehnt, das zurückkehrende Heer zu besichtigen und zu begrüßen, denn dieser Krieg war nicht ‚sein Krieg'. [...] Graf Blome, der alles erlauschte, berichtete nach Wien, nun zeige es sich zweifelsfrei, daß der König an geistigen Störungen leide. [...] Die Haltung des Königs, seine Menschenscheu, schien so bedenklich, daß die Königinmutter Maria den Arzt veranlasste, der ihren jüngeren, schon von geistigen Störungen heimgesuchten Sohn Otto behandelte, auch Ludwig, den König, zu beobachten."[102]

Aber immer wieder gab es auch Phasen völliger Normalität bei Otto. Am 11. August 1867 inspizierte er beispielsweise in Speyer das 5. Chevaulegers-Regiment, dessen Inhaber er war. „Nach leutseliger Begrüßung der Offiziere und der Rapporterstattung des Kommandeurs ließ Prinz Otto im Kasernenhof sich das Regiment vorstellen und hielt Parade ab, nach deren Beendigung er seine Anerkennung ausdrückte. Das Regiment hatte an diesem Ehrentag freien Nachmittag und Löhnungszulage. Nach Verabschiedung bei jedem der einzelnen Offiziere begab sich der Prinz direkt zur Bahn und fuhr nach München zurück."[103] Speyers Bewohner waren von Ottos aufgeschlossenem und freundlichem Verhalten sehr angetan.

Im September 1867 besuchte Otto zusammen mit seiner Mutter und in Begleitung von Baron Schleitheim – er war gerade sein neuer persönlicher Adjutant geworden – Elbigenalp. Diese Gegend, auf die Ludwig II. seine Mutter einst aufmerksam gemacht hatte, liebte sie ganz besonders. Dort lernte sie den Heimatforscher und Lithographen Anton Falger kennen, der ihr 1876 testamentarisch sein geräumiges Haus vermachte. Nach einigen An- und Umbauten wurde das Gebäude der Lieblingsaufenthalt der Königin-Mutter.

---

102 Mayr-Ofen, S. 168

103 Below, S. 123

Bei ihrem Besuch 1867 in Elbigenalp übernachteten Marie, Otto und Baron Schleitheim im „Gasthof zum Engel". Falger zeigte ihnen seine interessante Sammlung von Handschriften, Münzen, Wappen, Steinen, Schmetterlingen, Käfern, Schnitzereien usw. Von Elbigenalp aus ging es weiter nach Dorf Bach und nach Holzgau. Nach der Übernachtung in Steeg erfolgte der Aufstieg zum Dörfchen Kaisers. Tags darauf unternahm man eine „gefährliche Partie" zum Schindelferner, wie Otto erwähnte. Der Weg in Schuhen mit viel zu glatten Sohlen führte über Schnee- und Eisfelder. Doch die herrliche Aussicht auf das Allgäu und das Engadin entschädigte für die Strapazen. In Kaisers wurde Otto Taufpate eines neugeborenen Kindes und nahm gemeinsam mit der Mutter an der Taufe in der kleinen Kirche teil. Nach dieser Tour, von der Otto begeistert war, ging es zurück nach Hohenschwangau.

Prinz Otto auf „Grand Tour"

Bis 1869

Zwar zog der erwähnte Vorfall an Silvester 1866/67 abermals keine besonderen Konsequenzen nach sich, aber man hielt es nunmehr doch für angebracht, dass Otto, so wie das auch bei anderen jungen Adeligen üblich war, zumindest auf eine ausgedehnte Bildungsreise ging. Eine solche „Grand Tour", die zum Bildungsprogramm des Erwachsenwerdens gehörte, führte üblicherweise in verschiedene Länder Mitteleuropas. Für Otto hielt man solch eine Rundreise auch deshalb für sinnvoll, da man hoffte, dass sich dabei seine Verhaltensauffälligkeiten legen würden. Reisebegleiter war Ottos Adjutant Baron Schleitheim. Die „Grand Tour" führte den Prinzen nach Italien, Frankreich, Spanien, Österreich, auf den Balkan, in die Türkei und ins Heilige Land. Dort erkrankte er im August 1869 an einer fieberhaften Erkrankung, deren Ursache unbekannt blieb. Später vermutete man, er habe sich mit „Wechselfieber", sprich Malaria, infiziert. Nach seiner Genesung setzte er die Reise über Nazareth, Tiberias, Nablus, Jerusalem nach Bethlehem fort. Die Aufenthalte dort dienten krankheitsbedingt weniger der Bildung, sondern vor allem der Erholung. Von Bethlehem

aus schrieb Otto an seinen Bruder Ludwig einen Brief, dessen Ausdrucksweise recht ungewöhnlich anmutet:
„... Unterbrechung in Isfieh (sic!] wegen meines Fiebers; — zu Pferde bis Jerusalem; in Jerusalem weiter krank. [...] Hoffentlich hast Du den Geburtstag recht glücklich zugebracht. — wie viel dachte ich an Dich, konnte leider nicht in die Messe. — Für mich ein trauriger Tag. Ganzen Tag zu Bette!! — In allen Kirchen in Jerusalem Dein Geburtstag. Hoch gefreut; Hätte Dich innig gefreut, zu sehen. — Vergib, daß ich so schlecht schreibe, doch ich habe noch keine Kraft in der Hand, denn ich bin noch Reconvalescent u. auf der Sommerfrische im reizenden Bethlehem!"[104] Am 24. September kehrte Otto nach München zurück. Als besonders aufregenden Tag schilderten die Hofnachrichten den 29. April 1868, als Prinz Otto von seinem Bruder in den Georgi-Ritterorden aufgenommen wurde. Als Großprior des Ordens zeigte sich Otto sehr freigebig, wie die Stifterbücher des Ordens aufzeigen.
Mitte März 1870 erlitt Otto in München einen zweiten Fieberanfall. Erneut konnten die Ärzte keine eindeutige Ursache feststellen und verordneten ihm lediglich Ruhe, die Otto in Begleitung seiner Mutter in Hohenschwangau fand. Man hoffte, dass sich in der gesunden Gebirgsluft sein Befinden bessern würde. Als dies jedoch nicht geschah, vermutete man „in ärztlichen Kreisen", wie der preußische Gesandte Georg von Werthern Bismarck mitteilte, dass Ottos Erkrankung „eine Störung des Nervensystems, wie bei der Prinzeß Alexandra, zur Folge haben könnte."[105]
Die hier erwähnte Prinzessin Alexandra von Bayern (1826-1875) war zwar intelligent, litt aber unter Wahnvorstellungen. Sie ängstigte sich vor bestimmten Farben und hatte einen ausgeprägten Waschzwang. Marie von Wallersee berichtet: Sie „wurde von der fixen Idee verfolgt, sie sei von Staub bedeckt. Sie und ihre Kleider wurden daher den ganzen Tag lang von Mädchen, die sich hierin ablösten, abgebürstet; ja

104 GHA: KA L II, 14, Otto an Ludwig II., Bethlehem, 30.08.1869; Burgmair-Weber, S. 30

105 Georg von Werthern an Otto von Bismarck, 10.04.1870, Politisches Archiv des auswärtigen Amtes, Berlin (PAA), R 2706/2707

selbst ihre Speisen und ihr Trank mußten vor ihren Augen abgestaubt werden. Eine andere ihrer Wahnideen ging dahin, daß ein Sofa seinen Aufenthalt in ihrem Kopf genommen habe, so daß die Prinzessin es für höchst gefährlich für sich hielt, durch eine Tür zu gehen, da sie dabei leicht die Enden des Sofas abstoßen könnte. Diesem lästigen Zustand wurde glücklicherweise ein Ende bereitet. Denn ein Pfiffikus kam auf die Idee, ein Puppensofa in eine Schüssel zu legen, die die Prinzessin bei einer Übelkeit benutzte. Man redete ihr nun ein, daß ihr Leid durch das Ringen des Sofas nach Freiheit verursacht worden war und daß jetzt alles gut sei, da es ja glücklich durch den Mund entkommen wäre."[106] Daraufhin verschwand das Sofa, und auch die Staubängste reduzierten sich. Außerdem glaubte Alexandra, ein gläsernes Klavier verschluckt zu haben. Ihre Wahnvorstellungen bezogen sich also auf nicht vorhandene Gegenstände in Kopf und Bauch.

Auch Ottos Verhaltensauffälligkeiten wurden nun immer unübersehbarer. Unter anderem war davon die Rede, dass er unter „furchtbaren Krampfanfällen" zu leiden habe, „und es war ein schmerzlicher Anblick, ihn im Theater zu sehen, da sein Leiden ihn oft zwang, sich die Hände zu kratzen, bis sie bluteten. Später litt Otto auch an epileptischen Anfällen."[107]

Wie ernst man Ottos „Störung des Nervensystems" nahm, zeigen von Wertherns Nachrichten an Bismarck. Es bestehe nur noch „geringe Aussicht einer gänzlichen Wiederherstellung", wie er aus Hofkreisen erfahren hatte. „Von einer andern Seite höre ich, daß die Ärzte nur noch nach Wochen rechnen". Wenn dies einträte, könne er es sich „nicht versagen, noch einmal auf die politischen Folgen hin zu weisen, die der Tod des Prinzen nach sich ziehen würde. Er wäre das Signal zu byzantinischen Palastintriguen."[108]

106 Wallersee, Marie Freiin von: Meine Vergangenheit. Berlin 1913, S. 129f (künftig: Wallersee-Vergangenheit)

107 Wallersee-Vergangenheit, S. 122f / Praschl-Bichler, Gabriele: Kaiserin Elisabeth. Mythos und Wahrheit. Wien 1996, S. 25 (künftig: Prasch-Bichler)

108 Georg von Werthern an Otto von Bismarck, 20.05.1870, PAA, R 2706/2707

„Prinz Otto – bleich und elend!“

Der Nachbarkrieg 1870

Nach dem Sieg Preußens im Bruderkrieg 1866 war Frankreich über die anwachsende Macht Preußens in Deutschland sehr besorgt und sah seine europäische Vormachtstellung bedroht. Das blieb auch Otto von Bismarck, dem Kanzler des Norddeutschen Bundes, nicht verborgen. Er hielt einen Krieg mit Frankreich für unvermeidbar, um auf diese Weise die nationale Einigung Deutschlands unter Führung Preußens zu vollenden. 1870 bot sich ein Anlass dafür. Preußen wollte auf dem frei gewordenen spanischen Thron einen Hohenzollern-Prinzen setzen. Dadurch fühlte sich Frankreich bedroht und protestierte. Daraufhin wurde der preußische Thronanspruch zurückgezogen. Das reichte Frankreich aber nicht. Im Kurort Bad Ems forderte es von Preußen einen Verzicht auf den spanischen Thron auch für alle Zukunft. Wilhelm I. lehnte das jedoch ab und telegraphierte seinen Entschluss an Bismarck. Der veröffentliche die „Emser Depesche“ mit den französischen Forderungen in provokant verkürzter Form in der Presse. Der französische Kaiser Napoleon III. war empört und Frankreich erklärte am 19. Juli 1870 Preußen den Krieg. Die deutschen Könige und Fürsten mit ihren Heeren, darunter auch das bayrische, zogen im Verein mit der preußischen Armee gegen Frankreich. Auch Bayern hatte jetzt die Klausel des Friedensvertrages von 1866 zu erfüllen, die besagte, dass sich Bayern und Preußen auf der Grundlage des vereinbarten „Schutz- und Trutzbündnisses“ bei allen militärischen Einsätzen gegenseitig unterstützen.

Der Ausgang des Krieges gegen Frankreich war abzusehen. Preußen stand in der günstigeren Position. Da König Ludwig, dem ein Krieg gegen das von ihm verehrte Frankreich zuwider war, vertraglich zur Mitwirkung am Krieg an Preußens Seite gebunden war, erteilte er am 16. Juli den Mobilmachungsbefehl. Nachdem er sich in München der ihm zujubelnden Bevölkerung gezeigt und den preußischen Kronprinzen Friedrich zur Übergabe des Kommandos der Bayerischen Armee empfangen hatte, zog er sich deprimiert in die Berge zurück.

Niemand konnte ihn dazu bringen, seine Truppen im Feld zu besuchen oder sich gar ins Hauptquartier an die Front zu begeben. Stellvertretend für ihn nahm am Frankreichkrieg abermals Otto als Oberstinhaber des 5. Chevaulegers-Regiments und Mitglied des Generalstabs teil. Mit dem preußischen Kronprinzen Friedrich von Preußen, Oberbefehlshaber der süddeutschen Truppen, und mit Prinz Leopold fuhr der kranke Bruder an die Front und hielt sich in Versailles im dortigen Hauptquartier des Königs von Preußen, des späteren Deutschen Kaisers Wilhelm I. auf. Auch wenn man Otto an den Besprechungen „des großen Kriegsrates" teilnehmen ließ, so besaß er doch „weder Stimme noch Meinung, hätte solche auch nie durchgesetzt, da ihm vor allem die Erfahrungen eines kriegstüchtigen Offiziers fehlten; er hatte sogar jede Art von Einfluß gründlich eingebüßt, da er einmal bei Beratung wichtiger Entscheidungen seiner Meinung mit den Worten Ausdruck verlieh: ‚Ich halte es für das Beste, Frieden zu machen.'"[109] Einer anderen Meldung zufolge habe er, „als ihn König [Wilhelm] beauftragte, ein Cavallerie-Regiment herbeizuholen, sich an dessen Spitze gesetzt und eine Attacke gegen – eine Mauer kommandiert."[110] Bereits in den ersten Schlachten bei Weißenburg und Wörth zeichneten sich die „Blauen Teufel", wie die bayerischen Soldaten wegen ihrer hellblauen Uniform von den Franzosen genannt wurden, durch Kampfesmut aus. Der Chevauleger Hermann Weinacht aus dem „5. Chevauleger-Regiment ‚Prinz Otto'" ging zu Beginn des Deutsch-Französischen Krieges, am 1. August 1870, sogar in die bayerische Heeresgeschichte ein. Im Gefecht bei Stürzelbronn zog er in vollem Galopp einen preußischen Husaren, der gestürzt war, auf sein Pferd hoch und rettete ihn auf diese Weise vor den französischen Verfolgern. Der Maler Louis Braun hielt dieses Ereignis in einem Gemälde fest, das als Wahrzeichen der neuen bayerisch-preußischen Waffenbrüderschaft später häufig reproduziert und verbreitet wurde.

109 Below, S. 123 f.

110 Rosenheimer Anzeiger 46. Jg., Nr. 108 vom 12. Mai 1900, Bericht vom 11. Mai 1900

Am 9. September 1870 schrieb Königin Marie ihrer Nichte Therese: „Trotz Krieg konnte ich zu meiner Freude gestern still mit Ludwig im Schweizerhaus sein. Otto war nicht bei den letzten Soldaten, sogar noch nicht im Feuer. [...] Gottlob für Otto bin ich gar nicht ängstlich. Gott sorgt für ihn und schützt ihn und Alle Lieben."[111] Im ehemaligen Münchner Armeemuseum befand sich ein Bild, auf dem Prinz Otto zu sehen ist, „wie er vor der Front der 1. Esquadron seines 5. Chevaulegers-Regiments bei Ansetzen der Attacke auf feindliche Infanterie am 19. September 1870, den Säbel schwingend, am Gefecht bei Plessis-Piquet unweit Paris sich beteiligte. Das Gefecht erforderte wenig Blutvergießen, da der Feind sich bald zurückzog und hinter Pariser Forts Schutz suchte. Es war das einzige Gefecht, an dem Otto als Oberstinhaber seines Regiments persönlichen Anteil als Führer nahm."[112] Doch lange konnte er nicht bei den Truppen bleiben, da er den Kriegsstrapazen nicht mehr gewachsen war. Vor allem der Anblick verstümmelter und gefallener Soldaten und verwesender Pferdekadaver setzten ihm zu. Seine Umgebung bemerkte bald, dass sein psychischer Zustand höchst angegriffen war.[113] Es fiel allgemein auf, dass es ihm beim Reden und im Handeln an Logik und geistiger Klarheit mangelte. Er wurde von peinigenden Depressionen heimgesucht und zeigte sich zunehmend menschenscheu. Der preußische Kronprinz Friedrich Wilhelm notierte am 30. Oktober 1870 in sein Tagebuch: „Bleich, elend, wie im Fieber beständig fröstelnd und schauernd saß er [Otto] vor mir, während ich ihm meine Meinung über die deutsche Frage auseinandersetzte und die Notwendigkeit der Einheit von Militär, Diplomatie und des Oberhauses darlegte. Ob er aber die entscheidenden Punkte begriffen hat, ob er überhaupt die Dinge übersieht, konnte

111 Schad-Königinnen, S. 264 f.

112 Below. S. 123. Heute befindet sich dieses Bild im Bayerischen Armeemuseum Ingolstadt.

113 Schweiggert-Schattenkönig, S. 55 f; Böhm, S. 288

ich aus ihm nicht herausbekommen, ja nicht einmal, ob er mir wirklich zuhörte; jedenfalls muß er recht leidend sein.“[114]
Prinzessin Therese vermerkte, dass „sein Bruder [Ludwig] ihn deshalb aus dem Feld zurück[rief], denn seines Bleibens an der Front, bei seinem Regiment, war nicht mehr […] Was ich schon länger geahnt hatte u. mir nie hatte eingestehen wollen, [wurde] beim rechten Namen genannt […] Ein alter Großonkel hatte in meiner Gegenwart meinem Vater seine Krankheit als die gleiche wie die unserer gemeinsamen Tante [Prinzessin Alexandra von Bayern] bezeichnet, u. es war für mich, als wenn alle Himmel einstürzten. Es war namenlos […] Eine Welt von Elend that sich auf für ihn u. für mich, u. für uns Beide eine hoffnungslose Zukunft.“[115] Wie bereits erwähnt, galt Ottos Tante Alexandra als geisteskrank.
Am 1. September kam es zur Niederlage der Franzosen bei Sedan, die so katastrophal war, dass Napoleon III. einen Tag später kapitulierte. Mehr als 4000 gefallene bayerische Soldaten waren zu beklagen. Weder der Sieg noch die Siegesfeier am 3. September vermochten Ludwig zu begeistern. Bei den Gesprächen über die Einigung Deutschlands und über Preußens erstrebte Kaiserwürde am 20. Oktober in Versailles ließ er sich nach eigensinniger Weigerung, Bayern zu verlassen, abermals von Otto und dem späteren Prinzregenten Luitpold vertreten. Er selbst dachte wieder einmal an Abdankung und teilte seinem Kabinettssekretär mit: „Bray erhielt den Auftrag von mir, dem Prinzen Otto die Wahrscheinlichkeit meines Entschlusses mitzuteilen. Finden Sie sich in das Unvermeidliche, machen Sie sich mit dem Gedanken meiner Abdankung vertraut. Es wird gut sein, das Dekret baldigst zu entwerfen […]“[116] Und einige Tage später: „Erkundigen Sie sich genau, ob mein Bruder abgereist ist. Ich hoffe es zuversichtlich. Ich sehe ihn als den König an; nur an einem einzigen dünnen Faden

114 Meisner, Kaiser Friedrich III. das Kriegstagebuch, S. 192, in: Hilmes S. 233; Böhm, S. 288

115 Bußmann, S. 71

116 Hacker-Augenzeugenberichte, S. 183; Böhm, S. 287 f

hängt noch die Sache, dann wird es heißen: ‚Le Roi Louis II. est mort, vive le Roi Othon!' " – „König Ludwig II. ist tot, es lebe König Otto!" [117] Graf Bray schrieb an seine Tochter Klara: „Prinz Otto reist heute nach München zurück, vom König wegen wichtiger Geschäfte berufen. Was mag er ihm zu erörtern haben? – Der Prinz sieht eigentlich wohl aus, aber der Krieg scheint nicht gerade seine Sache zu sein."

Otto, der am 5. November 1870 in Hohenschwangau eintraf, wurde von Ludwig sofort über die Abdankungspläne informiert. Aber Otto widersprach und bat, wieder nach Versailles zurückfahren zu dürfen, was ihm auch gestattet wurde. Das „weinerliche, exaltierte Klagen" seines Bruders erinnerte Ludwig an dessen sonderbares Wesen. Er war über Ottos körperlich-seelische Verfassung sehr beunruhigt und begriff, dass ein derart kranker Mensch sich nicht zur Regierungsübernahme im Falle seiner Abdankung eignete, an die er vor einigen Tagen noch gedacht hatte. Ihm war klar, dass sein Bruder dem Abgrund näher stand als er selbst und dass es so nicht weitergehen konnte, da Ottos Leiden immer mehr auch ein öffentliches Thema wurde.

Am 19. November 1871 notierte der Bismarck nahestehende Journalist Moritz Busch in seinem Tagebuch: „Aus München meldet man, daß sich Prinz Ottos Gesundheitszustand fortwährend verschlimmert, daß man infolgedessen an seiner Sukzessionsfähigkeit zweifelt, und daß deshalb der König Ludwig sich der Familie des Prinzen Luitpold wieder nähert und ihr schon zweimal abends Besuche gemacht hat, was sonst nicht seine Gewohnheit ist." [118]

„Das alles macht mich unendlich traurig!"

Prinz Otto bei der Kaiserkrönung in Versailles

Nach dem Sieg über Frankreich wurde Ludwig II. empfohlen, dem preußischen König Wilhelm schriftlich die Kaiserkrone anzutragen, was ihm als Regenten des zweitbedeutendsten Königreiches nach

117 Böhm, S. 288

118 Busch, Moritz: Tagebuchblätter, 3 Bde., Leipzig 1899, S. 290 (künftig: Busch)

Preußen zukam. Aber die Rolle des Geburtshelfers eines neuen geeinten Reiches passte ihm gar nicht. Resigniert wandte er sich an seinen Bruder Otto:

Hohenschwangau, 25. November 1870

Lieber Otto!
Sehr würde es mich freuen, wieder einmal Nachricht von Dir zu erhalten. Wie geht es vor allem mit Deiner Gesundheit? Schone Dich recht, gehe ja nicht zu früh zur Armee ab; besser gar nicht. – Gewiß sprach sich die Cousine des deutschen Kaiserkandidaten recht unpolitisch aus, so daß jedes blauweiße Herz empört sein muß?! – Ich erlebte mittlerweile recht viel Trauriges! Selbst der bayerische, monarchische Bray beschwor mich mit Pranckh und Lutz, so bald als möglich jenem König die deutsche Kaiserkrone anzubieten, da sonst die anderen Fürsten oder gar der Reichstag es tun würde. Könnte Bayern allein, frei vom Bunde stehen, dann wäre es gleichgültig, da dies aber geradezu eine politische Unmöglichkeit wäre, da Volk und Armee sich dagegen stemmen würden und die Krone mithin allen Halt im Lande verlöre, so ist es, so schauderhaft und entsetzlich es immerhin bleibt, ein Akt von politischer Klugheit, ja von Notwendigkeit im Interesse der Krone und des Landes, wenn der König von Bayern jenes Anerbieten stellt; da, nachdem Bayern nun doch einmal aus politischen Gründen in den Bund muß, hinterher der nun doch nicht mehr ferne zu haltende Kaiser von mir bon gré mal gré anerkannt werden muß. – Da die Sachen leider so stehen, Widerstand vergeblich wäre, so gebietet es das Interesse, wenn die übrigen Fürsten oder gar das Volk von mir überflügelt werden. Jammervoll ist es, daß es so kam, aber nicht mehr zu ändern. Meine herzlichsten Grüße Dir sendend, umarme ich Dich, lieber Otto, und bleibe in aufrichtiger, brüderlicher Liebe stets Dein treuer Bruder

Ludwig[119]

119 Hacker: Augenzeugenberichte, S. 188

Otto verschlug es die Sprache. Dann flehte er seinen Bruder an: „Höre noch einmal meine Stimme; ich beschwöre Dich, das Schreckliche nicht zu tun! Wie kann es denn für einen Herrn und König eine zwingende Gewalt geben, seine Selbständigkeit dahinzugeben und außer Gott noch einen Höheren über sich anerkennen zu müssen! – Wird der Name Bayern noch geachtet, nur noch genannt werden im Ausland?! Mögen wir auch für den jetzigen Augenblick Vorteile und Zugeständnisse erlangen, die vielleicht von großem Umfang sind, so wiegen sie doch gewiß nicht den hundertsten Teil von jenem Nachteil auf, den wir durch Dahingebung der Selbständigkeit erleiden."[120]

Ebenso bestätigte auch Fürst Hohenlohe Ottos Einstellung in der „Kaiserfrage": „Prinz Otto ist vom König hierher berufen worden. Er hat keine Mission von Versailles. Der König wollte ihn hören, und Otto hat nun hier gegen die Kaiseridee, gegen Reise und alles gehetzt. Der König soll, als die Königin ihn sprechen wollte, ihr haben sagen lassen: ‚Ich bin nicht in der Stimmung, eine preußische Prinzeß zu sehen.' So schwankt man hier zwischen Wollen und Nichtwollen, zwischen Nachgiebigkeit und altem Familienstolz. Und schließlich unterwirft man sich aus Furcht."[121]

Ludwigs Ersuchen, doch die ältere bayrische Dynastie der Wittelsbacher zu berücksichtigen und die Herrschaft auf dem Kaiserthron künftig zwischen den preußischen Hohenzollern und den bayrischen Wittelsbachern in ihrer Abfolge zu teilen, wurden nicht erhört. Wilhelm I. empfand es wohl als lächerlich, wenn die Kaiserkrone abwechselnd einige Zeit von ihm und dann wieder einige Zeit von Ludwig II. getragen werden würde. Ludwig war wegen der Ablehnung tödlich beleidigt. Er fühlte sich rechtlos und seiner königlichen Würde beraubt. Doch weder sein beleidigtes Stillschweigen noch seine plötzlich eingetretenen Zahnschmerzen, auch nicht der vorgeschützte Briefpapiermangel bewirkten, dass er den „Kaiserbrief" nicht zu schreiben

120 Hacker: Augenzeugenberichte, S. 189; GHA: KA L II, 14, Otto an Ludwig II., München, 28.11.1870.

121 Hacker: Augenzeugenberichte, S. 189

brauchte, in dem er dem König von Preußen die Kaiserwürde antragen sollte. Schon trat ihm Graf Holnstein mit dem aufgesetzten „Bittbrief“ entgegen, den Ludwig nur abzuschreiben brauchte. Der Kaiserkrönung in Versailles war damit Tür und Tor geöffnet.

Am 18. Januar 1871 wurde König Wilhelm von Preußen in der Spiegelgalerie von Schloss Versailles zum Deutschen Kaiser ausgerufen. Wieder ließ sich Ludwig von Otto und seinem Onkel Luitpold vertreten, den Otto mied, da er ihm unheimlich war. Er hatte in Luitpolds Nähe ein Empfinden, wie man es bei einem anscheinend gutmutigen Schlachterhund hat, der aber jeden Augenblick mit seinen Zähnen scharf zubeißen kann, wie Herbert Eulenberg es formulierte. Dies rührte wohl daher, dass Luitpold regelrecht „wütend“ war, dem König von Preußen den Kaiserbrief überreichen zu müssen. Wie Prinz Otto wollten auch Luitpold und seine Söhne Ludwig II. überzeugen, dem deutschen Kaiserreich nicht beizutreten. In einem Brief vom 21. November 1870 an Ludwig II. hatte er sich von dem Kaiserprojekt mit den Worten distanziert:

„Was die auch mir in die Seele verhaßte deutsche Kaiseridee betrifft, so begreife ich vollkommen, daß Du, lieber Ludwig, nicht geneigt bist, dem König von Preußen vorzuschlagen, den Titel eines deutschen Kaisers anzunehmen, und stimme vollkommen Deinem Entschlusse bei, dies nicht zu tun. [...] Ich kann mir daher leider nur zu gut vorstellen, welche kummervollen Stunden Du, lieber Ludwig, so manchmal zubringen wirst.“[122] Manche sahen es deshalb geradezu mit Schadenfreude, dass ausgerechnet der ultramontane Preußenfeind Luitpold den Kaiserbrief zu überreichen hatte.

Auch Otto empfand die Kaiserproklamation als äußerst bedrückend und klagte seinem Bruder: „Der deutsche Kaiser, das deutsche Reich, Bismarck, die laute preußische Begeisterung, die vielen Stiefel, das alles macht mich unendlich traurig.“ Und an einer anderen Stelle: „Ach Ludwig, ich kann Dir gar nicht beschreiben, wie unendlich weh und

122 Doeberl, Michael: Bayern und die Bismarckische Reichsgründung. München-Berlin. 1925, S. 160f (künftig: Doeberl)

schmerzlich es mir während jener Ceremonie zu Muthe war. Wie sich jede Faser in meinem Innern sträubte und empörte gegen all' das, was ich mit ansah. […]Welchen wehmütigen Eindruck machte es mir, unsere Bayern sich da vor dem Kaiser neigen zu sehen; ich war eben von Kindheit an so was nicht gewöhnt; mein Herz wollte zerspringen. Alles so kalt, so stolz, so glänzend, so prunkend und großthuerisch und herzlos und leer […] Mir war's so eng und schal in diesem Saale, erst draußen in der Luft atmete ich wieder auf." [123]

Bei dieser Äußerung ist nichts von Ottos geistiger Erkrankung zu bemerken. Er formulierte unmissverständlich, dass er sich nicht mit dem Verlust der bayerischen Eigenstaatlichkeit abfinden könne, die durch die Ereignisse bei der Einigung Deutschlands drohten. Bayern unter der Vorherrschaft der Hohenzollern wollte er einfach nicht akzeptieren. Er sei so erbost gewesen, hieß es in einer Londoner Zeitung, dass er sich als Einziger geweigert habe, auf den neuen Kaiser anzustoßen. Damals machte auch ein Gerücht die Runde, in dem Otto nachgesagt wurde, er hätte während der Kaiserproklamation im Spiegelsaal zu Versailles „infolge einer plötzlichen Diarrhoe ein degoutantes Malheur gehabt", wie Gottfried von Böhm berichtet; das heißt, dass er damals in die Hose gemacht haben soll, nicht aus Angst, sondern aus ohnmächtiger Enttäuschung und unüberwindlichem Widerwillen – oder doch als Folge seiner geistigen Zerrüttung, die sich weiter ausbreitete. Damals machte in Bayern auch ein äußerst ordinärer Satz die Runde: „Otto hat auf Preußens Kaiserkrone gesch …!" In diesem Punkt schienen sich Ottos Ansichten völlig mit denen seines Bruders Ludwig zu decken.

Von der Kaiserproklamation in Versailles fertigte der Maler Anton von Werner (1843-1915) drei Fassungen. Auf der ersten, 1877 entstandenen Fassung, die im Weißen Saal des Berliner Stadtschlosses hing und 1945 im Kampf um Berlin verloren ging, bildete Werner – vom Betrachter gesehen aus rechts neben dem Kaiser an neunter Stelle – auch Prinz Otto von Bayern ab und neben ihm Prinz Luitpold.

123 Otto an Ludwig II., 02.02.1871, GHA, KA L II, Nr. 14

Während Luitpold ernst blickt, ist Prinz Otto seltsamerweise lächelnd dargestellt. Dies war jedoch niemals der Fall. Vermutlich wollte der Maler damit zum Ausdruck bringen, dass König Ludwig II., in dessen Vertretung Prinz Otto an der Kaiserproklamation in Versailles teilnahm, über die Ausrufung des preußischen Königs zum Kaiser beglückt gewesen sei. Doch genau das Gegenteil war der Fall. Otto hätte von Anton von Werner in Wahrheit mit einem mürrischen, depressiven Gesichtsausdruck porträtiert werden müssen.

Wie schwer muss es den königlichen Brüdern gefallen sein, den Kronprinzen Friedrich Wilhelm von Preußen am 16. Juli 1871 zur Siegesfeier in München zu empfangen. Gemeinsam mit ihm nahmen sie an der Truppenparade, der Festvorstellung im Hoftheater und an einer Rundfahrt durch die Straßen Münchens teil. Wie tief die Abneigung Ludwigs und auch Ottos gegen den preußischen Kaiser und den Kronprinzen war, belegt ein Gespräch zwischen dem Dichter Prof. Felix Dahn und Ludwig II. im August 1873, in dem der König „gleich bei der ersten Nennung des [preußischen] Kronprinzen eine Flut härtester Ausdrücke über ihn ausschüttete", da dieser letztlich doch „die Einverleibung von ganz Bayern"[124] anstrebe. Otto sah das genauso.

Während Ludwig nun Ablenkungs- und Zufluchtsmöglichkeiten in Wagners Musik, in den Bergen und vor allem auch in den Bauplänen für seine Schlösser suchte und fand, stand für den sensiblen Otto nur der Rückzug in die eigene Psyche offen, die viele für eine erblich kranke Psyche hielten, die nicht mehr in der Lage war, die Enttäuschungen der Jahre 1866 und 1870/71 zu verkraften. Sie reagierte abwechselnd mit Depressionen, eigenaggressiven Empfindungen, aber auch mit Wutausbrüchen und Tobsuchtsanfällen, die in ihrer Stärke und Häufigkeit ab diesem Zeitpunkt zunahmen.

Zweifellos schrieb man auch Ottos vehemente Ablehnung Preußens seiner geistigen Erkrankung zu, die nunmehr auch außerhalb Bayerns immer öfter thematisiert wurde. So meldete im November 1871 der preußische Generalmajor Gustav von Stiele an Bismarck:

---

124 Hacker: Augenzeugenberichte, S. 215

„In Betreff der Krankheit des Prinzen Otto von Bayern, über welche der Freiherr von Werthern [preußischer Gesandter] auch in seinem letzten Telegramm keine genaue Auskunft hat geben können, hat mir Freiherr von Perglas (der bayerische Gesandte in Berlin) im engsten Vertrauen erzählt, daß dieselbe in einem hohen Grad von Zerrüttung des Nervensystems bestehe, die hauptsächlich durch den in sittlicher Beziehung mehr als freien Lebenswandel des Prinzen erzeugt worden sei. (Freiherr von Perglas bemerkte dabei, daß der Prinz auch in dieser Beziehung das völlige Gegenteil seines Königlichen Bruders sei). Eine Reise nach Ägypten, unvorsichtigerweise in der vollen Sommerhitze ausgeführt, habe bei ihm das Nervenleiden noch sehr gesteigert; die besten Ärzte hätten bisher ihre Heilversuche ohne jeden Erfolg angewandt und er, Baron Perglas, könne mir nicht verhehlen, daß er den Zustand des jungen Herrn für hoffnungslos erachte. Er bat schließlich nochmals um diskrete Behandlung seiner Mitteilung."
Die notwendig gewordene ärztliche Betreuung, womöglich in einer Heilanstalt, rückte unaufhaltsam näher. Ludwig war tief betroffen, wie er Weihnachten 1871 zu verstehen gab: „Er wisse, daß ihn [Ludwig] niemand leiden könne als der Prinz Otto. Er könne sich mit diesem nicht auch noch verfeinden, indem er ihn zur Übersiedlung nach einer Heilanstalt zwinge. Da der Prinz am Weihnachtsabend gerade sehr leidend war und seine Majestät der König von Hohenschwangau auch erst am 1. Feiertage abends nach der Stadt kam, so soll das Christfest in der Residenz in trostloser Stimmung verlaufen sein." Dies berichtete der preußische Gesandte von Werthern an Bismarck.
Zunehmend fiel Ottos massive Aversion gegen Personen aus Norddeutschland auf. Sie betraf auch den Psychiater Dr. Bernhard von Gudden, der aus dem niederrheinischen Kleve stammte. Anlässlich einer Visite im Oktober 1873 kam es zwischen Gudden und Prinz Otto zu einem heftigen Wortwechsel, dies insbesondere wegen Guddens Herkunft. Guddens Versuch, Otto mit der Bemerkung zu beschwichtigen, er lebe immerhin seit 1855 in Bayern „u. verdanke diesem meinem zweiten Vaterlande, wenn auch nicht Alles, doch das Meiste, was

ich bin und habe“, misslang gründlich und die Situation eskalierte.[125] Otto reagierte erregt, weshalb sich der Psychiater gegenüber dem Kabinettssekretär Johann August von Eisenhardt rechtfertigen musste.

125 GHA: KA L II, 62, Bericht Gudden an Eisenhart, 27.10.1873. Burgmair-Weber, S. 30

Ottos Krankheit

1871 bis 1886

Auch wenn nach 1866 bei dem volljährigen Otto die Verhaltensauffälligkeiten zunahmen und schon mehrfach Ärzte konsultiert worden waren, so hoffte man immer noch auf eine Besserung. Doch nach dem deutsch-französischen Krieg 1870/71 nahmen Ottos Beschwerden erheblich zu. Am 6. Januar 1871 schilderte Ludwig in einem Brief an Frau v. Leonrod den Zustand seines noch nicht 23-jährigen Bruders: „Ein rechter Jammer ist es mit Ottos leidendem Zustande, der sich zusehends verschlimmert. In manchen Dingen ist er aufgeregter und scrupulöser wie Tante Alexandra, was gewiss viel sagen will, er legt sich oft 48 Stunden en suite gar nicht zu Bette, zog seine Stiefel seit 8 Wochen nicht mehr aus, gebärdet sich wie ein Wahnsinniger, macht schreckliche Faxen, bellt wie ein Hund u. hat Momente, in denen er die größten Grobheiten einem ins Gesicht schleudert; dann ist er oft wieder ganz natürlich u. vernünftig wie sonst. – Über Solbrigs Zuziehungen fanden schon Consultationen statt. Folgt er nicht bald dem Rathe der Ärzte, so ist es zu spät für immer.“[126]

Untersuchungen von Prinz Ottos Krankheit – 1871 bis 1875

Untersuchung Ottos durch Dr. Franz X. von Gietl (1871)

Im Frühjahr 1871 befahl der König deshalb seinem Leibarzt Franz Xaver Ritter von Gietl (1803-1888)[127], Prinz Otto nun einmal recht gründlich zu untersuchen. Gietl war seit 1834 Leibarzt der bayerischen Könige Ludwig I. und später Max II. und hatte seit 1838 eine Professur an der Medizinischen Klinik der Universität München. Er

126 Ludwig II. an Sybilla von Leonrod, 06.01.1871, in: Haasen, Gisela: Ludwig II. Briefe an seine Erzieherin. München 1995, S. 85 (künftig: Haasen)

127 Locher, Wolfgang: Die Medizinische Fakultät der Universität München im 19. Jahrhundert. München 1985. S. 77-39; 53-72

stand als Leibarzt auch Ludwig II. und seinem Bruder Otto zur Verfügung. Gietl folgte am 10. Mai 1871 dem königlichen Befehl. Da Otto kein Patient wie jeder andere war, sondern Bruder des bayerischen Königs und möglicher nächster Thronanwärter, hatten ihm auch die Ärzte respektvoll zu begegnen. Der Umgang mit ihm war heikel und besaß eine politische Dimension.

Die Untersuchung Ottos dauerte zweieinhalb Stunden, in denen Dr. Gietl „seiner Königlichen Hoheit mit tiefer Ehrerbietung und größter Ruhe – Aufklärung über den Stand Seiner Gesundheit gab und den Schleier über die Erscheinungen wegzog, über welche Seine Königliche Hoheit ein klares Bewußtsein hatte."[128] Da Dr. Gietl wohl zu keinem eindeutigen medizinischen Urteil kam, entschloss er sich, drei weitere Ärzte hinzuzuziehen.

Beurteilung von Ottos Krankheit durch vier Ärzte (1871)

Dr. Gietl traf sich mit den beiden Hofstabsärzten Dr. Joseph Wolfsteiner und Dr. Wilhelm Karl Brattler sowie dem Leiter der Oberbayerischen Kreisirrenanstalt, Prof. Dr. Karl August von Solbrig. Es fanden insgesamt vier „Consilien", also „Beratungstreffen" statt.

Nach dem vierten „Consilium" im November 1871 äußerten sich die vier Ärzte zum Ursprung und dem voraussichtlichen Verlauf von Ottos Erkrankung. Sie bezeichneten sie als „materielles Nervenleiden, als eine krankhafte Reizbarkeit des Gehirns und überhaupt des ganzen Nervensystemes, welches Nervenleiden auch durch Blutleere, Folge einer durch eine ungeordnete Lebensweise bedingte mangelhafte Ernährung unterstützt wird." Eine Besserung könne sich nur ergeben, wenn Prinz Otto „in die natürliche Lebensweise zurückgeführt und zu der Überzeugung gebracht [wird], daß [er] ärztliche Hilfe dringendst nothwendig habe."[129]

---

128 GHA: KA L II, 62: Bericht Gietl an Ludwig II., 10.05.1871; Burgmair-Weber, S. 31

129 GHA: KA L II, 62, IV. Ärztliches Consilium, 18.11.1871.

Im Winter 1870/71 hielt sich Otto einige Wochen in Hohenschwangau auf. Er kam „mit seinem Adjutanten Baron von Branca bisweilen Abends zu den Herren des kgl. Gefolges. Cigaretten rauchend schaute er in der liebenswürdigsten Weise deren Tarockpartie zu, rief aber dann und wann durch seine launigen Bemerkungen das gelinde Entsetzen der Spielenden hervor, wenn er ganz harmlos die Karten des ihm zunächst Sitzenden verriet. An einen ernsten Ausspruch knüpften sich Fragen über den Krieg, und der Prinz erzählte lebhaft davon, sowie von dem Hauptquartier, das er auf des Königs Wunsch verlassen, und, daß er sich sehne, dorthin zurückzukehren.“[130]

Beschreibung der Krankheitsursache durch Dr. Wilhelm K. Brattler (1872)

Am 23. Januar 1872 ließ Ludwig seinen Bruder wissen, er stimme dem Urteil der Ärzte zu, dass nunmehr ein konsequent durchzuführendes Heilverfahren notwendig sei. Da ihn auch die Ursache von Ottos Erkrankung interessierte, forderte er im Herbst 1872 von seinem Hofstabsarzt Dr. Wilhelm Karl Brattler dazu einen Bericht an. Brattler äußerte, „daß das Leiden Seiner Königl. Hoheit auf einer angeborenen Anlage beruht“ und dass demzufolge keine Aussicht auf Heilung bestehe. Untersuchungen im Umfeld des Prinzen hätten ergeben, „daß der Keim des Erkrankens schon längst in Seiner Königlichen Hoheit gelegt war. Als Moment, welches wesentlich zur rascheren Entwicklung der Krankheit beigetragen hat, muß die Reise in den Orient [1867 bis 1869] zu der heißen Jahreszeit und die dortige wiederholte Erkrankung an Wechselfieber [Malaria] angesehen werden, indem durch die Hitze, die Strapazen und die Krankheit der Reizbarkeit des Nervensystems auf das höchste gesteigert wurde.“[131]

---

130 Kobell-Kunst, S. 228 f

131 GHA: KA L 11, 62, Bericht Brattler an Ludwig II., 29.09.1872; Burgmair-Weber, S. 31

Als erste wichtige Maßnahmen schlug Dr. Brattler vor:

- Eine ständige ärztliche Überwachung und Betreuung.
- Keinesfalls dürfe der Prinz sich selbst überlassen werden „und ungehindert seinen extravaganten Neigungen und incorrecten Gewohnheiten nachkommen", da die Gefahr der Ausbreitung der „geistigen Schwächezustände[n], Verrücktheit und Blödsinn"[132] bestehe.

Wenn dies beachtet würde, ließe sich der derzeitige Zustand Prinz Ottos stabilisieren, heilen jedoch nicht.

Drei Prognosen Dr. Bernhard von Guddens (1872 bis 1874)

1872 trat noch ein anderer Psychiater in Erscheinung, Dr. Bernhard von Gudden. Nach Dr. Solbrigs überraschendem Tod am 31. Mai 1872 war die Stelle des Leiters der Oberbayerischen Kreisirrenanstalt in München vakant geworden. Unter anderen bewarb sich auch Dr. Gudden, der damals noch die Heilanstalt Burghölzli bei Zürich leitete. Aus den fünf Bewerbern wählte ihn Ludwig II. höchstpersönlich aus und berief ihn nach München, da er sich zur Pflege und Behandlung Ottos einen renommierten Psychiater wünschte. Dies belegt ein Schreiben des Kabinettssekretärs August von Eisenhart vom 30. November 1872 an Dr. Gudden, in dem es heißt:

„Wie Euer Hochwohlgeboren zweifellos bekannt, leidet S. kgl. Hoheit Prinz Otto seit längerer Zeit in hohem Grade an nervösen Erscheinungen verbunden mit Wahnvorstellungen, und befindet sich seit nahezu 3/4 J. zu Nymphenburg in ärztlicher Behandlung, an welcher auch Ihr H. Vorgänger Prof. D. v. Solbrig regen Theil nahm. Der glänzende Ruf, welcher Ihnen als Practiker u. Gelehrter zur Seite steht, hat bei S. Majestät dem Könige den lebhaften Wunsch erweckt, daß Euer Hochwohlgeboren auch hier die Aufgabe Ihres Vorgängers übernehmen, zu der so sehr ersehnten Heilung mitwirken, deshalb periodische Besuche bei S. kgl. Hoheit machen, u. sich zu diesem Behufe baldmöglichst

132 Burgmair-Weber, S. 32

bei demselben melden lassen. […] S. Majestät hegen die angenehme Erwartung, dass Euer Hochwohlgeboren in der S. Majestät so ernst berührenden Sache recht bald an's Werk gehen, u. ersuche ich Sie in allerhöchstem Auftrage, mir nach erfolgtem Besuche bei S. kgl. Hoheit über Ihre Wahrnehmungen und Anschauungen behufs Mittheilung an des Königs Majestät Bericht erstatten zu wollen."[133]

Eisenhart informierte Gudden noch, dass „die ärztliche Oberleitung" bezüglich Ottos Betreuung Dr. Gietl obliege und der behandelnde Arzt in Nymphenburg Dr. Brattler sei. Gudden möge deshalb mit beiden Herren „ins Benehmen treten".

Als nunmehr dritter Arzt untersuchte Dr. Gudden Prinz Otto im Dezember 1872 auf seinen körperlichen und geistigen Zustand. Er kam zunächst zu einer anderen Prognose als Dr. Brattler. Zwar stimmt er diesem zu, „daß die Krankheit Seiner Königlichen Hoheit eine lang vorbereitete und tief eingewurzelte" sei, aber eine Behandlung würde „eine nicht unwesentliche Besserung in hohem Grade wahrscheinlich" machen.[134]

Als sich Ottos Gesundheitszustand jedoch verschlechterte, revidierte Gudden 1873 seine Beurteilung und erklärte, dass eine „vollständige Genesung nun nicht mehr erwartet werden darf". Die Krankheit sei „zu alt, zu tief eingewurzelt und mit der ganzen Persönlichkeit verwachsen – lassen sich ihre Anfänge bis in die Kindheit hinein verfolgen."[135]

Im Frühjahr 1874 korrigierte Dr. Gudden sein Urteil allerdings ein zweites Mal. Dem Prinzen sei „jeder Arzt eine persona ingrata [also eine unerwünschte Person] und dieses umso mehr […], als jede Einsicht fehlt und jedes ärztliche Vorgehen als ein unzulässiger Eingriff

133 Brief des Kabinettsekretärs August von Eisenhart an Dr. Gudden vom 30.11.1872 aus Hohenschwangau; Gudden, Wolfgang: Bernhard von Gudden. Leben und Werk. Dissertation. Univ. München 1987, S. 175 (künftig: Gudden W.)

134 GHA: KA L II, 62, Bericht Gudden an Eisenhart, 12.12.1872; Burgmair-Weber, S. 32

135 GHA: KA L II, 62, Gudden an Eisenhart, 27.10.1873; Burgmair-Weber, S. 32

in das Recht seiner Selbstbestimmung aufgefaßt und empfunden wird."[136] Das heißt, infolge Ottos fehlender Einsicht in seine Krankheit würde diese zu noch größeren „Absonderlichkeiten" führen. Damit stimmte er nun Dr. Brattlers Prognose zu, dass keine Aussicht auf Heilung bestünde. Diese Ansicht teilte Dr. Gudden anlässlich der einzigen Audienz, zu der er geladen wurde, auch dem König mit. Der bemerkte danach zur Obersthofmeisterin seiner Mutter: „Gudden sieht mich zuweilen so eigentümlich an. Wenn er nur nicht auch an mir noch irgendetwas herausfindet."[137] Ludwig II. vermutete also bereits 1874, selbst unter Beobachtung des Psychiaters Gudden zu stehen.

Therapeutische Maßnahmen für Prinz Otto

Nachdem man sich nun über die Ursachen und den Verlauf von Ottos Krankheit nach den damaligen Möglichkeiten Gedanken gemacht hatte, bestimmte zunächst der leitende Hofarzt Dr. von Gietl die therapeutischen Maßnahmen, später dann auch Dr. Brattler und Dr. von Gudden.

Mahnreden

Von Mai bis Dezember 1871 hielt Gietl monatlich mehrstündige „Mahnreden" ab, das heißt, er versuchte mit seiner ärztlichen Autorität Otto ins Gewissen zu reden, dass er seine Lebensweise und sein Verhalten ändern und die ärztlichen Anordnungen befolgen müsse. Nur so könne es zu einer Besserung seines Leidens kommen, andernfalls würde es sich immer mehr verschlimmern. Diese „Mahnreden" waren damals bekannte Therapieversuche.
Über den Verlauf einer derartigen „Mahnrede" unterrichtete Gietl auch den König:

136 GHA: KA L II, 62, Bericht Gudden an Eisenhart, April 1874; Burgmair-Weber, S. 32

137 Gerold, Otto (Hrsg.):Die letzten Tage König Ludwig II. Erinnerungen eines Augenzeugen. Zürich 1908, S. 96 (künftig: Gerold)

„[…] Ich habe mich aber diesmal in der Rede vorzüglich darin concentrirt, daß Seine Königliche Hoheit unfehlbar einer schweren Nervenkrankheit verfallen müsse, wenn Höchstdieselbe den Lebenserfahrungen und ärztlichen Anordnungen kein Gehör gebe. Ich habe dem Prinz [sic!] in ernsten Worten die Erscheinungen heraufgeführt, welche sicher in nicht mehr langer Zeit herankommen werden, wenn Seine Königliche Hoheit die Lebensweise nicht ändern und den Sommer für Seine Gesundheit verwenden werde. Offenbar hat diese Unterredung einen Eindruck auf Seine Königliche Hoheit gemacht. Den allerhöchsten Befehlen Eurer Majestät zu folge [sic!] werde ich meine Besuche bei Seiner Königlichen Hoheit wiederholen [...] [138]

Religiöse Therapie

Um seiner moralischen Gesprächstherapie Nachdruck zu verleihen, zog Dr. von Gietl Anfang Dezember 1871 Ottos Beichtvater Daniel Bonifatius Haneberg hinzu. Dieser stand als Abt des von König Ludwig I. gegründeten Münchner Benediktinerklosters St. Bonifaz dem Hofleben nahe. Gietl wusste um die Religiosität des streng katholisch erzogenen Prinzen Otto und kannte auch dessen Ehrfurcht vor Haneberg. Deshalb erhoffte er, Otto würde sich die Ermahnungen des Priesters zu Herzen nehmen. Da man munkelte, der Prinz habe auch Kontakte zu Prostituierten, verwundert es nicht, dass auch eine solche Therapie mit sittlich-religiöser Ausrichtung für sinnvoll erachtet wurde.
Es ist auch nicht auszuschließen, dass der von Kindheit an tiefreligiöse Otto eigenes sündhaftes Verhalten – wie etwa den Kontakt zu Prostituierten – für seinen geistigen Zustand verantwortlich machte. Dies belegen seine mehrfach geäußerten Sündenbekenntnisse und Halluzinationen, in denen ihm bisweilen sogar teuflische Wesen erschienen. Hanebergs Einsatz endete jedoch 1872, als er durch Ludwig II. zum Bischof von Speyer ernannt wurde.

---

138 GHA: KA L II, 62. Bericht Gietl an Ludwig II., 09.06.1871; Burgmair-Weber, S. 33

Bereits im Dezember 1871 musste Dr. Gietl dem König die Erfolglosigkeit seiner „Moralpredigten" mitteilen: „Bei meinen vielen und langen Unterredungen mit Seiner Königlichen Hoheit [Prinz Otto] gelingt es zuweilen den Prinz [sic!] zu dem Ausspruch zu bringen: ‚ja Ich bin leidend, Ich will Bäder nehmen und Arzneien brauchen und will Mich in den nächtlichen Stunden zu Bette legen'; aber nach den einläßigsten Besprechungen geschieht weder das Eine, noch das Andere, noch das Dritte". [139] Otto versprach also, sich zu ändern, hielt sich aber in keiner Weise an seine Zusagen.

Stahlbäder, Bäder mit Mutterlaugenextrakt, Roborierung

Da die „Mahnreden" ebenso erfolglos blieben wie Abt Hanebergs kurzzeitige „Religiöse Therapie", entschloss sich Dr. Gietl und mit ihm Dr. Brattler zur Verordnung von sogenannten „Stahlbädern". Damit bezeichnete man kalte Duschen morgens und abends. Die Bäderkur gehörte bis in die 1920er Jahre zum therapeutischen Standardrepertoire der Psychiatrie bei der Behandlung „erregter Kranker".
Zudem bemühte man sich um die körperlichen Roborierung, also um die Abhärtung des Patienten. Zur „Stärkung der Haut und der Nerven überhaupt" verordneten Gietl und Brattler außerdem noch Bäder mit „Mutterlaugenextract – d.i. concentrirtes Soole". [140] Vermutlich verwendete man konzentrierte Bad Reichenhaller Salzsole. Von derartigen „Mutterlaugen" als Badezusatz versprach man sich damals einen „mächtigen Einfluß auf den Stoffwechsel". [141] Außerdem achtete man darauf, dass Otto strikt Nachtruhe einhielt und versuchte seinen Appetit anzuregen. Der Prinz fügte sich zunächst den ärztlichen Anwei-

139 GHA: KA L II, 62, Bericht Gietl an Ludwig II., 08.12.1871; Burgmair-Weber, S. 33

140 vgl. Hugo von Ziemssen: Handbuch der allgemeinen Therapie. Bd. 11,1. Leipzig 1880, S. 345 f

141 Burgmair-Weber, S. 37

sungen, sogar der verordneten „Kaltwasserkur“, so dass Dr. Brattler dem König Anfang März 1872 Positives berichten konnte.[142]

Kalte Regenbegießungen, Abreibungen, Chloralhydrat, Morphium, Eisenpräparate

Nach dem überraschenden Tod Dr. Solbrigs im Mai 1872 wurde dessen Nachfolger Dr. Bernhard von Gudden als fachärztlicher Berater bei der psychiatrischen Behandlung Ottos[143] hinzugezogen. Ohne das therapeutische Konzept Gietls, Brattlers und Solbrigs wesentlich zu ändern, empfahl er statt der Badekur allerdings „kalte Regenbegießungen und Abreibungen“. Und abends verabreichte er als Schlaf- und Beruhigungsmittel Chloralhydrat und Morphium. Zur Vorbeugung gegen Blutarmut erhielt Otto außerdem Eisenpräparate. Auch Guddens Vorschläge entsprachen dem üblichen Behandlungsrepertoire der Psychiatrie des 19. Jahrhunderts. Lediglich die Gabe von Chloralhydrat, das als vollsynthetisches psychotropes Pharmakon erst 1869 eingeführt worden war, stellte eine therapeutische Neuerung dar.[144]

Magnetische Kur

Im Februar 1872 unterbreitete der kaiserlich-russische Staatsrat Alexander Aksakof König Ludwig II. den Vorschlag, man könne zur Behandlung Ottos doch den Magnetiseur Daniel Dunglas Home nach

142 GHA: KA L II, 62, Bericht Brattler an Ludwig II., 03.03.1872. Zur Bäderbehandlung vgl. z. B. Emil Kraepelin: Psychiatrie. 8. Aufl., Bd. 1. Leipzig 1910. S. 578 f; Burgmair-Weber, S. 37

143 Zur Berufung Guddens nach München vgl. Gudden W., S. 113 f

144 GHA: KA L II, 62, Bericht Brattler an Ludwig II., 27.02.1876, Branca an Kabinettssekretariat, 27.09.1876, Brief Gudden an Eisenhart, 12.12.1872. Zu Chloralhydrat vgl. Matthias M. Weber: Die Entstehung der Psychopharmakologie im Zeitalter der naturwissenschaftlichen Medizin. München 1999. S. 61-71.; Burgmair-Weber, S. 38

München holen.[145] Der König, der sich seit 1872 mit „Hellseherei"[146] befasste, stand „magnetischen" Therapieversuchen durchaus aufgeschlossen gegenüber, bat aber dennoch Dr. Gietl um eine Stellungnahme. Gietl lehnte Home als „Schwindler" zwar ab, befürwortete grundsätzlich aber diese Therapieform, wobei er sich in einem Schreiben an den König auf das Konzept des „thierischen Magnetismus" des Tiroler Arztes und Naturphilosophen Joseph Ennemoser bezog:

„Ich bin einer der wenigen Aerzte, welche noch magnetische Curen am Krankenbette üben, [...] und mit einem [der] Hauptführer und Schriftsteller über den thierischen Magnetismus – Professor Ennemoser, welcher die letzten Jahre seines Lebens in München hinbrachte, in Verkehr stand. Seine Majestät der höchstselige König [Max II.] hatte einmal Neigung sich einer magnetischen Cur zu unterziehen, woraufhin ich dann mit Ennemoser unterhandelte, der aber eine magnetische Cur für den höchstseligen König als unnutz und selbst schädlich erklärte. Den Magnetiseur Daniel Dunglas Home, einen geborenen Amerikaner kenne ich persönlich. Als seine Majestät der höchstselige König im Jahre 1857 in Fontainbleau und den Tuillerien bei Kaiser Napoleon III [sic!] zu Gast war, wurde Home [...] öfters zu den kaiserlichen Soirées gezogen."[147]

Im März 1872 nahm Gietl dann allerdings von der „magnetischen" Therapie Abstand und empfahl stattdessen die damals moderne Behandlung mit elektrischem Strom, die sogenannte „Faradisation".[148]

145 GHA: KA L II, 62, Brief Aksakof an Ludwig, St. Petersburg, 01.02.1872; Burgmair-Weber, S. 36

146 Burgmair-Weber, S. 36; siehe dort auch die Anmerkungen in Fußnote 50

147 GHA: KA L II, 62, Bericht Gietl an Ludwig II., 19.02.1872; Burgmair-Weber, S. 36

148 GHA: KA L II, 62, Bericht Gietl an Ludwig II., 06.03.1872. Zur zeitgenössischen Elektrotherapie vgl. Hugo Ziemssen: Die Electricität in der Medizin. Berlin 1866; Burgmair-Weber, S. 37

Faradisation (Behandlung mit elektrischem Strom)

Dr. Gietl erwartete durch die Wechselstrombehandlung eine Besserung von „unwillkührlichen convulsivischen Bewegungen", die er bei Otto auf einen „Reizzustand des verlängerten Marks" zurückführte. Ob die „Faradisation" bei dem Prinzen tatsächlich angewandt wurde, lässt sich anhand der erhaltenen Unterlagen allerdings nicht eindeutig belegen.[149] Da sich sein Bruder Ludwig gegen jede Anwendung von Zwangsmitteln aussprach, ist eine Behandlung mit elektrischem Strom eher unwahrscheinlich.

Im Grunde genommen zeitigten alle genannten therapeutischen Maßnahmen keine nennenswerten Erfolge; im Gegenteil, Ottos nervlicher und psychischer Zustand verschlimmerte sich seit 1872 weiterhin. Nach Ansicht Dr. Gietls und seiner Kollegen lag dies vor allem daran, dass sich die Therapiemaßnahmen bei Otto nicht zuverlässig durchsetzen ließen, da der Prinz sich ihnen immer wieder erfolgreich widersetzte. So unterband er die ärztlichen Anweisungen etwa dadurch, dass er seiner Dienerschaft, die nach wie vor seinen Befehlen unterstand, entgegengesetzte Anordnungen erteilte. Dr. Gietl war schließlich ratlos, wie er im November 1871 Kabinettsekretär Eisenhart mitteilte:

„Ich beklage die Mission, welche mir die eiserne Nothwendigkeit auferlegt, fortwährend düstere Nachrichten und Mittheilungen zu bringen [...] Die Erscheinungen [Halluzinationen] gewinnen eine solche Intensität, daß wenn es so fortgeht, nicht nur eine völlige Zerrüttung des Geistes bevorsteht, sondern auch eine Gefahr für das Leben in nicht gar langer Zeit heranziehen kann."[150] Und bei Ludwig II. beklagte sich Gietl:

„Seine Königliche Hoheit [Prinz Otto] geht oft vier und zwanzig [sic!] Stunden nicht zu Bette, nimmt zuweilen, wie heute, in zwölf Stunden

149 Burgmair-Weber, S. 37

150 GHA: KA L II, 62, Bericht Gietl an Eisenhart, 15.11.1871; Burgmair-Weber, S. 34

keine Nahrung zu sich, verweilt dann vorzüglich gegen Abend hin stundenlang – unarticulirte [sic!] Töne von sich stossend – ganz allein nach fortgeschickten Dienern [rufend] in Seinen Gemächern. Ich gehe öfters am Tage und in den ersten Stunden der Nacht in die Vorzimmer und in die Nähe der Gemächer Seiner Königlichen Hoheit, um mich von den Schreianfällen zu überzeugen und zu wissen, was um Seine Königliche Hoheit vorgehe; wobei ich sehe, daß Seine Königliche Hoheit immer isolirt [sic!] ist und die Diener sich in einem rathlosen Zustande befinden."[151]

Erst im Januar 1872 wurde Gietl und Solbrig mit Unterstützung des Kabinettsekretärs Eisenhart vom König die Erlaubnis erteilt, Prinz Otto nun auch gegen dessen Willen zu behandeln.[152] Doch auch dies gelang nicht immer. Nur in Ausnahmefällen akzeptierte der Prinz ärztliche Hilfe, wie dies etwa im Winter 1871 geschah, nachdem er sich acht Wochen lang geweigert hatte, seine Stiefel auszuziehen. Erst als die Schmerzen an den Füßen unerträglich wurden, akzeptierte er Gietls Hilfe.[153]

Auffallend waren bei Prinz Otto also nunmehr insbesondere

- seine akustischen Halluzinationen,
- die Umkehrung des Tag-Nacht-Rhythmus mit nächtlichen Spaziergängen durch München,
- seine Schlaflosigkeit,
- die Verweigerung der Nahrungsaufnahme,
- die Vernachlässigung der Körperpflege,
- das Auftreten von Wahninhalten,
- das Ausstoßen unartikulierter Laute und „Schreianfälle".[154]

151 GHA: KA L II, 62, Bericht Gietl an Ludwig II., 09.11.1871; Burgmair-Weber, S. 34

152 GHA: KA L II, 62, Vollmacht vom 25.01.1873 für Gudden verweist auf Vollmacht vom 23.01.1872 für Solbrig. Burgmair-Weber, S. 34

153 GHA: KA L II, 62, Bericht Gietl an Ludwig II., 30.12.1871.

154 GHA: KA L II, 62, V. Ärztliches Consilium, 30.12.1871; Burgmair-Weber, S. 34

Prinz Otto in der Münchner Residenz und in Schloss Nymphenburg

Ottos Aufenthalte wechselten ab seinem 24. Lebensjahr mehrmals. Lebte er bis Ende 1871 noch vorrangig in seinen Appartements in der Münchner Residenz, so wurde er ab 1872 bis 1875 zunehmend strenger in Schloss Nymphenburg interniert. Danach folgten ab Ende 1875 bis 1879 mehrere ländliche Aufenthalte, u. a. in Hohenschwangau und Elbigenalp. 1876 weilte er etwa drei Monate auch in Schloss Ludwigsthal im Bayerischen Wald und 1878/79 mehrfach in Schloss Schleißheim. Ab 1878 begannen aber auch bereits seine Aufenthalte in Schloss Fürstenried, wo er jedoch erst ab 1883 nach der Sanierung und dem teilweisen Umbau des Schlosses fest interniert wurde. Schloss Fürstenried wurde dann bis zu seinem Tod 1916 sein endgültiger, geschlossener Aufenthalt.
Im Folgenden werden die Ereignisse in einer jeden dieser Stationen geschildert.

Otto in der Münchner Residenz (bis 1872)

Vor dem Beginn seiner Erkrankung wohnte Otto bis Februar 1872 noch in seinen standesgemäß ausgestatteten Appartements in der Münchner Residenz. Sie waren mit Empiremöbeln nach Entwürfen des Hofarchitekten Leo von Klenze ausgestattet.[155]
Das Weihnachtsfest 1871 in der Residenz verlief trostlos. Prinz Otto fühlte sich elend und Ludwig kam erst am Abend des ersten Feiertages nach München. Sie sprachen darüber, was mit Otto geschehen solle. Auf keinen Fall dürfe er in eine Heilanstalt eingewiesen werden, auch wenn es dort für vornehme Patienten eigene Abteilungen gab. Gegebenenfalls sollte er lediglich an stadtfernen Aufenthaltsorten von der Öffentlichkeit abgeschirmt werden.

155 Brigitte Langer, Hans Ottomeyer und Alexander Herzog von Württemberg: Die Möbel der Residenz München. Bd. 111. Möbel des Empire, Biedermeier und Spätklassizismus. München 1997. S. 121, 160

Ludwig, der sich zu dieser Zeit von seiner Mutter immer wieder kritisiert fühlte, teilte deren Oberhofmeisterin Gräfin von der Mühle in einem Brief mit, sie solle der Königin deutlich machen, dass sie ihr „nörgelndes Wesen“ ihm gegenüber künftig zu unterlassen habe. Denn „ich kann mit gutem Gewissen sagen, daß mein Lebenswandel ein musterhafter ist. Bringen Sie ihr [gemeint ist Königin Marie] das bei. Quälen möge Sie sich“ stattdessen besser, „um Ihren zweitgeborenen Sohn [Otto]; um diesen sich zu sorgen ist ganz am Platze, hauptsächlich in Anbetracht seines leidenden Zustandes.“[156]

Den Ärzten war bald klar, dass Prinz Otto, solange er in der Residenz lebte, sich weiterhin ihren Anordnungen entziehen würde. Mit wenigen Schritten konnte er die Residenz verlassen und sich in der Stadt herumtreiben. Besonders die nächtlichen Spaziergänge verfolgten Dr. Gietl und seine Kollegen mit zunehmender Sorge. Obwohl Otto seine Dienerschaft zum Schweigen verpflichtet hatte, konnte Gietl Anfang 1872 in Erfahrung bringen, dass der Prinz mehrmals wöchentlich Münchner Prostituierte aufsuchte. Allen Vorhaltungen, er würde dadurch seine Gesundheit noch weiter schädigen, ignorierte er. Gietl ließ sich daher seit Februar 1872 dreimal täglich von der Dienerschaft über den Zustand Ottos berichten und teilte seine Erkenntnisse über den Kabinettssekretär Eisenhart auch dem König mit:

„[...] Es besteht ein tiefes Schweigen, wohin Seine Königliche Hoheit in der Nacht gehen und fahren, ob zu einer oder mehreren öffentlichen Mädchen ist unbekannt? Aber das ist gewiß, daß Seine Königliche Hoheit sich verderblichen Genüssen hingibt, wie seine Wäsche nach diesen Nachtfahrten nachweist, wovon ich mich selbst einmal überzeugt habe, indem ich mir, um mich über die Aussagen der Diener zu vergewissern, sie zeigen ließ [...]“[157]

Georg von Werthern erwähnt sogar, dass sich Otto an „nacketen Bällen“ beteiligt habe. „Ein solcher Ball“, so Werthern, „hat während des

156 Böhm S. 445

157 GHA: KA L II, 62, Bericht Gietl an Eisenhart, 13.01.1872., Burgmair-Weber, S. 35

letzten Carnevals [also wohl im Frühjahr 1871] wirklich stattgefunden und auch unter Theilnahme Seiner Königlichen Hoheit. Der Entrepreneur [Inhaber des Etablissements] war der jüdische Commis Rosipal, das Lokal die Riegersche Weinstube am Dultplatz. – Da es eine demimonde [Halbwelt] hier nicht gibt, so behalf man sich mit dem Abhub des horizontalen Handwerks. Alle Gäste erschienen in rothen Tüll, Tunikas & Stiefeletten." Was er über Ottos sexuelle Ausschweifungen höre, betont Werthern abschließend, „ist der Art, daß ich mich einstweilen noch scheue, es in einem Berichte wieder auszusprechen."[158]

Auch wenn manche solche Geschichten lediglich für Gerüchte oder Hoftratsch hielten, so war doch bekannt, dass Otto angeblich bereits in früheren Jahren mehrfach Kontakte zu Prosituierten gehabt haben soll. Daher nahm man als Ursache für seine geistige Erkrankung zunächst auch eine Geschlechtskrankheit an, nämlich Syphilis, auch als Lues bezeichnet. Dabei handelt es sich um eine Infektionskrankheit, die bei sexuellem Verkehr durch Schleimhautkontakt von Mensch zu Mensch übertragen wird. Im vierten und letzten Stadium dieser Erkrankung – der sogenannten Neurolues – kommt es üblicherweise zu schweren neurologischen Ausfällen, wie man sie auch bei Otto beobachtete.

Ende des Jahres 1872 schrieb Freiherr von Werthern an Bismarck: „Bei dem Prinzen Otto beginnt nach Ansicht der unabhängigen Ärzte bereits die paralytische Periode (der Syphilis), welche der Gehirnerweichung vorherzugehen pflegt." Die Ärzte erwarteten also, dass Prinz Otto bereits 1873 im Alter von 25 Jahren sterben würde. Dr. Gietl vermutete sogar, dass der Tod schon in einem halben Jahr eintreten werde, wenn sich Otto nicht einer strengen Kur unterwirft. Die befürchtete Gehirnerweichung trat allerdings nicht einmal 44 Jahre später ein. Deshalb wurde dem langlebigen Patienten – ähnlich wie seinem Bruder Ludwig – schließlich auch „Paranoia" attestiert. Darunter verstand man damals Geistesstörungen mit Sinnestäuschungen, Wahnvorstellungen und Beziehungsideen, Verfolgungs- und Größenideen.

---

158 Georg von Werthern an Otto von Bismarck, 05.06.1871, PAA, R 2706/2707

Bald war Ludwig II. und der Königlichen Verwandtschaft klar, dass bei der fortwährenden Zunahme der Auffälligkeiten weder an eine Heilung und demzufolge auch nicht an eine mögliche Regierungsfähigkeit Ottos gedacht werden könne.

Schloss Nymphenburg als möglicher neuer Aufenthaltsort Ottos (1872)

Obwohl der Prinz angab, er habe die Treffen mit seiner „Maitresse“ eingestellt, schlug das ärztliche „Consilium“ am 24. Februar 1872 vor, Prinz Otto und seinen Hofstaat von der Münchner Residenz, wo er bisher wohnte, nach Schloss Nymphenburg umzusiedeln, das damals noch außerhalb der Stadt lag. Nur wenn man ihn aus der „Unruhe der Residenzstadt“ herausnehmen würde, wäre eine dauernde ärztliche Beaufsichtigung möglich, die eventuell auch eine Besserung zur Folge haben könne. Schon deshalb sei diese Maßnahme erforderlich, da die Nachricht von Ottos psychischer Erkrankung nicht nur in der Münchner Presse, sondern bereits außerhalb Bayerns verbreitet würde. Außerdem erwähne man in diesem Zusammenhang auch die zunehmenden Rückzugstendenzen Ludwigs II. von den Regierungspflichten.[159]

Das „Füssener Blatt“ brachte bereits am 3. Februar 1872 eine Meldung der Münchner Allgemeinen Zeitung vom 28. Januar: „Wie bekannt, leidet S.K.H. der Prinz Otto schon seit längerer Zeit an einer krankhaften Reizbarkeit aller Teile des Nervensystems, welche in fortwährender Zunahme begriffen, von großer innerer Unruhe und heftigen Muskelkrämpfen begleitet ist. Prinz Otto wird nun das Schloß Nymphenburg beziehen, damit daselbst ohne Unterbrechung die ärztliche Behandlung durchgeführt werden kann.“

159 Kurt Wilhelm (Hg.): Luise von Kobell und die Könige von Bayern. Historien und Anekdoten anno 1890. München 1980. S. 295 f (künftig: Wilhelm); Böhm (1924), l.e., 652.

Gietl fertigte also im Februar 1872 einen Zeitplan für Ottos Umzug, dem Ludwig II. schließlich zustimmte.[160] Am 26. Februar 1872 wies er seinen Bruder freundlich aber bestimmt an, wegen des „[...] consequent durchzuführenden Heilverfahrens [...] vorläufig in Begleitung des üblichen Gefolges sowie des Hofstabsarztes Dr. Brattler das Schloß Nymphenburg [zu] beziehen und daselbst behufs der Genesung bezüglich der Lebensweise und Hausordnung den Ansprüchen der behandelnden Aerzte jederzeit nachzukommen [...][161] Diese Maßnahme, so der König, diene seinem – Ottos – gesundheitlichen Wohl. Offiziell entmündigt wurde Prinz Otto allerdings erst sechs Jahre später durch das Entmündigungsdekret seines Bruders vom 16. März 1878.

Übersiedlung nach Schloss Nymphenburg (1872)

Gietl traf nun mit Genehmigung des Königs und der Königinmutter Marie alle Vorkehrungen, um Otto – auch gegen dessen Willen – nach Schloss Nymphenburg zu bringen.

Am frühen Abend des 26. Februar 1872 traf sich in Gietls Privatwohnung in der Residenz die Überführungskommission. Sie bestand aus

- Mitgliedern des ärztlichen „Consiliums", Dr. Gietl und Dr. von Solbrig,
- mehreren Wärtern der Kreisirrenanstalt München
- sowie drei Sanitätssoldaten in dunkler Zivilkleidung.

Die Königinmutter sowie die Adjutanten, Baron Keller von Schleitheim und Baron von Branca, hielten sich bereit, um Otto gegebenenfalls zu „besänftigen". Die Wärter der Kreisirrenanstalt warteten im Lakaienzimmer.

Um 18.10 Uhr ließen sich Gietl und Solbrig bei Otto melden, erhielten jedoch die Auskunft, Otto wünsche niemanden zu empfangen.

---

160 GHA: KA L II, 62, Protokoll 24.02.1872, VIII. Ärztliches Consilium, 25.02. 1872; Burgmair-Weber, S. 35

161 Burgmair-Weber, S. 35

Die beiden Ärzte gingen daraufhin in das Schlafzimmer des Prinzen. Otto „stand ausgekleidet aufrecht im Bette". Sie erklärten ihm in aller Ruhe seinen Krankheitszustand und teilten ihm mit, dass sein Bruder, der König, angeordnet habe, dass er sich zur weiteren Behandlung unverzüglich nach Nymphenburg zu begeben habe. Das jedoch lehnte Otto entschieden ab. Er forderte, diese Maßnahme müsse auf morgen verschoben werden. Er wolle dem König zuerst einen Brief schreiben. Doch seinem Wunsch wurde nicht entsprochen. Daraufhin befahl Otto, Dr. Solbrig solle sich entfernen, was auch geschah. Nun war Dr. Gietl mit dem Patienten allein. Schließlich gelang es dem Leibarzt durch freundliches Zureden, aber auch durch Hinweis auf Anwendung von Zwangsmaßnahmen bei weiterer Weigerung, Prinz Otto gefügig zu machen. Gietl bezeichnete bei dieser Unterredung den Prinzen taktvollerweise auch nicht als irrsinnig, sondern lediglich als „tief nervenleidend". „Das", so schilderte Dr. Gietl, „brach nun des Prinzen Widerstreben — Sein Gesicht mit den Händen verdeckend, rief der Prinz aus: bin Ich denn so krank - Sie sagten selbst - Ich sei kein Nar [sic!] - aber Ich werde mich ankleiden, Ich werde freiwillig gehen - doch Ich bin ein Gefangener."[162]

Die Öffentlichkeit schien über diesen Vorgang nicht informiert gewesen zu seien. So meldete am 28. Februar 1872 das „Füssener Blatt" in Bezug auf eine Nachricht der Münchner „Allgemeinen Zeitung" vom 20. Februar: „Im Befinden S.K.H. des Prinzen Otto ist eine wesentliche Besserung eingetreten. Eine Übersiedlung nach Nymphenburg erweist sich daher nicht mehr als notwendig." Doch zu dieser Zeit war die Umquartierung bereits erfolgt.

162 GHA: KA L II, 62, Bericht Gietl an Ludwig II., 26.02.1872. Die vorstehende Schilderung des Ablaufs folgt diesem Bericht; Burgmair-Weber, S. 36

Ottos Ablehnung seiner Internierung in Schloss Nymphenburg

Otto stand seiner Einquartierung in Schloss Nymphenburg von Anfang an höchst ablehnend gegenüber und beschwerte sich darüber vehement bei seinem Bruder:

Man habe ihn geradezu „überfallen", wie er klagte, und zum „augenblicklichen Aufstehen aus dem Bett gezwungen", wo er ruhig und sorglos gelegen habe; zum Anziehen genötigt, sei er bei strömendem Regen in einem Wagen nach Schloss Nymphenburg „geschleppt" worden, wo er „wie zum Hohn" von Leuten in Livreen und mit strahlenden Flambeaux [gemeint sind Lakaien mit Fackeln] empfangen worden sei. „Nicht da gewesen u. unerhört seit 400 Jahren in unserer Familie ist die Behandlung eines Prinzen auf diese Weise! Ich danke Gott, daß er mich so klar erhalten hat. […] So also hat man gewagt, einen volljährigen selbstständigen [sic!] Prinzen des Königl. Hauses, der sich doch keines Verbrechens bewußt ist, zu behandeln! — Sein Gewissen ist rein! - […] Nun weiß ich auch, weßwegen [sic!] auch die letzte Woche vor jenem unheilvollen Vorfall von so schlimmen, fieberhaften Träumen u. düsteren Ahnungen gepeinigt war! — […] Ich protestire hiemit feierlich gegen jenen Gewaltact u. gegen jene Behandlung eines freien, majorennen Prinzen des Königl. Hauses, der sich keiner Schuld bewußt ist!"[163]

Dann bricht es aus Otto heraus: „Doch höre, niemals werde ich dem Urheber dieser Behandlung das vergessen! Das war zu schmerzlich, das war zu viel! Viel kann ich vergeben u. gern, aber niemals etwas Derartiges, was mich so tiefinnerlich verletzt! Man ist gegen mein Verbot in das Innern meiner Zimmer gedrungen, man hat meinen Hausfrieden gestört, der heilig u. unverletzlich sein soll, aller Sitte u. Anstand Hohn gesprochen, man hat Gewalt bei mir Schuldlosem angewendet, man hätte sich fast am Königlichen Blut vergriffen, das ist

163 GHA, KA L II, Nr. 62, Brief Otto an Ludwig II. 04.03.1872; Burgmair-Weber, S. 38; Rall, Hans / Petzet, Michael: Leben und Tod König Ludwigs II. München–Zürich 1986, S. 47 f (künftig: Rall-Petzet)

zu viel u. das vergesse ich nie! Man hat mir zu unaussprechlich weh gethan, mich zu schreiend gekränkt! […] Du hast nicht das Recht mir im Inlande zu befehlen, mich an diesen oder jenen Ort zu begeben, Du hast nicht das Recht, mich, der ich kein Unrecht begangen, also zu behandeln! Nur der Gewalt bin ich gewichen und ich bin ein Gefangener; unerhört hat man an mir gehandelt! Nochmals protestire ich nochmals gegen alles Das! Ich bin schuldlos u. es ist so viel, als sei es nicht geschehen! Ich bin jetzt Dein Gefangener, solange, bis es Dir beliebt, mir die Freiheit wiederzuschenken!"[164]

„Mit diesem Angriff hatte Otto den Bogen überspannt. Ludwigs monarchisches Selbstwertgefühl war so stark ausgeprägt, dass er selbst den Klagebrief seines offensichtlich schwer kranken Bruders als taktlos und geradezu frech empfinden musste. Der König reagierte pikiert – und Otto entschuldigte sich kurze Zeit später kleinlaut."[165]

Isolation unter milder Bewachung in Schloss Nymphenburg

In Schloss Nymphenburg lebte Prinz Otto in den Zimmern im ersten Stock des südlichen Pavillons, die seine Mutter zu Lebzeiten König Max II. bewohnt hatte. Das heißt, dass ihm dort vor allem wegen seiner psychomotorischen Erregungszustände nur mehr ein Schlafzimmer, ein Bad und ein Speisezimmer zur Verfügung standen. Nachdem Otto während eines halluzinatorischen Anfalls eine Fensterscheibe des Speisezimmers zerschlagen hatte[166], wurden die Fenster mit so dickem Glas versehen, dass dies nicht mehr passieren konnte. Außerdem verschraubte man sie, damit sie nicht zu öffnen waren. Auch wenn in den Türen Gucklöcher eingeschnitten waren, so fand diese erste Isolation noch unter milder Bewachung statt.

164 GHA: KA L II, Nr. 62, Brief Otto an Ludwig II., 04.03.1872; Burgmair-Weber, S. 38

165 Hilmes, S. 238

166 GHA: KA L II, 62, Bericht Brattler an Ludwig II., 10.06.1872. Vgl. auch Bericht Brattler an Ludwig II., 03.07.1873; Burgmair-Weber, S. 38

So wurden Prinz Ludwig Ferdinand und sein Bruder „oft bei ihm drüben zur Jause eingeladen. Otto zeigte für vieles Interesse, besonders aber für Heraldik, also für Wappenkunde. Fühlte er jedoch eine seiner Nervenkrisen kommen, schickte er die Besucher freundlich weg und sagte: ‚Es ist jetzt besser, Ihr geht jetzt' ", wie Georg Jacob Wolf berichtet. Damals war Otto also noch in der Lage, nahende Anfälle vorauszufühlen. Auch Gottfried von Böhm erwähnt Ottos wechselndes Befinden, wenn er schreibt: „Solange er [Otto] in Nymphenburg weilte, gab es aber auch noch Stunden, in denen er vollständig bei Verstand zu sein schien und wieder die ganze ursprüngliche Liebenswürdigkeit seines Wesens entfaltete."

„Manchmal stellte sich bei Ihm ein eigenartiger Paroxysmus ein [eine Folge von sich steigernden Ausbrüchen]. Er verlangte mit vor Zorn vibrierender Stimme, sofort nach München zurückzukehren, wohin ihn seine Pflicht als Kronprinz riefe. Dann befahl er, daß man ihm seine Uniform bringe, er wolle zu Pferde steigen und sich den Truppen zeigen. Als man den Prinzen nun zuerst durch gütiges Zureden, dann durch schärfere Maßnahmen von der vorgefaßten Idee abbrachte, brach er in krampfhaftes Schluchzen aus. Thränen überfluteten seine Wangen, und mehr als einmal endete die Krise damit, daß er bewußtlos zu Boden stürzte."[167]

In Nymphenburg hatte der gesamte Hofstab gegenüber Otto die Etikette zu beachten, sogar seine Mutter war davon nicht ausgenommen. Oft musste sie Stunden im Vorzimmer ausharren, bevor ihr Sohn sich herabließ, sie zu empfangen. Bei den Ärzten wurde eine Ausnahme gemacht, damit diese notfalls rasch die erforderlichen Maßnahmen ergreifen konnten. Otto teilte dem behandelnden Arzt im Vertrauen mit, dass die Anwandlungen von innerer Angst und Aufregung, die sich bei ihm immer wieder zeigten, auch bei seinem Bruder schon aufgetreten seien.

---

167 Notizzettel, undatiert, GHA, KA L II., Nr. 62; Streißler, Fr.: König Ludwig II. von Bayern. Ein deutsches Fürstenleben. Leipzig-Rendnitz 1886, S. 57 (künftig: Streißler)

Ausflüge in Nymphenburgs Umgebung

Auch im Sommer 1872 bestimmten häufige Halluzinationen und bizarre Verhaltensweisen das Krankheitsbild des Prinzen Otto. Im Juni 1872 führte er beispielsweise laute Gespräche mit imaginierten Personen und warf kleine Zettel mit der Aufschrift „Ich bin der Schönste. Ich werde immer sehr schön sein. Ich werde immer sehr schön bleiben. Ich bin sehr schön. Ich bin sehr schön. Ich bin sehr schön. Ich bin sehr schön. Ich bin sehr schön. Ich bin sehr schön"[168] aus dem Fenster. Sie wurden gesammelt und seinem Bruder Ludwig gezeigt.

Dennoch lebte er in Schloss Nymphenburg zunächst noch in relativer Freiheit. So wurden ihm in Perioden seelischen Wohlbefindens in Begleitung Ausflüge und die Teilnahme an Veranstaltungen erlaubt, wie etwa Kirchenbesuche an Ostern. Am 31. Juli 1872 nahm Otto auch an der 400-jährigen Stiftungsfeier der Universität München teil. Luise von Kobell berichtet darüber: „Allgemeine Teilnahme verursachte die Heiterkeit des Prinzen Otto, – und die Sorge um seine Gesundheit ward bei diesem Feste vermindert, leider trügte der Schein."

Anfangs führte Otto in Nymphenburg durchaus ein geselliges Leben, soweit es sein Gesundheitszustand erlaubte. Mit seinen Adjutanten unternahm er Ausfahrten in den Nymphenburger Schlosspark oder Ausritte in die weitere Umgebung Münchens. Seine persönlichen Kontakte beschränkten sich allerdings mit fortschreitender Verschlechterung seines geistigen Zustandes nahezu ausschließlich auf Mitglieder der Königlichen Familie. Mit der Zeit verringerten sich auch diese Beziehungen auf ein Mindestmaß. Lediglich mit Prinzessin Therese von Bayern verband Otto seit der Kindheit eine enge Freundschaft, die bis zu seinem Tod bestand.[169]

---

168 GHA: KA L II, 62, Bericht Gietl an Ludwig II., 26.03.1872; Bericht Brattler, 10.06.1872; Burgmair-Weber, S. 38

169 * 12.11.1850 in München, † 19.09.1925 in Lindau, Tochter von Prinzregent Luitpold und Erzherzogin Augusta von Österreich; unternahm als umfassend ausgebildete Naturwissenschaftlerin Forschungsreisen u. a. an den Polarkreis und nach Brasilien; Burgmair-Weber, S. 39

Anlässlich der Hochzeit Prinz Leopolds von Bayern mit Erzherzogin Gisela am 20. April 1873 wurde am 28. April ein „Königliches Bankett" im Hofballsaal der Residenz veranstaltet. Luise von Kobell beobachtete Prinz Otto, der „wie in sich verloren"[170] am Tisch saß. Sein Zustand war für Ludwig ein schwerer Schlag. Da ihn zudem auch politische Enttäuschungen sehr deprimierten, dachte er 1873 allen Ernstes daran, seinen Wohnsitz von Bayern auf die Kanarischen Inseln zu verlegen.

Zu den wenigen Vergnügungen, welche die Ärzte Otto zugestanden, gehörten Zirkusvorstellungen. Ende Juni 1873 brach in München eine Choleraepidemie aus, die bis April 1874 bereits 1466 Opfer gefordert hatte. Doch selbst in dieser Zeit besuchte Otto den Zirkus Ciniselli, ließ sich „für die ganze Dauer des Aufenthalts eine Loge reservieren und blieb einer der treuesten Besucher. Da er gleich seinem königlichen Bruder ein vorzüglicher Reiter war, fanden ebenso die equilibristischen Schaunummern dort seine besondere fachmännische Beachtung."[171] Als Anerkennung ließ er den Akteuren gelegentlich auch Blumenarrangements in die Garderobe bringen. Luise von Kobell berichtet: „Da Prinz Otto damals fast täglich den Zirkus Ciniselli besuchte und dann im Cafe National soupierte, täuschten sich abermals die Münchner über sein Leiden hinweg; allein der physische wie geistige Zustand des Prinzen verschlimmerte sich. Die Ärzte klagten, daß ihre Anordnungen von dem Prinzen nicht befolgt würden. Der König hielt die Zirkusbesuche in der Cholerazeit für bedenklich und ordnete deren Unterbleiben an."[172]

Otto verfügte zu diesem Zeitpunkt noch immer über einen großen Handlungsspielraum, was Dr. Gietl und Dr. Brattler nur mit Bedauern akzeptierten. [173] Die öffentlichen Auftritte Ottos führten nämlich

170 Wilhelm, S. 315

171 Below, S. 124

172 Kobell, Luise von: Unter den vier ersten Königen Bayerns. 2. Bd. München 1884, S. 184 (künftig: Kobell – Erste Könige); Wilhelm, S. 317

173 GHA: KA L II, 62, Bericht Brattler an Ludwig II., 20.04.1872, Brattler an Ludwig II., 12.05.1872, Gudden an Eisenhart, 27.10.1872, Brattler an Eisenhart, 16.11.1873, Brattler an Ludwig II., 28.06.1874; Burgmair-Weber, S. 39

dazu, dass seine unübersehbaren psychischen Auffälligkeiten in der Bevölkerung immer offener diskutiert wurden.[174] Auf Anordnung Ludwigs II. untersagte Gietl dem Prinzen schließlich die Stadtfahrten. In den Sommermonaten 1872 bis 1874 reiste der Prinz auf Einladung des Königs oder seiner Mutter ohne ärztliche Begleitung nach Hohenschwangau. Im Familienkreis glaubte man nämlich, dass eine Erholung im Gebirge, beispielsweise bei Berchtesgaden, Ottos Gesundheit wieder etwas stabilisieren könnte. Außerdem sei er dort nicht der klatschsüchtigen Münchner Gesellschaft ausgesetzt. Zu einem längerdauernden Ortswechsel nach Berchtesgaden in Begleitung eines Arztes, den Brattler vorgeschlagen hatte, war Otto jedoch nicht bereit. Außerdem hätte die Königliche Villa in Berchtesgaden nicht dem preußischen Kronprinzenpaar zur Verfügung gestanden, das 1872 dort Aufenthalt nehmen wollte.
Über Ottos Besuch in Hohenschwangau im Sommer 1873 schreibt Ludwig an seine ehemalige Erzieherin Frau von Leonrod am 28. August 1873: „Mit der Mutter und Otto vereint weilte ich an meinem Doppelfest im innig geliebten von frühester Kindheit an theueren Hohenschwangau. Gottlob geht es Otto wieder besser, wenn sein Zustand auch allerdings noch viel zu wünschen übrig läßt; hir u. da sind seine Nerven in schauderhafter Erregtheit, in solchen Momenten muß man, die Mutter und ich nicht ausgenommen, wahre Grobheitsexplosionen über sich ergehen lassen." Auch die Mutter äußerte sich über diesen Aufenthalt Ottos in einem Schreiben vom 28. August 1873 an Dr. Bernhard von Gudden:

„Mein lieber Herr Professor!
Herzlichen Dank für Ihren lieben u. ausführlichen Brief über Ottos Befinden, leider erhält er viel Trauriges über die letzte Zeit! Vor allem soll ich Ihnen viele Grüße und Dank vom König ausrichten für Ihre lieben Wünsche. Ich ließ ihn Ihren Bericht lesen, der ihm lieb zu

174 GHA: KA L II, 62, Bericht Brattler an Ludwig II., 14.08.1873, Gietl an Ludwig II., 01.12.1873. Wilhelm (1980), I.c., 317.

wissen war. […] Sie wissen, daß sich Otto am Abend des 23st. noch entschloß den 24st. Abends mit dem König [nach Hohenschwangau] herzufahren, sie kamen um 11 Uhr an und Otto war sichtlich erfreut hier zu sein u. ruhig, vergnügt, auch d. 25st. [...] Als wir [Otto und ich] allein in Wagen gestern fuhren, erzählte er mir, daß er nicht habe kommen wollen, dann aber vor den Menschen die ihn quälen, da ihn Niemand verstünde eigentl. hieher geflohen sei, die Luft thue ihm ordentl. wohl u. er lebe auf – aber er könne leider das Alles nur mit Wehmuth ansehn u. genießen, dächte er daran, daß er wieder in die alten Verhältnisse der Unfreiheit nach Nymphenburg u. zu denen (das ging glaube ich hauptsächl. auf die Ärzte) die ihn quälten u. nicht verstünden, zurück müsse, so wolle er lieber am Sonnabend zurück, als all' das Schöne so anders als sonst zu genießen! Er finde auch seine Lage daher so traurig, dass wenn er nicht Religion hätte, sich nothwendig erschießen müsse! [Die letzten drei Worte sind im Original unterstrichen]. Er habe den König gebeten ihn aus dieser qualvollen Lage zu entlassen, doch sei der nur teilweise darauf eingegangen. Es scheine, er [Otto] müsse [in Schloss Nymphenburg] darinbleiben. […] Über Fr. Schleitheim klagt er und über Bratler [sic], von ihnen spricht er mir nicht […] er sagte auch, daß alle Fahrten nach München zu den verschiedenen Vergnügungen nur eine traurige Zerstreuung gegen den herrlichen hiesigen Aufenthalt, die gute Luft etc. wäre!“ [175]

Otto schien sich nach diesem Bericht seiner Mutter in Nymphenburg also tief unglücklich zu fühlen. Er hätte sich lieber dauernd in der Bergwelt um Hohenschwangau aufgehalten. Aber das war ihm nicht vergönnt. Doch 1873 durfte er gemeinsam mit Ludwig und seiner Mutter das Weihnachtsfest in Hohenschwangau erleben. Es war überhaupt das erste Mal, da dieses Fest üblicherweise in der Münchner Residenz gefeiert wurde. Ludwig ließ das Billardzimmer und den Heldensaal mit jungen Tannen und tausenden von Lichtern schmücken.

175 Brief Königin Maries an Dr. v. Gudden , 28. August 1873 , zitiert nach Gudden W., S. 178 f

Trotz allem war die Stimmung bedrückt. Ludwigs Mutter machte sich Sorgen vor allem Ottos wegen, aber auch im Hinblick auf Ludwig, der sich fortwährend mehr aus der Öffentlichkeit zurückzog.
Damals befasste sich der König auch mit Hellseherei, wie Luise von Kobell berichtet: „Den König beschäftigte ein Problem: Gibt es Hellseherei? Können Menschen die Schicksale anderer voraus wissen? Sind Offenbarungen einer Somnambüle stichhaltig? Er glaubte mit seinem Verstand nicht daran, aber seine Phantasie war davon erregt. Es war dem Regenten zu Ohren gekommen, eine Somnambüle beschäftigte sich fortwährend mit ihm in ihren Visionen, und habe seinen Tod im Jahre 1873 prophezeit. Der König ärgerte sich über die Mitteilung, verwarf sie und grübelte ihr doch nach. Nachforschungen über die Somnambüle wurden auf Befehl Sr. Majestät von einem Arzte angestellt; dieser hielt sie für eine Simulantin, von anderer Seite erfuhr der Monarch, sie sei eine wahrheitsliebende arme Person. ‚Natürlich glaube ich nicht daran, aber es ist mir sehr unangenehm', sagte der König."[176] Zwar starb Ludwig 1873 nicht, aber in ihm starb die Zuversicht, dass Otto jemals gesund würde, und diese Erkenntnis belastete ihn schwer. Dazu kam die Beeinträchtigung der bayerischen Selbständigkeit seit 1870/71. Der König dachte an Abdankung und befasste sich mit dem Gedanken, auszuwandern, sich auf die Kanarischen Inseln zurückzuziehen und sich aus dem Leben zu verabschieden, das seinen Vorstellungen so nicht mehr entsprach.

Wechsel in der Ärzteschaft (1872)

Wegen der vielfältigen beruflichen Verpflichtungen des immerhin schon 69-jährigen Dr. Gietl, sicher aber auch wegen der immer anstrengenderen Betreuung des Prinzen Otto, übernahm nun Gietls ehemaliger Assistent an der Münchner I. Medizinischen Klinik, der 40-jährige Hofstabsarzt Dr. Brattler, die Betreuung des Prinzen in Nymphenburg. Entgegen einiger Widerstände in der Medizinalver-

176 Wilhelm, S. 301

waltung hatte Gietl König Ludwig II. bereits 1868 Brattler als „talentvollen Mann mit scharfer Beobachtungsgabe“ empfohlen. Trotz einiger Schwierigkeiten erwarb sich Brattler das Vertrauen und die Zuneigung der Königlichen Familie. Das positive Verhältnis ergab sich etwa aus einem Brief der Königinmutter von 1876 an Otto: „Heute Nachmittag ist Kaffee bei H.[errn] Pfarrer, meist mit Musik, wobei Dein Lieblingsmarsch und Dr. Brattlers Lieder gesungen wurden und Eurer viel gedacht wird. [...] Grüße Dr. Brattler.“[177]
Interessant ist, dass Dr. Gietl nach dem Tode Ludwigs II. erklärte: „Wir [Doktor Brattler und ich] waren uns beide einig, daß die Geistesstörung des Königs eine tiefe sei und viel Ähnlichkeit mit jener des Prinzen Otto habe.“

Besondere Ereignisse – 1874/1875

Königin Maries Übertritt zum römisch-katholischen Glauben (1874)

Ottos Mutter, Königin Marie, versuchte ihrem kranken Sohn auch durch ihr Gebet zu helfen. Während sie selbst evangelisch war, war ihr Gemahl König Max II. katholisch. Otto und Ludwig wurden demnach katholisch getauft und erhielten katholischen Religionsunterricht. Dabei wurde Marie durch Daniel von Haneberg, dem Abt des Benediktinerklosters St. Bonifaz, und auch durch den Münchener Domprediger Ehrler mit der katholischen Glaubenslehre vertraut gemacht. Beeinflusst wurde sie zudem von ihrer Lieblingsnichte Prinzessin Therese und ihrer Schwägerin Adelgunde, der Witwe Herzogs Franz von Modena. Beide waren konservativ-katholisch.
Nach dem Tod ihres Mannes Max II., 1864, zog sich Marie nach und nach aus der Öffentlichkeit zurück und hielt sich oft in Elbigenalp auf. Dort wurde sie von dem Lechtaler Priester Georg Lechleitner, dem sie vertraute, in katholischer Religionslehre unterwiesen. Als sich bei Otto die geistige Erkrankung zeigte, erhoffte sich Marie auch bei

177 Brief vom 01.08.1876, zitiert nach Böhm (1924), l.c., S. 451 f

katholischen Geistlichen Trost und Rat. Diese „setzten der unglücklichen Mutter heftig zu, ihr Sohn könne gesund werden, wenn sie katholisch würde".[178] Sie deuteten sogar an, es sei nicht auszuschließen, dass Ottos und Ludwigs Verhaltensauffälligkeiten womöglich eine „Strafe" dafür seien, dass sie evangelisch ist. Schließlich war Marie überzeugt, dass es der evangelische Glaube sei, der sie von ihrem verstorbenen Mann und den beiden Söhnen, die katholisch waren, trennte. Durch den Übertritt zum Katholizismus hoffte sie, ihnen näherzukommen und insbesondere ihrem kranken Sohn Otto durch ihr Gebet besser helfen zu können. Und so entschloss sie sich, am 12. Oktober 1874, ihrem 32. Hochzeitstag, in der Pfarrkirche St. Martin und St. Florian zu Waltenhofen (Schwangau) zum katholischen Glauben überzutreten. Die Zeremonie nahm Dr. von Haneberg vor, der mittlerweile Bischof von Speyer geworden war.

„Prinz Otto wohnte dieser Feier bei und umarmte am Schluß derselben gerührt seine Mutter"[179], wie Marie Schultze berichtet. An seinen Vetter Ludwig Ferdinand schrieb er am 20. Oktober 1874: „... Gewiß hat es Dich recht gefreut, daß meine gute Mutter katholisch geworden ist! – Es ist doch eine rechte Gnade von Gott! Die Mutter war gleich nach dem Übertritt heiter und man sah ihr die innere Zufriedenheit u. Seelenruhe ordentlich an! – Gott segne sie immerdar! Die Zeremonie in der Waltenhofer Kirche (bei Hohenschwangau) war recht erhebend! Die Sonne schien so freundlich herein, die Musik war schön! – Der Bischof v. Haneberg v. Speyer sprach sehr gut! – Der Herr Domdechant von Reindl hat mir einen recht lieben Brief wegen der Sache geschrieben, der mich sehr freut! ..."[180]

Ottos Bruder Ludwig nahm an der Feier aus politischen Gründen nicht teil, da zum einen „die Konversion der Königin nicht als eine Kundgebung gegen Preußen verstanden werden" sollte, wie die Zei-

178 Kitzmann, A.R.: Das offene Tor. Protestanten in München. München 1990 S. 153, zitiert nach Schad-Königinnen, S. 225

179 Schultze, S. 58

180 Schad, S. 226f: Adalbert von Bayern: Erinnerungen 1900–1955, München 1991, S. 30 (künftig: Adalbert v. Bayern)

tungen meldeten. Zum anderen war er „Summus episcopus", das heißt der höchste Vertreter nicht nur der bayerischen Katholiken, sondern auch der bayerischen Protestanten, sodass es ihm fern lag, Konflikte zwischen den Konfessionen zu provozieren. Er verkündete den Glaubensübertritt seiner Mutter daher auch nicht öffentlich, sondern teilte ihn gewissermaßen beiläufig den Prinzen Luitpold und Adalbert sowie dem Nuntius an recht ungewöhnlichem Ort mit, nämlich im Königszelt auf der Oktoberfestwiese während des üblichen Festempfangs.[181] Wie Ludwig II. lehnte auch Maries Vetter, Kaiser Wilhelm I., die Konversion vehement ab.

Die Königin hingegen hoffte, dass mit diesem ungewöhnlichen Schritt dem um seine ewige Seligkeit bangenden kranken Otto Ruhe und Frieden zuteilwerden würde. Sie wusste, dass Otto immer wieder von religiösen Schuldgefühlen heimgesucht wurde. Besonders litt er unter der Wahnvorstellung, ewig verdammt zu sein, weil er glaubte, er habe einmal in der heiligen Kommunion unwürdig den Leib des Herrn empfangen.[182] Es trat jedoch keine Besserung in Ottos Befinden ein. Gleichwohl sah man Marie seit dieser Zeit häufig im Münchner Dom und in der Theatinerkirche im Gebet versunken. Später ließ sie sich in den Dritten Orden der Servitinnen des Herzog-Spitalsklosters in München aufnehmen und kleidete sich in das schwarze Ordenskleid. Sie war Mitglied der Bruderschaft von den „Sieben Schmerzen Mariä", denn, so teilte sie dem Dompfarrer Weber brieflich mit: „Ich bin selbst eine Schmerzensmutter. Sie werden es daher begreiflich finden, dass ich die schmerzhafte Mutter als meine besondere Patronin erwählte. Weiland Königin selbst, will ich fortan nur Gott dienen und eine Dienerin der Himmelskönigin, der mächtigen und barmherzigen Patrona Bavariae sein."[183]

Ludwig nahm mit großer Sorge wahr, dass für seinen Bruder keine Heilung mehr möglich war und rückte in der Folge immer mehr von

---

181 Böhm, S. 447

182 Böhm, S. 452

183 Heindl, Hannes: Marie, Königin von Bayern. München 1989. BK. Nr. 264/23.09.1886 (künftig: Heindl)

ihm ab. Am 27. Oktober 1874 beklagte er sich bei Graf Dürckheim, der einige Zeit Ottos Adjutant gewesen war: „Im letzten Moment kam Otto neulich noch angereist, fuhr mit mir bis zum Fuße des Fernpasses und marterte mich mit seinem albernen Nörgeln. Bei seinem jetzigen Befinden und seinem jammervollen Aussehen kann er unmöglich eine Reise machen, deren Genuß bei seinem Zustand nur ein sehr unvollkommener sein kann; wollen Sie daher trachten, mit Brancas und Wolfsteiners Hülfe ihn von seinem Vorhaben abzubringen, versprochen habe ich ihm nichts, obwohl er es so hinstellen wird."[184] Branca war damals der Adjutant des Prinzen Otto und Wolfsteiner der Leibarzt der Königin Marie und ehemals von König Max II.

Kaiserin Elisabeths Begegnung mit Otto (1874)

Kaiserin Elisabeth von Österreich war von Menschen fasziniert, die „die Grenze zwischen Normalität und Irrsinn überschritten" hatten. So stattete sie im Ausland mehrfach Irrenanstalten Privatbesuche ab und war lebhaft daran interessiert, wie Geisteskranke in „Narrenhäusern" gepflegt wurden. 1871 irritierte sie Kaiser Franz Josef mit dem eigenartigen Namenstagswunsch: „Am allerliebsten aber wäre mir ein vollständig eingerichtetes Narrenhaus." Ihr Interesse für Irrenhäuser sorgte damals allenthalben für Verwunderung. Heute weiß man den Grund dafür. „[…] Elisabeths Großvater, Herzog Pius in Bayern, war geistesgestört und verlebte seine letzten Lebensjahre in völliger Abgeschiedenheit von der menschlichen Gesellschaft als Einsiedler. Einige von Elisabeths Geschwistern waren zumindest labil, zeigten jedenfalls starke melancholische Züge. Schwester Helene zum Beispiel hatte nach dem Tod eines Sohnes 1885 schwere geistige Störungen und war laut Erzherzogin Valerie ‚in ihrer furchtbaren Leidenschaftlichkeit oft wie wahnsinnig', ganz ähnlich wie die jüngste Schwester Sophie". Sie wurde 1886 „wegen vorübergehender Nervenschwäche" – in Wahrheit jedoch wegen Ehebruchs – in Prof. Krafft-Ebings private Irrenanstalt

184 Bayer. Staatsbibliothek, Autogr., Cim. Ludwig II. v. B.38/A/62/438

Maria Grün bei Graz eingeliefert. Auch Elisabeths „‚italienische' Schwestern, Marie und Mathilde, waren im Alter melancholisch. Wie bei ihren Schwestern, so nahmen auch bei Elisabeth Menschenangst, Mißtrauen und der Hang zur Einsamkeit in den achtziger Jahren fast krankhafte Züge an."[185]

Es verwundert nicht, dass Elisabeth 1874 bei ihrem Besuch in München auch der dortigen Oberbayerischen Kreisirrenanstalt einen Besuch abstattete, wobei sie sich von der Königin-Mutter Marie begleiten ließ. Elisabeths Hofdame Gräfin Marie Festetics schrieb darüber: „Die Kaiserin war bleich und ernst, die Königin aber – o Gnade Gottes –, die zwei verrückte Söhne hat, sie amüsierte sich und lachte."[186] Wie dieses Lachen zu deuten ist, darüber gehen die Meinungen auseinander. Geisteskranke verhalten sich bisweilen skurril. Ein solches Verhalten reizt zum Lachen. Vielleicht lässt sich das eigenartige Benehmen der Königin aber auch als unbewusster Kompensationsversuch des eigenen Schicksals erklären, wodurch sich die Mutter zweier psychisch Kranker abzureagieren versuchte.

Marie Wallersee, eine Nichte Kaiserin Elisabeths, berichtet in ihren Erinnerungen von einer Begegnung mit Otto, „dessen ich mich als eines gutmütigen, hübschen Jünglings erinnere […] Man hielt ihn in Nymphenburg verborgen, wo Papa ihn oft besuchte. Einmal begleitete ich ihn und setzte mich im Garten nieder, um Papa zu erwarten. Plötzlich hörte ich Fußtritte, und zu meinem Entsetzen stand Otto vor mir. Er sah erschreckend krank aus und hatte sich bis zur Unkenntlichkeit verändert, denn sein Haar hing lang herab, und seine Nägel glichen Krallen. Zu meinem Erstaunen erkannte er mich und sagte freundlich: ‚Liebst du Blumen. Marie?' – ‚Sehr', antwortete ich voller Neugier, was nun wohl kommen würde. Otto begann sofort allerhand Gewächse auszureißen, die er in einem Haufen zu meinen Füßen aufschichtete. Ich war sehr nervös und blickte mich ängstlich nach

185 Hamann, Brigitte: Elisabeth – Kaiserin wider Willen. Wien-München 1982, S. 423 (künftig: Hamann)

186 Hamann, S. 292 und S. 422 f

einem Wege zur Flucht um, doch glücklicherweise erschien in diesem Augenblicke sein Wärter und führte ihn fort. […]“ [187]

Über Ottos Verhältnis zur Kaiserin Elisabeth ist wenig bekannt. „Es muß aber recht gut gewesen sein. Otto scheint sich auch mit Kaiser Franz Joseph vertragen zu haben, der ihm 1869 den hohen Orden vom Goldenen Vlies verlieh. (Der Orden samt Verleihungsurkunde wurde übrigens 1993 in einer Münchner Auktion angeboten.)“ [188]

Bei ihrem Münchner Besuch 1874 unterhielt sich Elisabeth mit Marie. Während die ihr vom Wintergarten Ludwigs erzählte, aus dem es zu ihr durchtropfe, „ […] polterte ein schöner junger Mensch herein mit dunklem Haar und dunklen Augen, Prinz Otto, dessen Geisteszustand sich mehr und mehr verschlechterte. Kurz darauf steht die Kaiserin auf, um zu gehen. Der Prinz gibt ihr den Arm und führt sie zum Wagen. Ängstlich sagt die Kaiserin zur Grafin Festetics: ‚Bitte geben Sie auf ihn acht, ich habe das Gefühl, er wird mich die Stiege hinunterwerfen.‘ “ Dies berichtet Georg Jacob Wolf. Vielleicht befand sich Otto gerade im Anfangsstadium eines neuen Anfalls und sein „irrer Blick“ flößte der Kaiserin Angst ein.

Vom 19. April 1874 ist der Entwurf eines Berichtes – vermutlich an Königin Marie – erhalten, in dem Dr. Gudden folgende Beobachtungen notierte: „Beim letzten Besuche in Nymphenburg (Donnerstag den ?) traf ich Seine Kgl. Hoheit Prinzen Otto ruhig und geordnet in seinen Gedanken. Höchstderselbe empfing mich nicht ungnädig, ging aber auf keine Frage nach dem Befinden ein, lehnte auch jede Antwort ab, ob mein Besuch unangenehm empfunden werde oder nicht. Dienstag u. Mittwoch, an welchen Tagen ich Seine Königl. Hoheit nicht in Nymphenburg antraf, hatte ich Gelegenheit, die Diener zu examiniren. Sie gaben Auskunft und verdichteten auf das Bestimmteste, dass seit Ende August 1873 kein Verstoss mehr gegen die Reinlichkeit vorkam.“ Des Weiteren geht Gudden in dem schwer zu entzifferndem

187 Wallersee – Meine Vergangenheit, S. 122 f

188 Müller, Wolfgang: „Ein ewig Rätsel bleiben will ich …“. Wittelsbacher Schicksale: Ludwig II,. Otto I. und Sisi. München 1999, S. 143 (künftig: Müller Wolfgang)

Entwurf „auf die erschwerte Verdauung und Nahrungsaufnahme Ottos während der ‚sonntäglichen Besuche' in Nymphenburg ein. Darin liege eine Gefahr, die nicht aus ‚den Augen verloren werden dürfe'. Im letzten Abschnitt äußert Gudden den Eindruck, dass es Otto ‚doch genehmer' sei, wenn die ‚Besuche eingestellt würden', und gab dies als Bitte weiter. Bei diesen ‚Besuchen' dürfte es sich um die Maries bei ihrem Sohn gehandelt haben."[189] Ab 1874 nahmen Ottos Störungen weiter zu. Trotzdem unternahm Ludwig nach der Rückkehr von seiner zweiten Frankreichreise gemeinsam mit seiner Mutter und Otto im September eine Wanderung zum Schweizerhaus, um den beiden in aller Ruhe von seinen Reiseeindrücken berichten zu können.

1874 erhielt Dr. Gudden den Ruf an die damals größte Universität Deutschlands in Leipzig. Doch er lehnte ab und hielt der Oberbayerischen Kreisirrenanstalt die Treue. Dafür und auch in Anerkennung seiner Verdienste bei der Betreuung des kranken Prinzen Otto verlieh ihm Ludwig II. das Ritterkreuz des Verdienstordens der Bayerischen Krone, außerdem den Titel eines Obermedizinalrates und erhob ihn in den nicht erblichen Adelsstand. Von Gudden wurde Mitglied im Obermedizinalausschuss und von 1879 bis 1881 saß er als einer von zwei Vertretern der medizinischen Fakultät im akademischen Senat.

Ottos „Erstes öffentliches Sündenbekenntnis" und die Folgen (1875)

Berichtete Ludwig im Januar 1875 Frau von Leonrod noch: „Otto geht es bedeutend besser. Er kam wohl aussehend und gestärkt von Venedig zurück", so kam es wenig später, am 27. Mai 1875[190], zu einen peinlichen Vorfall in der Münchner Frauenkirche, der mit Ottos immer wiederkehrender Angst, ein sündiger Mensch zu sein, zusammenhing. Und dieses Ereignis war letztlich auch der Auslöser für eine strenge Internierung in Schloss Nymphenburg.

---

189 Gudden W., S. 179 f. Das Original des Entwurfs befindet sich in der Psychiatrischen Klinik und Poliklinik der Universität München.

190 Scharrer-Schauenberg datierte dieses Ereignis fälschlicherweise auf das Jahr 1873, was seither von vielen Biographen in der Folge übernommen wurde.

Am Vormittag fand im Liebfrauendom der Fronleichnams-Festgottesdienst statt. Otto hatte sich heimlich aus Schloss Nymphenburg fortstehlen können und war nach München gefahren. Dort ging er sofort in die Frauenkirche, die anlässlich des hohen Festes stark besucht war.

Verharmlosende Interpretationen, berichtet bei Wilfried Blunt, sprechen noch heute davon, dass der 27-jährige Otto „nur das Confiteor laut mitgesungen haben soll. Aber damals war das bei besonders feierlichen Anlässen Brauch gewesen, daß der Diakon das Confiteor, das öffentliche Sündenbekenntnis, laut gesungen hat. Stellvertretend für die ganze Gemeinde."

Andere sprechen hingegen von einem öffentlichen Skandal, den der Vorfall hervorgerufen habe, „indem Otto im Jagdrock und hellwach in die Kirche stürmte, in das Presbyterium [den Altarraum des Domes] eilte und sich dann auf den Altarstufen zu Füßen des Erzbischofs niederwarf und laut schreiend seine Sünden bekannte. Dabei gestand er auch viele schreckliche Verfehlungen, die er so wohl kaum begangen haben konnte." Nach anderen Berichten drängte sich Otto „[...] durch die Menge zu den Stufen des Hochaltares, fiel dort auf die Knie nieder und flehte laut und vernehmlich, Gott möge ihm seine Schuld vergeben". „Rufe, wie: Ein Irrsinniger, seht dort, was tut er, er schändet das Sakrament – wurden laut."[191] Erzbischof Gregor von Scherr musste das Hochamt unterbrechen.

Nur mit einiger Mühe wurde Otto von Domzeremoniar Mühlbauer in die Sakristei abgedrängt. Der Geistliche musste „bei seiner priesterlichen Ehre" versichern, er werde das Volk in Ottos Namen um Verzeihung bitten. „Weßwegen [sic!] er das Volk um Verzeihung und Gott um seine Gnade anflehte, äußerte er sich nicht." Der Vorfall erregte erhebliches Aufsehen, „da die Kirche gedrängt voll Menschen war."

In der Sakristei ließ sich Otto „auf einmal ganz beruhigt in einen ihm hingeschobenen Sessel gleiten, um stumm vor sich hin zu stieren." Der Erzbischof „schrieb schnell einige Zeilen auf ein Briefblatt und

191 Below, S. 120

übergab es einem jungen Kanoniker mit der Weisung, es schnell in die Residenz zu bringen. Der Inhalt des Schreibens war folgender: ‚Seine königliche Hoheit, Prinz Otto, befindet sich schwer erkrankt in der Sakristei der Frauenkirche, wohin ich ihn bringen ließ. Erbitte schleunigst Maßnahmen.‘ Nach kurzer Frist fuhr ein schlichter Einspänner vor, dem zwei Männer entstiegen. Sie nahmen den Prinzen, der willig folgte, in ihre Mitte und brachten ihn wieder nach Schloß Nymphenburg zurück, aus dem er unbemerkt entwichen war.“[192]

Wie es heißt, sei Otto am Nachmittag des Fronleichnamstages noch in der Münchner Innenstadt spazieren gegangen. Sollte damit den Bürgern seine Normalität gezeigt werden? Doch die Bevölkerung ließ sich nicht täuschen und der Vorfall in der Frauenkirche wurde zum Stadtgespräch.

In den folgenden Tagen entschuldigte sich Otto schriftlich beim Münchner Erzbischof für die Störung der Messfeier und gab gegenüber seinem Adjutanten die Notwendigkeit der ärztlichen Aufsicht erstmals ohne Vorbehalt zu. Die religiösen Wahnideen hielten jedoch an[193]; Otto befahl, alle Wertgegenstände aus seinem Besitz zu verkaufen und den Erlös sowie seine Ersparnisse an die Armen der Stadt zu verteilen. Branca teilte Kabinettssekretär Eisenhart daraufhin unverblümt mit, „daß jeder Tag länger in München zu fatalen Complicationen führen kann und die heute ausgesprochenen Ansichten z. B. – S.K.H. will mit nur einem Diener an einem einsamen Orte leben und Alles, was er erspart hat, den Armen schenken – werden mich nöthigen, die Verwaltung niederzulegen […] Ich halte ein Curatel für unbedingt und schleunigst nothwendig, um das Vermögen, das ja bereits eine Million und darüber beträgt vor Verschleuderung zu retten.“[194]

192 Below, S. 120

193 GHA: KA L II, 62, Bericht der kgl. Polizeidirektion München vom 27.05.1875, Branca an Eisenhart, 30.05.1875; Burgmair-Weber, S. 39

194 GHA: KA L II, 62, Branca an Eisenhart 29.05.1875; Burgmair-Weber, S. 39

Da das Ansehen des Königshauses gefährdet schien, versuchten die offiziellen Stellen zunächst, die „Affäre" durch Nichtbeachtung und Pressezensur herunterzuspielen. Der Leiter der Münchner Polizeidirektion und spätere bayerische Innenminister von Feilitzsch unterdrückte sämtliche Mitteilungen in den Zeitungen, was jedoch die öffentliche Betroffenheit über den Vorfall nicht minderte: „Jedermann hat Mitleid u. tiefes Bedauern mit S. Kgl. Hoheit."

Bemerkenswert ist, dass Ludwig II. 1874 zum letzten Mal in der großen Münchner Fronleichnamsprozession mitging. 1875 geschah Ottos peinlicher Auftritt. Schämte sich Ludwig ab diesem Zeitpunkt, durch sein Auftreten an diesem Tag jedes Jahr erneut an den „Skandal" mit Otto zu erinnern? Wäre für ihn eine Beteiligung an der Prozession womöglich zu einem von ihm so empfundenen „Spießrutenlauf" geworden?

Übrigens erregte, wie Gottfried von Böhm 1867 in sein Tagebuch notierte, auch Ludwig einmal „am Fronleichnamstag durch seinen sonderbaren, alle Grenzen des Natürlichen überschreitenden Gang allgemeine Verwunderung. Es lag darin das Getränktsein von Herrschergefühl." Ludwig selbst bezeichnete diese etwas eigenartige Gangart als „Königsschritt".

Der Vorfall mit Otto wäre bereits früher schon fast passiert, als der Prinz zum Zweck der öffentlichen Beichte in die Frauenkirche eilen wollte. Er musste damals mit Gewalt aus dem Wagen gezerrt und davon abgehalten werden.

Außer diesem Schuldkomplex glaubte Otto mitunter, er sei vom Teufel besessen. Er hörte geheime Stimmen. Er erblickte lustige und traurige Gestalten in seiner Umgebung. Er bildete sich ein, dass er unanständige Beziehungen zum Jesuskind habe. Er hielt natürliche Bedürfnisse zurück, da er sie aus Anstand vor sämtlichen europäischen Herrschern und deren Gemahlinnen, die er im Kreis um sich sitzen sah, doch nicht einfach erledigen könne. [195]

195 Böhm, S. 452

Ludwig Below berichtet von einer Audienz, zu der angeblich am 6. Februar 1875 der König Dr. Gudden zu sich befohlen habe:
„Neben dem Audienzzimmer befand sich anstoßend ein zweites Gemach, dessen Türe bei der Unterhaltung offen stand, so daß die dort arbeitenden Herren Zeugen derselben waren, unter ihnen befand sich auch der einstige Sekretär des Prinzen Adalbert, Friedrich Beier. Dr. Gudden stand inmitten des Zimmers, als der König hochaufgerichtet eintrat [...]:
‚Was halten Sie von dem Zustand meines Bruders?' frug er ohne jede Einleitung.
‚Majestät! Nach meinem Dafürhalten sind Königliche Hoheit sehr bedenklich krank'.
‚So!' Der König machte eine längere Pause. ‚Würde mein Bruder genesen unter ihrer Pflege?'
‚Das ist nicht zu versprechen, aber es ist zu hoffen, wenn das geschieht, was ich tun möchte.' ‚Nun, und was würden denn das für Dinge sein?'
‚Ich muß bemerken, Majestät, daß in solchen Fällen alles streng nach dem Gutheißen des Arztes befolgt werden müßte. Sonach müßten Kgl. Hoheit ganz unter meine Aufsicht, ganz unter mein Kommando gestellt werden. Der Prinz muß tun, was ich für geraten erachte, dann kann ich Hoffnung versprechen – sonst nicht.'
Der König war vor Gudden mit verschränkten Armen auf- und abgegangen. Dann blieb er plötzlich stehen und sagte brüsk: ‚Ich danke, Herr Doktor – aber ein Wittelsbacher muß nicht, merken Sie sich das!' Darauf drehte er sich um und verschwand ohne Gruß."[196]
Inwieweit dieses Treffen der Wahrheit entspricht, sei dahingestellt. Eines aber ist sicher, dass sich der König um Ottos Gesundheitszustand große Sorgen machte, da er ihn trotz aller Unterschiede zu seinem eigenen Wesen liebte, wie er am 13. Mai 1875 in einem Brief aus Schloss Berg an seinen Adjutanten Graf Dürckheim diesem eingestand: „Viel gedenke ich hier sowie in den Bergen zu lesen und viel auch Ihrer zu gedenken, Ihnen, geliebter Freund, der Sie beseligend in meine Le-

196 Below, S. 131

bensbahn traten und in Wahrheit ebenbürtig als Bruder mir zur Seite stehen, während dies bei dem guten Otto, so sehr ich ihn auch liebe, doch nie der Fall sein kann, wegen der großen Verschiedenheit von Auffassung und Anlagen."[197]

Ottos gescheiterte Reise (Juni 1875)

Nach einer Besprechung mit Dr. Gudden informierte Dr. Brattler Ludwig II. am 31. Mai 1875, dass nunmehr nicht nur ärztliche Begleitung des Prinzen Otto auf allen Reisen und Ausflügen notwendig sei, sondern auch eine umfassende Vollmacht für Zwangsmaßnahmen.[198] Außerdem halte er nunmehr eine absolute Internierung des Prinzen in Nymphenburg mit Einschränkung jeglicher Freizügigkeit unbedingt für erforderlich.

Trotz der eindringlichen Mahnung Brattlers behielt Otto noch immer die Verfügungsgewalt über seinen Aufenthaltsort und sein Personal. Ja, Ludwig II. erlaubte seinem Bruder sogar einen bereits im April 1875 zugesagten Aufenthalt in den Beneluxländern, Skandinavien und Russland. Begleitet von Brattler und dem Adjutanten von Branca begann am 7. Juni 1875 diese Reise. Doch schon auf der ersten Etappe der Bahnfahrt nach Würzburg traten starke Wahnideen auf, was die sofortige Rückkehr nach München erforderlich machte. Am späten Abend des 9. Juni 1875 erreichten der Prinz und seine Begleiter den Münchner Hauptbahnhof. Ottos verstörtes Aussehen erregte auch hier die Anteilnahme der Öffentlichkeit.[199] Da der Prinz während der nächsten Tage die Nahrungsaufnahme verweigerte, versunken „in dumpfem Brüten und nur beschäftigt mit religiösen Wahnvorstellungen", plädierte Dr. Brattler für einen Aufenthalt in der Abgeschie-

197 Bayer. Staatsbibliothek, Autogr., Cim. Ludwig II. v. B. 44/A/64/332

198 GHA: KA L II, 62, Feilitzsch an Kabinettssekretariat, 31.05.1875, Brattler an Ludwig II., 31.05.1875; Burgmair-Weber, S. 40

199 GHA: KA L. II, 62, Abschrift Ludwig II. an Otto, 02.06.1875, Telegramm Branca an Eisenhart, 07.06.1875, 159, Dürckheim an Ludwig 11., 08.04.1875. Vgl. Gudden (1987), I.e., 180; Burgmair-Weber, S. 40

denheit der Berge. Otto traf jetzt keine eigenen Entscheidungen mehr, weshalb Brattler den König eindrücklich bat, diese Kur zu „befehlen".[200] Der König folgte dem Rat.

Ottos letzter öffentlicher Auftritt (August 1875)

Im Juli 1875 begab sich Otto nach Elbigenalp, dem Jagdhaus der Königlichen Familie in den Lechtaler Alpen, das mittlerweile ein Lieblingsaufenthalt der Königinmutter Marie geworden war. Bereits im September 1867 war er schon einmal hier und hatte mit seiner Mutter im Gasthof „Zum Engel" übernachtet. Damals unternahmen die beiden auch Wanderungen in die umliegende Gegend. In dem Dörfchen Kaisers übernahm Otto die Patenschaft für ein neugeborenes Kind und war gemeinsam mit der Mutter bei der Taufe in der kleinen Kirche zugegen.
Während seines jetzigen Aufenthalts in Elbigenalp „mit mehr Freude am gesellschaftlichen Leben" traten bei Prinz Otto erneut Halluzinationen auf. Die Begegnung mit den Zeichen der Volksfrömmigkeit, wie z.B. Kreuzwegstationen und Wegkreuzen, führte zu einer Verstärkung der religiösen Wahnideen. Doch zumindest hielt er sich dort nicht für „behext".[201]

Ottos „Zweites öffentliches Sündenbekenntnis" (Ende 1875)

Nach der Rückkehr von Elbigenalp fuhr Otto nachts zur Abtei St. Bonifaz und weckte den Prior, um erneut ein „öffentliches Sündenbekenntnis" abzulegen. Nach einer Besprechung mit Dr. Gudden forderte Dr. Brattler durch Kabinettsekretär Eisenhart vom König erneut „energisches Eingreifen" und die dauerhafte Internierung in Schloss

200 GHA: KA L II, 62, Bericht Brattler an Eisenhart, 19.06.1875, Brattler an Ludwig II., 26.06.1875, 03.07.1875; Burgmair-Weber, S. 40

201 GHA: KA L II, 62, Berichte Brattler an Ludwig II., 11.07.1874 und 18.07.1874. Wilhelm (1980), l.c., 295; Burgmair-Weber, S. 39

Nymphenburg, „welches für den Krankheitszustand eingerichtet ist u. von den zu consultirenden Ärzten leicht erreicht werden kann." Nur auf diese Weise sei zu verhindern, daß der Prinz durch „Abbitte-Thun in Kirchen, das stundenlange Verweilen auf Calvarienbergen, das auffallende Benehmen auf der Straße durch Gesten etc." weiterhin „zum Gegenstand des öffentlichen Gespräches" wird.[202]

Als Ludwig erfuhr, dass sich sein Bruder wieder einmal vom Teufel besessen glaubte, sandte er ihm am 3. August 1875 folgendes Schreiben:

„Zu meinem tiefen Bedauern ist der gute Erfolg, welchen ein Aufenthalt in Elbigenalp für Eurer Königlichen Hoheit und Liebden Befinden erwarten ließ, nicht eingetreten, vielmehr hat sich aus verschiedenen Zwischenfällen ergeben, daß Eurer Königlichen Hoheit Zustand eine eingreifendere Cur unbedingt nöthig macht. Da diese aber in Elbigenalp ebenso wenig als in Hohenschwangau durchführbar ist, so habe Ich Mich nach Einholung ärztlicher Gutachten zu der Anordnung entschlossen, daß Eure Königliche Hoheit Sich im Verlaufe der nächsten 3 Tage von Übergabe dieser Zeilen an, begleitet von Deren Adjutanten Hauptmann Freiherr von Branca und von dem Hofstabsarzt Dr. Brattler, nach Nymphenburg begeben und dort in den von Eurer Königlichen Hoheit schon früher bewohnten Appartements Aufenthalt nehmen. Ich erwarte, daß Eure Königliche Hoheit dem ärztlichen Rathe in allen Stücken Folge leisten und hoffe hiervon eine Besserung Deren Befindens, welches Mein Herz mit Kummer erfüllt.

Mit brüderlicher Liebe bleibe ich Euerer Königlichen Hoheit stets beigethan."[203]

Doch ein Wunsch wurde Otto noch erfüllt. Sein letzter öffentlicher Auftritt fand am 22. August 1875 statt. An diesem Tag durfte er an der „Königsparade" auf dem Münchner Marsfeld an der Seite seines

202 GHA: KA L II, 62. Bericht Brattler an Eisenhart, 28.07.1875; Burgmair-Weber, S. 40

203 Brief Ludwigs II. vom 03.08.1875 an seinen Bruder Otto

Bruders teilnehmen, der letzten, die Ludwig II. abhielt, wie eine Zeitung berichtete. „Der König trug Generalsuniform und Prinz Otto die Oberstuniform seines Chevaulegerregiments, darüber die rote Königliche Hausschärpe und den Generalshut mit Federbusch."

Strenge Internierung in Schloss Nymphenburg (Ende 1875)

Ab Mitte September wurde Otto in Schloss Nymphenburg anstatt von seinem Hofpersonal jetzt ausschließlich durch psychiatrisch geschulte Pfleger aus der Oberbayerischen Kreisirrenanstalt betreut.[204] Auch wenn er offiziell nicht mehr in der Öffentlichkeit auftrat, so nahm er in Begleitung seiner Adjutanten doch noch an Herbstjagden bei Schleißheim, Gauting und Erding teil, wobei die erhebliche Abnahme seiner Treffsicherheit auffiel.[205]

Je mehr die Ärzte ihre Therapiemaßnahmen durchzusetzen versuchten, desto eher wuchs Ottos Widerstand. Sein Verhalten kennzeichneten in diesen Monaten nicht nur Halluzinationen und Wahnideen, sondern zunehmend auch ein dominantes Auftreten. Nicht ohne Bewunderung beschrieb sein Adjutant Wilhelm von Branca die Situation Anfang Oktober 1875: „Der Prinz widerstrebt seit einigen Tagen den ärztlichen Maßregeln sehr heftig und ich glaube, daß für Brattler noch schwere Stunden kommen werden. Aber im Ganzen halte ich es doch für kein schlechtes Zeichen, daß der hohe Kranke sich erinnert, ein Prinz zu sein, als wenn er sich für einen auf ewig verdammten Sünder hält, der die Bauern von Elbigenalp um Verzeihung für seine Untaten bitten muß."[206]

Waren Otto im Anfangsstadium der Krankheit noch Spaziergänge auch außerhalb des Schlosses erlaubt gewesen, so war das jetzt vorbei.

---

204 GHA: KA L II, 62, Bericht Brattler an Ludwig II., 03.09.1875. Böhm (1924), l.c., 453; Burgmair-Weber, S. 40.

205 GHA: KA L II, 62, Berichte Brattler an Ludwig II., 28.09. und 10.10.1875; Burgmair-Weber, S. 41

206 GHA: KA L II, 62, Branca an Kabinettssekretariat, 06.10.1875; Burgmair-Weber, S. 41

Sogar in Wirtshäusern der Umgebung waren er und seine Begleiter früher eingekehrt. Dabei geschah es, dass sich der Prinz mit den dort anwesenden Gästen unterhielt, wobei er unvermittelt versicherte, dass er sich geistig absolut gesund fühle, was die Angesprochenen irritierte und sie zu Vermutungen über seinen Geisteszustand anregte. Doch jetzt war der „Hohe Kranke" der Öffentlichkeit nicht mehr zumutbar. Im Herbst und Winter 1875 hielten Ottos Wahnideen und Halluzinationen unvermindert an. Die Zeitungen berichteten regelmäßig von der seltsamen Schwermütigkeit des Prinzen und sprachen jetzt offen von dessen geistiger Verwirrtheit. Die Heimlichtuerei hatte ein Ende und Ottos Freiräume sollten nun drastisch verengt werden.

Auch die Kontakte Ludwigs II. zu seinem Bruder verringerten sich ab Ende 1875 zusehends. Selbst Präsente überbrachte der König nicht mehr selbst. Damit beauftragte er Ottos Adjutant Wilhelm von Branca. Ende September 1875 schrieb er seinem Bruder folgende Zeilen: „Aus Grund des Herzens spreche ich Dir zu Deinem heutigen Namensfeste meine innigsten Glücks- und Segenswünsche aus. – Möge Deine Gesundheit sich recht bald wieder völlig kräftigen und Dir ein recht langes, glückliches Leben beschieden sein! Branca ließ ich den Auftrag nothieren, meine Geschenke Dir zuzustellen, wenn dieselben Dir Vergnügen machen, sollte mich dies freuen, Deine Wünsche waren wie immer sehr bescheiden."[207]

An die Kräftigung von Ottos Gesundheit und an „ein recht langes, glückliches Leben" seines Bruders glaubte Ludwig jedoch längst nicht mehr.

Am 6. November 1875 richtete Otto aus Nymphenburg einen herzlichen Bittbrief an Ludwig: „Heute habe ich erfahren, daß Du gegenwärtig in München bist, sehr würde es mich freuen, wenn ich Dich daselbst besuchen dürfte; ich sehne mich so sehr danach, Dich nach so langer Zeit endlich einmal wieder zu sehen. Hoffentlich bist Du recht wohl und frisch. – So gerne würde ich Dich wegen einer Angelegen-

207 Bayer. Staatsbibliothek, Ludwig II. an Otto, 29.09.1875, Autogr. Cim. König Ludwig II., Nr. 90

heit sprechen [...] Könnte ich Dir nicht heute noch meinen Besuch machen, es würde mich so sehr freuen?“[208]

Doch zu dem erbetenen Besuch kam es nicht. In seinem Glückwunschschreiben zum Neuen Jahr 1876 bat Otto seinen Bruder erneut, ihn in München aufsuchen zu dürfen. Ludwig lehnte in einem Dankschreiben an Otto vom 5. Januar 1876 einen Besuch jedoch abermals ab: „Recht herzlich danke ich Dir für die aus Anlaß des Jahreswechsels mir ausgesprochenen Glück- und Segenswünsche. Ich bleibe ohnehin nicht mehr lange hier, überdies ist es für Deine Gesundheit besser, wenn Du Nymphenburg vorläufig nicht verlassest; komm daher nicht.“[209]

Wie schmerzlich muss Otto, der sich so sehr danach sehnte, seinen Bruder wiederzusehen, dessen Absagen empfunden haben.

Ottos Aufenthalte in ländlicher Abgeschiedenheit (1875 bis 1879)

Die Ärzte versprachen sich von Aufenthalten Ottos auf dem Lande dreierlei:

- Eine Herausnahme aus der Unruhe und Hektik der Stadt.
- Eine Isolation von neugierigen Gaffern, die bei Otto zusätzliche Aufregung verursachten und zu ständig neuen Gerüchten führten.
- Eine Beruhigung seiner Nervenerregungen durch Spaziergänge in ruhiger Umgebung.

Luise von Kobell berichtet über diesbezügliche Überlegungen: „Die Krankheit des Prinzen Otto nahm einen ernsteren Charakter an, und einige Erscheinungen und Vorkommnisse gaben bei den Ärzten zu dem Gedanken Anlaß, des Prinzen Wohnsitz von München zu verlegen. Doch war der Wille des Königs, die Dislokation [Umquartierung] nicht in die Nähe seiner Jagdhütten vorzunehmen, hingegen hielt der Monarch Berchtesgaden, die Ramsau, das Wimbachschlößchen [am

208 Bayer. Staatsbibliothek, Autogr., Cim. Prinz Otto

209 Bayer. Staatsbibliothek, Autogr., Cim. Ludwig II. v. B. 30/A/72/657

Fuße des Watzmann-Massivs] für geeignet. Der Prinz widerstand den Vorschlägen, und die Sache blieb beim alten."[210] Die Königliche Villa in Berchtesgaden kam auch deshalb nicht in Frage, da hier immer wieder adelige Gäste logierten. So war 1875 die Königin von Schweden zu Gast, 1878 Prinzessin Friedrich Karl von Preußen und auch Prinzessin Adalbert mit ihrer Tochter, der Herzogin Isabella von Genua.

Otto in Schloss Ludwigsthal (Juni bis August 1876)

Im Frühjahr 1876 steigerten sich Ottos Halluzinationen erneut. Er glaubte sich ständig von verstorbenen Angehörigen oder früheren Bekannten umgeben, die zu ihm sprachen oder in seinen Körper eindrangen, darunter Graf Arco-Valley und der Feldzeugmeister Ritter von Brodesser. So hörte er befehlende Stimmen religiösen Inhalts. Er sei, wie er Dr. Brattler verriet, von „Gott und dem Herrn Jesus besucht worden, die ihn von der Todsünde freigesprochen hätten", ferner habe er als Ursache seiner Verdammnis erkannt, ‚daß er am Georgiritterfest im Jahre 1868 eine Lüge gesagt habe." Den Prinzen ängstigten diese akustischen Halluzinationen und körperlichen Erscheinungen offensichtlich derart, dass er von sich aus nach einer Konsultation des unbeliebten Dr. Gudden verlangte. Dieser verordnete zur „Erzeugung von Ruhe narkotische Mittel", insbesondere Morphium und Chloralhydrat.[211]

Wieder drängten Brattler und Gudden auf Erholung in ländlicher Abgeschiedenheit. Entgegen Ottos Wunsch, sich in „Partenkirchen und im bayerischen Gebirg"[212] zu erholen, fiel die Wahl nach längerem Suchen diesmal auf Schloß Ludwigsthal[213] bei Zwiesel im Bayerischen Wald, das wegen seines Klimas, des geringen Fremdenbesuchs und

210 Kobell-Könige: S. 201 f

211 GHA: KA L 11, 62, Berichte Brattler an Ludwig It., 06.02.1876, 12.02.1876, 27.02.1876, 12.03.1876, 09.04.1872; Burgmair-Weber, S. 41

212 Böhm, S. 453

213 Schloss Ludwigsthal wurde 2011 bis 2013 renoviert und der „Spiegelsaal" originalgetreu rekonstruiert. Das Schloss dient heute als Umweltbildungszentrum.

der guten Bahnanbindung geeignet erschien. Am 22. Mai 1876 begab sich Ottos Flügeladjutant Baron von Branca in den Bayerischen Wald, um den Aufenthalt in Schloss Ludwigsthal vorzubereiten.
Der Zwieseler Chronist Max Hilz berichtet über die Ankunft des Prinzen: „Am Donnerstag, den 1. Juni 1876 Punkt ¾ 5 Uhr Nachmittags Ankunft des kgl. Prinzen Otto von Bayern, Bruder des regierenden Königs Ludwig II. Höchstderselbe wurde sehr feierlich empfangen mit Musik, von der Feuerwehr, dem Veteranenverein, der Schuljugend und einer sehr großen Menge Menschen aus Zwiesel und Umgegend. Nach kurzem Aufenthalt (Gasthof zur Post) fuhr der Prinz, sehr freundlich grüßend und dankend, durch das am Markplatz gebildete Spalier nach Ludwigsthal, um im dortigen festlich geschmückten Schlosse einen längeren Aufenthalt zu nehmen. Er war krank und sah auch sehr leidend aus, darum wurde ihm von seinen Ärzten geraten, den bayerischen Wald zu besuchen und Spaziergänge zu machen. Sein liebster Spaziergang war von Ludwigsthal an der Straße nach Regenhütte, wo noch der eigens angelegte Prinzensteig zum Deffernikbache besteht."[214]
In Schloss Ludwigsthal hielt sich Otto mit kleinem Gefolge zwölf Wochen auf, vom 1. Juni bis Ende August 1876. Stand ihm in Nymphenburg ein Hofstaat von rund 27 Personen zur Verfügung, so begleiteten ihn nach Ludwigsthal nur 14 Personen, darunter der Stabsarzt Dr. Brattler, sein Adjutant Baron von Lichtenstern und zwei Gendarmen. Auch Ottos Reitpferd „Duchesse" war mitgereist. Hauptmann von Branca und Hofsekretär Prem waren nur tageweise anwesend. Als Lektüre hatte sich Otto die „Geschichte der Stadt Rom" von Gregorovius mitgenommen. Besonders gerne hielt er sich im großen „Spielsaal" des Schlosses auf, der sich über den gesamten ersten Stock erstreckte.
Trotz anhaltender Halluzinationen erfüllte Otto auch einige repräsentative Pflichten. So besichtigte er die Steigerwald-Glashütte in Regenhütte und ließ an die Belegschaft 100 Mark Trinkgelder verteilen. Außerdem fuhr er nach Böhmisch Eisenstein, Regen und Kirchberg.

214 Hilz, Max: Das Buch für Zwiesel und Umgegend, Zwiesel 1890, S. 79

Die Armen von Zwiesel wurden von ihm mit einer Spende von 500 Mark bedacht. Vom Balkon des Schlosses aus begrüßte er Abordnungen verschiedener Gemeinden des Bayerischen Waldes und nahm Ehrengeschenke entgegen.[215]
Auf Anraten der Ärzte ging er häufig im Wald spazieren. Sein Lieblingsweg entlang des Regens nach Regenhütte trägt noch heute den Namen „Prinzensteig". Einen nachhaltigen therapeutischen Erfolg erzielte der Aufenthalt jedoch nicht. Otto entfernte sich häufig „in halbbekleidetem Zustande", führte Gespräche mit nicht vorhandenen Personen und schlug in psychomotorischen Erregungszuständen mit den Türen. Manchmal tobte er stundenlang und kam selbst nachts nicht zur Ruhe. Die mittlere Schlafdauer betrug oft nur fünf Stunden täglich, bisweilen durchwachte er auch mehrere Nächte.
Am 1. September erfolgte die Rückkehr nach München, ab Deggendorf mit einem Extrazug. Subjektiv besonders erschreckende Sinnestäuschungen traten bei der Rückkehr nach Nymphenburg auf; der Prinz vernahm die Stimmen des verstorbenen Königs von Sachsen und Bismarcks. Danach kam Dr. Brattler zu dem Schluss, dass Otto selbst bei kurzen Spaziergängen nunmehr einer ständigen Beaufsichtigung durch das Pflegepersonal bedürfe, um „Gesundheitsschädigungen und öffentliches Aufsehen" zu vermeiden.[216]

Rücktritt Dr. Brattlers – Dr. Gudden wird Arzt des Prinzen Otto (Ende 1876)

Eine entscheidende Wende in der ärztlichen Zuständigkeit trat Ende 1876 ein. In einem persönlichen Brief vom 29. Oktober 1876 teilte Ludwig II. seinem Bruder ohne Angabe von Gründen den Rücktritt des

---

215 GHA: KA L II, 62, Berichte Brattler an Ludwig II., 30.01.1876, 15.05.1876, 30.07.1876, 20.08.1876. Schreiben Branca an Kabinettssekretariat, 03.05.1876. Zu Ludwigsthal vgl. Häupler, Hans-Joachim: Das Drama von Ludwigsthal. Sauerlach 1982, S. 65-66; Burgmair-Weber, S. 41

216 GHA: KA L II, 62, Bericht Brattler an Ludwig II., 10.09.1876; Burgmair-Weber, S. 42

44-jährigen Hofstabsarztes Dr. Brattler mit. Nach fast sieben Jahren ununterbrochener Betreuung des Prinzen machten sich bei diesem Arzt wie vorher schon bei Dr. Gietl verständlicherweise gesundheitliche Beeinträchtigungen bemerkbar. Bereits in Ludwigsthal hatte sich Brattler wegen einer „Luftröhrenentzündung" zeitweise durch Assistenzarzt Pauli vertreten lassen.[217]

Ein weiterer Grund für das Ausscheiden lag wahrscheinlich in der abrupten Entlassung des Kabinettssekretärs Eisenhart im Mai 1876, mit dem sich Brattler gut verstand und der sich stets beim König für dessen Anliegen eingesetzt hatte.[218] Vermutlich auf Vorschlag Gietls und Guddens, der als psychiatrischer Berater weiterhin Ottos Behandlung leitete, wurden zunächst die Assistenzärzte der Oberbayerischen Kreisirrenanstalt, Dr. August Solbrig jun. und Dr. Pauli, abgeordnet. Während in der Münchner Kreisirrenanstalt ein Psychiater wenigstens 100 Patienten zu versorgen hatte, wurde die aufwendige Betreuung des „Hohen Kranken" mit der fortschreitenden Verschlechterung seines psychischen Zustands begründet.[219]

Durch das Ende der Ära Brattler wuchs der Einfluss Dr. Guddens erheblich. Die kgl. Leib- und Hofärzte hatten keine Einwände, als die Verantwortung für Ottos Betreuung nunmehr auf Gudden, den Direktor der Oberbayerischen Kreisirrenanstalt in München, und die dort tätigen Ärzte überging. Gudden wollte jedoch als Berater weiterhin im Hintergrund bleiben und nur auf Anordnung des Königs oder auf ausdrückliche Bitte Ottos unmittelbar eingreifen.[220] Deshalb sah er sich ab September 1876 innerhalb und außerhalb Bayerns unter mehreren jüngeren Psychiatern nach einem geeigneten Nachfolger

---

217 GHA: KA L II, 62, Branca an Kabinettssekretariat, 09.05.1876, Bericht Brattler an Kabinettssekretariat, 15.05.1876; Burgmair-Weber, S. 42

218 GHA: KA L II, 62, Abschrift Ludwig II. an Otto, 29.10.1876. Vgl. Wilhelm (1980), l.c., 357f.; Burgmair-Weber, S. 42

219 Heinrich Laehr: Die Heil- und Pflegeanstalten für Psychisch-Kranke des deutschen Sprachgebiets. Berlin 1882. S. 127; Burgmair-Weber, S. 42

220 GHA: KA L II, 62, Branca an Kabinettssekretariat. 23.09.1876; Burgmair-Weber, S. 42

Dr. Brattlers um. Dazu reiste er nach Deggendorf, Heidelberg und Freiburg. Allerdings gestaltete sich die Suche schwierig, da „nicht blos (sic!] an die Befähigung des Betreffenden, sondern an Takt und Benehmen große Anforderungen gestellt werden müssen.“[221]

Medizinische Betreuung Ottos durch „Prinzenärzte" (1876 bis 1916)

Da Gudden keinen geeigneten hauptamtlichen Nachfolger fand, entschied er sich für ein anderes Modell von Ottos Betreuung. Er wählte aus der Gruppe der Assistenzärzte der Oberbayerischen Kreisirrenanstalt einige aus, die sich bereit erklärten, jeweils für vier Wochen den „Hohen Kranken“ zu betreuen. Sie erhielten den Namen „Prinzenärzte“ und standen hinsichtlich ihrer Rangfolge bei Hofe zwischen den Angehörigen der Hofstäbe und den Hofärzten.

1884 führte Gudden vorübergehend einen vierzehntägigen Ärztewechsel ein, der aber in den folgenden Jahren zugunsten des monatlichen, manchmal auch zweimonatlichen Turnus wieder aufgegeben wurde. Dieses Prinzip blieb von 1876 bis 1916 bestehen. Die Kosten für den jeweils diensthabenden Assistenten gingen zu Lasten von Ottos Etat.

Jeweils am Ende einer derartigen Behandlungsphase musste direkt an Ludwig II. ein schriftlicher Bericht erstattet werden. Trotz der materiellen Vorteile, etwa der ausgezeichneten Verpflegung, war der „Prinzendienst“ vor allem wegen seiner Eintönigkeit nicht bei allen Ärzten beliebt. Emil Kraepelin, seit 1878 Mitarbeiter Guddens[222], zeigte beispielweise kein Interesse. Etliche der „Prinzenärzte“ machten nach ihrer Tätigkeit bei Otto jedoch wissenschaftlich oder beruflich Karriere. Jeweils bei Dienstwechsel wurden die neuen Prinzenärzte von seinem

221 Burgmair-Weber, S. 42

222 *15.02.1856 Neustrelitz – †07.10.1926 München. Vgl. Wolfgang Burgmair, Eric J. Engström und Matthias M. Weber: Emil Kraepelin – „Persönliches" (Edition Emil Kraepelin, Bd. 1). München 2001; Burgmair-Weber, S. 43

Adjutanten dem Prinzen Otto vorgestellt.[223] Diese Zeremonie erlebte Franz Nissl, Assistent in München von 1884 bis 1887, folgendermaßen: „Am 30. Januar [1885] wurde der zum Arzte im unmittelbaren Dienste bei Seiner Königlichen Hoheit des Prinzen Otto von Bayern ernannte allerunterthaenigst treugehorsamst Unterzeichnete durch Baron von Stengel Seiner Königlichen Hoheit vorgestellt, Höchstdieselben — mit Lectüre des Adelskalenders beschäftigt — geruhten denselben eines kurzen Blickes zu würdigen, worauf Höchstdieselben in der Lectüre weiterfuhren."[224]

„Prinzenärzte" über 40 Jahre (1876 bis 1916)

Seit 1876 bis zum Tod des Prinzen, der seit 1886 den Titel Königs Otto I. trug, waren folgende Prinzenärzte bei ihm im Einsatz:

- August von Solbrig jun.
- Paul Mayser
- Anton Bumm
- Georg Egger
- Ernst Rehm
- Franz Carl Müller
- Franz Alexander Nissl
- Otto Snell
- Karl Ranke
- Friedrich Vocke

223 Zur Position der „Prinzenärzte" vgl. Hanns Hippius u. a. (Hg.): Emil Kraepelin – Lebenserinnerungen. Berlin 1983. S. 13 f. Persönliche Mitteilung der Familie Umbreit-Ranke, München. Zur Diensteinteilung vgl. z. B. GHA: Administration König Otto (Adm), 8, f. 11, Anzeige des vierzehntägigen Ärztewechsels, 20.03.1884, f. 17; KA L II, 401, Scheinder an Ludwig, 20.01.1885, Wechsel der Dienstärzte Dr. Rehm und Dr. Nissl. Zu den Monatsberichten vgl. z. B. GHA: Adm, 9, Eingangsvermerke 01.04.1889, 01.05.1889. 01.06.1889, 02.07.1889; Burgmair-Weber, S. 43

224 GHA: KA L II, 63, Bericht Nissl, 16.02.1885; Burgmair-Weber, S. 43

Gudden ließ in Schloß Fürstenried ein kleines histopathologischen Labor einrichten. Darin konnten sich die diensthabenden Prinzenärzte während ihrer Dienstzeit wissenschaftlich betätigen, wenn ihnen die Betreuung Ottos dazu Zeit ließ. So gelang es Franz Nissl, einem der wohl bedeutendsten „Prinzenärzte", während seiner dortigen Tätigkeit von 1885 bis 1887 die mikroskopischen Untersuchungsmethoden zur Struktur und Funktion zerebraler Neuronen zu perfektionieren. Seine Erkenntnisse erwiesen sich für die Entwicklung der Neuroanatomie und -pathologie als richtungsweisend.
Nach Guddens Tod war dessen Assistenzarzt Franz Carl Müller, der bei der Königskatastrophe am 13. Juni 1886 in Schloß Berg anwesend war, noch einige Zeit für Ottos Betreuung verantwortlich. Im Herbst 1886 übernahm dann Guddens Schwiegersohn, Dr. Hubert von Grashey, der vorher Professor für Psychiatrie an der Universität Würzburg war, sowohl die Direktion der Oberbayerischen Kreisirrenanstalt als auch den Münchner Lehrstuhl für Psychiatrie. Ab Januar 1887 bis kurz vor seinem Tod 1914 leitete er auch den ärztlichen Dienst bei König Otto. Ab 1913 stand ihm dabei Prof. Otmar von Angerer, der Leibarzt des Prinzregenten, zur Seite. Ab 1914 bis zu Ottos Tod überwachte dann Friedrich Vocke, Direktor der Heil- und Pflegeanstalt Eglfing, den ärztlichen Dienst bei dem Kranken.[225]

Otto in Schloss Schleißheim (1878 bis 1879)

Nach seinem Aufenthalt in Schloss Ludwigsthal kehrte Otto nach Schloss Nymphenburg zurück. Ihn hier vor neugierigen Blicken von Spaziergängern abzuschirmen, gelang nur bedingt. Diese wurden mehrfach Zeugen seines seltsamen Verhaltens. So trat der Prinz einmal halbbekleidet vors Schloss und konnte gerade noch rechtzeitig zurückgebracht werden. Wie es heißt, sei er auch mit Messern auf das Pflegepersonal losgegangen. Sogar seine Mutter wurde von ihm während eines Besuches einmal angegriffen, wie Ludwig an Freifrau

225 Burgmair-Weber, S. 44 f

Therese von Gasser, die Gemahlin des bayerischen Gesandten in Stuttgart, schrieb: „Der Wärter warf sich noch rechtzeitig dazwischen und wurde von ihm so zerkratzt, dass das Blut herabfloss."[226] Auch zu kleineren Zimmerbränden soll es gekommen sein, da Otto ein starker Raucher war, und selbst im Bett nicht darauf verzichten wollte.

„Ein seltsamer, der aufregendsten Momente nicht entbehrender Vorfall war es, welcher die Übersiedlung aus seiner bisherigen Residenz Nymphenburg nach dem entlegeneren und menschenöden Schlosse Schleißheim zur Folge hatte. Es war in den frühen Herbsttagen des Jahres 1878, als die bisher in Nymphenburg dislozierte Eskadron der Taxis-Chevauxlegers Order bekam, zu den Kavalleriemanövern nach dem Lechfelde abzurücken. Der Abmarsch wurde in der frühen Morgenstunde geblasen und die Eskadron rangierte sich auf dem weiten Schloßplatze. Prinz Otto wurde durch die Trompetenstöße aus dem Morgenschlafe geweckt und, einer momentanen Eingebung folgend, schlüpfte er, nur notdürftig mit dem Nachtgewande bekleidet, an dem schlafenden Wächter vorbei in den Korridor. Den Trompetentönen folgend, gelangte er zu einer Art Oeil de boeuf [Rundfenster in Form eines Ochsenauges], dessen Brüstung, obzwar hoch gelegen, vom Prinzen erklommen wurde. Und nun rief Otto mit wahrer Stentorstimme [einer sehr lauten Stimme] den unten haltenden Soldaten zu: ‚Chevauxlegers, ich bin Prinz Otto, befreit mich und bringt mich nach München!' Ein Moment namenloser Verwirrung folgte. Unterdessen waren, durch den Lärm herbeigelockt, die Wächter und die Schloßdienerschaft erschienen, und man versuchte, den unglücklichen Prinzen durch gütliches Zureden zu bestimmen, seinen exponierten Posten zu verlassen. Es half nichts. Man wollte ihn nun mit Gewalt entfernen, aber mit Riesenkräften klammerte sich der Prinz an die Gitterstäbe des Fensters und in herzzerreißenden Lauten rief er den Soldaten zu: ‚Zu Hilfe, zu Hilfe, Chevauxlegers, man will mich umbringen!' daß es den Hörern durch Mark und Bein rieselte. Nach achtundvierzig Stunden saß Otto wohlverwahrt in Schleißheim; außer seinen Wächtern

226 Ludwig II. an Therese von Gasser, 25.03.1878, BSB, Ana 346B, I.5 c

hat ihn seit dieser Zeit kein Menschenauge gesehen. Der Unglückliche ist tot für die Welt.“ [227]

Dieser Bericht datiert die Einweisung Ottos auf den Herbst 1878.[228] Bis 1879 hielt sich Otto in Schloss Schleißheim auf, wobei ihm noch immer gelegentliche ländliche Aufenthalte genehmigt wurden.

Doch bereits damals überlegte man, welcher Ort sich für eine endgültige Internierung des „Hohen Kranken“, die als unausweichlich angesehen wurde, eignen würde. Man war sich bald einig, dass ein derartiger Aufenthaltsort drei Kriterien erfüllen müsse. Zwar sollte er genügend weit vom Getriebe der Stadt entfernt sein, zugleich aber auch in annehmbarer Nähe zur Münchner Kreisirrenanstalt liegen, damit Dr. Bernhard von Gudden und die Prinzenärzte jederzeit rasch bei dem Patienten sein konnten. Und zum Dritten sollte auch die Größe des Schlosses passen. Außerdem sollte es ein repräsentativer Bau sein, der für den prominenten Kranken einen gewissen Luxus bot, ebenso aber eine diskrete und sichere Verwahrung ermöglichte.

Schloss Nymphenburg war wie Schloss Schleißheim eine zu weitläufige Anlage. Außerdem waren Schleißheim und noch mehr Schloss Ludwigsthal viel zu abgelegen. Und so kam man bald auf das ehemalige, etwa zehn Kilometer südwestlich von München gelegene Jagd- und Lustschlösschen Fürstenried, das allerdings äußerst sanierungsbedürftig war. Ludwig hatte Schloss Fürstenried im August 1866 besucht, als dort für Verletzte des Deutschen Krieges ein Lazarett eingerichtet worden war.

Otto wird entmündigt (16. März 1878)

Ottos Befinden verschlechterte sich weiterhin. Zunehmende Furcht zeigte er vor Alfred Graf Dürckheim-Montmartin, der von 1874 bis 1878 sein Adjutant war, bevor er dann der Flügeladjutant Ludwigs II.

227 Streißler, S. 57 f

228 Nach anderen, nicht zuverlässigen Quellen sei Ottos Übersiedlung nach Schloss Schleißheim bereits nach seinem „Öffentlichen Schuldbekenntnis“ in der Frauenkirche am 27. Mai 1875 bzw. Anfang 1875 erfolgt.

wurde. Prinz Otto glaubte an Dürckheim „einen Teufelskopf und einen Pferdefuß wahrgenommen zu haben.“[229] 1878 bekam der Prinz deshalb Oberleutnant Karl Reisner Freiherr von Lichtenstern zur Begleitung, der ihm gefiel, weil er sich ebenso wie er für Adelsgeschichte interessierte, sich außerdem „in zwei Feldzügen ausgezeichnet und als Militärschriftsteller einen geachteten Namen erworben hatte.“[230]
Als sich die Verhaltensauffälligkeiten Ottos häuften, wurde sein Handlungsspielraum weiter eingeschränkt. Schließlich sah sich Ludwig II. gezwungen, seinen Bruder zu entmündigen. Er teilte ihm mit, dass alle seine Belange künftig von zwei Kuratoren verwaltet würden. Dabei berief er sich auf das Landrecht von 1756 und auf das königliche Familienstatut von 1819. Beide Vorgaben gaben ihm als König und Oberhaupt der königlichen Familie das Recht, diesen Schritt zu tun. Das Entmündigungsdekret wurde am 16. März 1878 ausgestellt und hat folgenden Wortlaut:

„Wir fühlen uns bewogen, in Anbetracht der Gesundheitsverhältnisse Unseres vielgeliebten Bruders des Prinzen Otto von Bayern, Königliche Hoheit, behufs der vollsten Wahrung seiner Interessen auf Grund des Tit. I § 2 und des Tit. IV. §3 des königlichen Familienstatutes vom 5. August 1819, dann des Bayer. Landesrechts Zf. I cap. VII. §37 Z. I zu verfügen, was folgt.
§ 1 Wir bestellen als Curatoren des Prinzen Otto von Bayern, Königliche Hoheit, unter Unserer unmittelbaren Aufsicht bis auf Weiteres vom 17. d. Mts. an Unseren Obersthofmarschall Ludwig Freiherrn von Malsen und Unseren General-Capitän Sigmund Freiherr von Pranckh und übertragen denselben somit sowohl die ausschließliche curatelmäßige Verwaltung und Verfügung über das gesammte Vermögen Unseres vielgeliebten Bruders, als auch die Wahrnehmung aller anderen Interessen Seiner Königlichen Hoheit.

229 Böhm, S. 453
230 Böhm, S. 454

§ 2 Die genannten Curatoren führen die Bezeichnung „Administration des Vermögens Seiner Königlichen Hoheit des Prinzen Otto von Bayern", und ein Siegel mit gleicher Umschrift und dem prinzlichen Wappen.
§ 3 In allen wichtigen Angelegenheiten, namentlich denjenigen, welche die Person Unseres vielgeliebten Herrn Bruders betreffen, werden die Curatoren Unsere Willensmeinung einholen. Insbesondere behalten Wir Uns auch die Genehmigung des Jahres-Etats des prinzlichen Hofhalts vor.
§ 4 Die Rechnungen über die Verwaltung des prinzlichen Vermögens unterliegen nach Analogie der Königlichen Verordnung vom 17. April 1852, die Behandlung des Hofrechnungsrevisionswesens betreffend (Regierungsblatt vom Jahr 1852, No. 25 ff.) der Revision der bezeichneten Stelle.
§ 5 In jenen Angelegenheiten, in welchen ein Verkehr und Benehmen mit den Mitgliedern des Königshauses einzutreten hat, ist stets an Uns besonderer Vortrag zu erstatten.

Gegeben: München, den 16. März 1878, im fünfzehnten Jahre Unserer Regierung.

gez. Ludwig.

An die Administration des Vermögens Seiner Königlichen Hoheit des Prinzen Otto von Bayern ergangen."[231]

An Otto schrieb Ludwig in freundlichem Ton die Zeilen: „So sehr es der innigste und heiße Wunsch Meines Herzens ist, daß bald die Zeit kommen möge, welche die Aufhebung dieser Maßregel erlaubt, denn so nothwendig ist jetzt deren Durchführung in Euerer Königlichen Hoheit eigensten Interesse. Empfangen Euere Königliche Hoheit in

231 Bayer. Staatsbibliothek, Autogr. Cim. Ludwig II. von Bayern — Nr. 34. Entmündigungsdekret betreffend Otto von Bayern vom 16. März 1878 (handschriftliche Urkunde)

diesen Zeilen die Versicherung brüderlichen Wohlwollens, womit Ich denselben stets beigethan verbleibe."[232]

Doch längst glaubte Ludwig nicht mehr an „die Aufhebung dieser Maßregel". Da er wusste, dass Otto nie mehr als Thronfolger in Frage kommen sollte, dachte er an einen anderen, an Kronprinz Rudolf von Österreich, dem er bereits eine Woche vor Ausfertigung des Entmündigungsdekrets versichert hatte: „Ich hänge an Niemandem so fest und treu wie an Dir [...] ja so ist es mein großer Wunsch, daß Du nach meinem Tode dereinst Bayern erhältst."[233] Doch auch dieser Wunsch sollte sich nicht erfüllen. Rudolf schied bekanntlich am 30. Januar 1889 gemeinsam mit seiner Geliebten Mary Vetsera im Jagdschloss Mayerling aus dem Leben.

Wie sehr Ottos Krankheit Ludwig beschäftigte, geht auch aus einem Brief hervor, den er im April 1878 der von ihm verehrten Schauspielerin Marie Dahn-Hausmann schrieb, deren Tochter Lilly in geistige Umnachtung gefallen war: „Seien Sie versichert, daß ich an Ihrem und Ihres Gatten tiefem Schmerz den allerinnigsten, wärmsten Anteil nehme. Was kann nur die Ursache dieses neuen Krankheitsanfalles sein, nachdem doch für immer alles glücklich überstanden schien? [...] Sind Ihnen nähere Umstände bekannt? [...] Daß Sie in Ihrem großen Kummer an mich sich gewendet haben, vertrauensvoll ihr tiefstes Leid mir klagten, hat mich mit wahrer Rührung erfüllt. Ihr Herz hat Sie nicht betrogen, Sie wußten es, daß das meine in Freuden wie im Leid mit Ihnen fühlt. Stets in allen Lagen des Lebens können Sie sich fest auf mich verlassen."[234] Wie bei seinem Bruder Otto ließen sich auch „die Ursache" und „näheren Umstände" von Lily Dahns Leiden nicht klären. Wie Otto sollte auch sie nicht mehr von ihrer Krankheit genesen.

---

232 Bayer. Staatsbibliothek, Ludwig II. an Otto, 16.03.1878, Autogr. Cim. König Ludwig II., Nr. 33

233 Österr. Staatsarchiv Wien, Haus-, Hof- und Staatsarchiv (HHSA): Ludwig II. an Kronprinz Rudolf, 9.3.1878, Selekt Kronprinz Rudolf, Karton 18

234 Conrad, M. G.: König und Schauspielerin, in: Die Propyläen, Heft 17, 1920, S. 314

Für Otto wurde nun eine dauerhafte Bleibe gesucht und man entschied sich für Schloss Fürstenried bei München.

Prinz Otto in Schloss Fürstenried

Ottos erste Kontakte mit Schloss Fürstenried (1877 bis 1883)

Bereits ab Mitte 1877 kam es zu Aufenthalten Ottos in dem südwestlich von München gelegenen Schloss Fürstenried, wie ein Schreiben Ludwigs II. vom 4. Mai 1877 „An den Prinzen Otto von Bayern, Königliche Hoheit“ belegt:

„Durchlauchtigster Fürst, freundlich lieber Bruder!
Da mit dem Beginn der schönen Jahreszeit Nymphenburg täglich von vielen Spaziergängern besucht wird und daher nicht mehr jene Ruhe und Zurückgezogenheit bieten kann, welche nach dem Gutachten der Ärzte dem gegenwärtigen Befinden Eurer Königlichen Hoheit und Liebden allein entsprechend ist, sehe ich mich veranlaßt anzuordnen, daß Eure Königliche Hoheit mit deren Begleitung, den Ärzten und der Hofhaltung, nach dem Schloße Fürstenried übersiedeln. Ich hege von ganzem Herzen den Wunsch, es möge Euer Königlichen Hoheit Befinden recht bald die Wahl eines anderen Aufenthaltes ermöglichen, und versichere Dieselben wiederholt des königlichen Wohlwollens, mit welchem Ich Eurer Königlichen Hoheit und Liebden stets beigethan bleibe. München, den 4. Mai 1877
Eurer Königlichen Hoheit und Liebden gutwilliger Bruder Ludwig.“

Dies bestätigt auch ein Schreiben des Legationsraths von Ziegler vom 31. Mai 1877 an Dr. Gudden. Offensichtlich war es im Mai 1877 zu einer Krise in Ottos Verhalten gekommen, die Dr. Gudden zu einschränkenden Maßnahmen zwang. In dem Schreiben vom 31. Mai antwortete ihm Ziegler auf seine Vorschläge, dass „[…] S. Majestät d. König ganz damit einverstanden sind, wenn die Spaziergänge S. kgl. Hoheit, so lange der gegenwärtige bedauerliche Zustand währt, auf den Garten von Fürstenried beschränkt werden und bei Spazierfahrten ein Pfleger neben den Kutscher Platz nimmt."[235]

Neben Fürstenried, wo es ab 1877 sozusagen „probeweise" Aufenthalte gab, nutzte man aber weiterhin Schloss Schleißheim, da sich rasch herausstellte, dass Fürstenried dringend sanierungsbedürftig war. Es mussten sogar Umbauten vorgenommen werden, was dann auch bis 1883 geschah.

Wohl fühlte sich Otto in Fürstenried von Anfang an jedoch nicht, weshalb er bereits im August 1878 Ludwig „[…] recht herzlich" bat, „daß ich sobald als möglich von hier fortkommen kann. Es ist hier kaum mehr zum aushalten! – Man hört u. sieht Nichts u. verfinzelt [vermutlich: vereinzelt]."[236] Ottos Wunsch wurde jedoch nicht erfüllt. Nicht nur diese Äußerung belegt, dass Otto Aufenthalte in völliger Abgeschiedenheit überhaupt nicht schätzte. Stattdessen wünschte er sich, weiterhin in das gesellschaftliche Leben – so etwa bei Jagden, Truppenparaden etc. – eingebunden zu bleiben.

Ottos ständige Interventionen zerrten an Ludwigs Nerven. Nach Aussage des Kabinettssekretärs Friedrich von Ziegler „wird jeder der Diener Seiner Majestät mit Schaudern der Gefühllosigkeit [Ludwigs II.] gedenken, mit welcher von Ihren Majestäten dem höchstseligen König Max, der Königinmutter und von dem Prinzen Otto gesprochen wurde", nämlich höchst abfällig und aggressiv. Diese Beschuldigung entstand anlässlich eines Vorfalls 1878: „Ich hatte einst den Befehl", so Ziegler, „dem Prinzen Otto das Unterlassen einer Danksagung zu rügen. Dies war vielleicht anno 1878, als der Prinz schon schwer erkrankt war. Als ich mich in Nymphenburg melden ließ, kam der Prinz, der immer sehr gnädig gegen mich war, in das Zimmer – im Hemde – es war Nachmittags 3 Uhr. Da ich sah, daß der hohe Herr so schrecklich krank war, unterließ, ich es, meinen Auftrag auszurichten, so daß der Prinz glaubte, ich sei nur zum Besuche gekommen.

---

235 Brief des Legationsraths von Ziegler an Dr. Gudden vom 31.05.1877: Gudden W., S. 180

236 GHA: KA L II, 14, Brief Otto an Ludwig II., 23.08.1878;. Burgmair-Weber, S. 45

Zu Hause beim Vortrage meldete ich dies u. mußte erzählen, wie der Prinz war. Seine Majestät lachten vergnügt über die ‚Faxen' des Prinzen, die derselbe schon lange mache, und hatten großes Vergnügen über diesen ‚sonderbaren Prinzen'."[237] Ob es sich dabei wirklich um ein vergnügtes Lachen handelte, ist zumindest fraglich. Vielleicht war es nur Ausdruck von Ludwigs hilfloser Verzweiflung über den rettungslosen Zustand seines Bruders.

Kurze Geschichte von Schloss Fürstenried (bis 1881)

An Stelle des Schlosses Fürstenried befand sich im 11. Jahrhundert das gerodete Land eines Barschalken, so bezeichnete man damals freigelassene ehemalige Leibeigene des Klosters Polling. Dieser Freibauer nannte sein Land „Barschalkesried", woraus sich später der Name Boschetsried entwickelte. Und damit begann eine höchst wechselvolle Geschichte.

Die Schwaige Boschetsried oder Poschetsried bekam 1593 der Kanzler Johann Hörwarth von Hohenburg von Herzog Wilhelm V. dem Frommen zugeteilt. 1602 wurde die Schwaige durch Kurfürst Maximilian I. zur Hofmark erhoben, worauf sich Graf Ferdinand Hörwarth um 1710 ein Jagdschlösschen erbaute.

1715 erwarb Kurfürst Max Emanuel Schloss und Hofmark. Sein Hofbaumeister Joseph Effner musste das Gebäude zu einem größeren Jagd- und Lustschloss mit einem Barockgarten um- und ausbauen. Es entstand ein dreigeschossiges Hauptgebäude, an das beiderseits kleinere Pavillons angefügt wurden. 1717 war Schloss Fürstenried in seiner ursprünglichen Ausgestaltung vollendet.

Im darauffolgenden Jahr erhielt Kurfürstin Maria Amalie von Österreich, die Gemahlin des Kurfürsten Karl Albrecht, des Sohnes von Kurfürst Max Emanuel, das Schloss zur Geburt ihres Sohnes Max, des späteren Max III. Joseph, als Kindbettgeschenk. Knapp 30 Jahre darauf wurde das Schloss als Witwensitz genutzt: zuerst von 1745 bis

237 Hacker-Königskrise, S. 717

1756 von Kurfürstin Maria Amalia und nach dem Tod Max III. Josephs, 1777, von Kurfürstin Maria Anna Sophia bis 1797.

Dann wurde das Schloss von den französisch-republikanischen Truppen, die München umzingelten, gebrandschatzt. 1798 wurde es vorübergehend zu einem Asyl für Trapistinnen, die aus Frankreich geflohen waren. Bei Truppeneinquartierungen zu Beginn des 19. Jahrhunderts gingen die meisten kostbaren Gegenstände, wie Möbel und Gemälde, verloren. Das Schloss stand leer, der Garten verödete.[238]

Mit Einführung der allgemeinen Schulpflicht in Bayern durfte mit Erlaubnis von König Max I. Joseph ein Nebengebäude des Schlosses von 1805 bis 1824 als erstes Schulhaus für die umliegenden Dörfer Forstenried und Großhadern genutzt werden. Das Schloss selbst stand zwischen 1820 und 1849 für die Einquartierung von Militär zur Verfügung. Während des Deutschen Krieges 1866 und des Deutsch-Französischen Krieges 1870/71 wurde es als Lazarett zweckentfremdet. Zehn Jahre später erfolgte 1881 der Ankauf des mittlerweile höchst sanierungsbedürftigen Schlosses für den kranken Prinzen Otto, der es erstmals ab 1877 und endgültig ab 1883 bis zu seinem Tod 1916 als Privatsanatorium nutzte.

Sanierung von Schloss Fürstenried (1880 bis 1883)

Anfang 1880 nahm Prinz Otto zum letzten Mal an einer Hofjagd teil. Am 6. April 1880 fasste Gudden in seinem Bericht an die Administration die Beobachtungen der sich abwechselnden „Prinzenärzte" Solbrig und Mayser zusammen:

238 Hubert Glaser (Hg.): Kurfürst Max Emanuel. Bayern und Europa um 1700, Bd. II. München 1976. S. 300-301. Peter Stadler: Joseph Effner (Dachauer Museumsschriften, Bd. 5). Dachau 1986. S. 22. Hermann Sand, Stefan Ellenrieder: Das Schloß Fürstenried (Forstenrieder/Fürstenrieder Hefte 4). München 1996. S. 2-10; Burgmair-Weber, S. 45

„[…] darf nicht verschwiegen werden, was überdies nothwendig ist, dass

1. die Krankheit Seiner königlichen Hoheit in ihrem naturgemässen Gange sich von Jahr zu Jahr verschlimmert hat,
2. freiere Momente verhältnissmäßig selten eintreten
3. die Aussicht auf eine wesentliche Besserung nahezu keine ist u. der letzte Rest von Hoffnung sich nur noch auf vereinzelte Tage, wie ein solcher in ärztlichen Tagebuche unter dem 2. Dezemb. vorigen Jahres verzeichnet ist.

In der Art der Erkrankung liegt es auch, dass von Allen, die an der Fürsorge für das geistige u. leibliche Wohl Seiner königlichen Hoheit Theil zu nehmen berufen sind, auch nicht ein Einziger gegenwärtig in Stande ist, einen Dienst fördernden Einfluss auf Seine königliche Hoheit auszuüben […]"[239]

Nachdem die Entscheidung für Schloss Fürstenried als endgültigem Unterbringungsort für den „Hohen Kranken" gefallen war, erfolgte am 13. März 1880, wenige Wochen vor Ottos 32. Geburtstag, der diesbezügliche Internierungs-Beschluss.

Da der bauliche Zustand des Schlosses, wie erwähnt, unzureichend war, entschloss man sich, die dringenden Sanierungs- und Umbauarbeiten rasch in Angriff zu nehmen.

Bereits im Februar 1880 hatte Ludwig II. für bauliche Maßnahmen einen Betrag von 152.000 Mark genehmigt. Im März 1881 erwarb Ottos Vermögensverwaltung von der königlichen Zivilliste das Schloss mit Park zum Preis von 126.915 Mark.[240] Damit war Schloss Fürstenried Ottos Privateigentum.

---

239 Bernhard von Gudden an die Administration des Vermögens seiner königlichen Hoheit des Prinzen Otto von Bayern in einem Entwurf zu einem Bericht vom 06.04.1880; Gudden W., S. 180f

240 GHA: Adm, 160. Rechnung der Hofcassa-Verwaltung 1881, 3; 7, f. 41. Zu den Bauarbeiten vgl. Rechnungsbücher in GHA: Adm, 34, 159, 160, 161, 162, 1895. Viele Teile der Bauausstattung des 18. Jahrhunderts verschwunden während des Umbaus, da sie als Abbruchmaterial verkauft wurden; Burgmair-Weber, S. 46

Im Auftrag der Hofbauintendanz führte Baumeister Michael Johann Reifenstuel (1836-1896) bis Ende 1882 den Um- und Neubau der Schlossanlage durch. Es wurden mehrere Nebengebäude mit sämtlichen Installationen errichtet, darunter eine direkte Telegraphenleitung. Abschließend wurde die Schlosskapelle neu ausgestattet. Im Mai 1887 lieferte die angesehene „Mayer'sche kgl. Hof-Kunstanstalt" dazu noch einen Altartisch mit einem Altaraufsatz. [241]
Ottos Vermögensverwaltung finanzierte auch die Gestaltung der Gartenanlage mit 26.000 Mark. Die Neugestaltung des rund zwei Tagwerk großen Barockgartens, der sich hinter dem Schloss erstreckte, wurde dem Hofgartenintendanten Carl von Effner (1831-1884) übertragen, der sie nach Plänen seines berühmten Urgroßvaters Joseph Effner ausführte. Auch der Zustand des Parks war nämlich ziemlich desolat. An Stelle der einstigen Hecken, Blumen-Rabatten und Wege breitete sich eine ungepflegte Wiese aus. Effner legte nun mit Linden bepflanzte Laubengänge an. Er schuf Rosenrabatten, einen Wintergarten, ein Rosarium und einen immergrünen Garten. Der „Hohe Kranke" sollte den Park zu Spaziergängen und Ausfahrten nutzen und sich in ihm wohl fühlen. Die Darstellungen der vier Jahreszeiten des Bildhauers Bruno Fischer, die heute den Monumentalbrunnen des Pan flankieren, wurden damals in unterschiedliche Bereiche des Parks verteilt. Die steinerne Ziervase im Mittelhof steht heute immer noch an derselben Stelle. Den südlichen Teil des Parks gestaltete Effner zu einer „Englischen Anlage" mit reicher Bepflanzung, die sich zum Teil bis heute erhalten hat.
Da das gesamte Schlossareal zur Abschirmung mit einer hohen Mauer umgeben wurde, ermöglichte eine künstlich angelegte Erhebung den-

241 GHA: Adm, 7, f. 40; 159, Hauptbuch der Hofcassa-Verwaltung 1881, 34, 35; 160, Rechnung der Hofcassa-Verwaltung 1881, 19, 73; 1895, 18.02.1887, 12.05.1887, 17.05.1887. Vgl. Suzanne Beeh-Lustenberger: Dem Licht Farbe gegeben. 150 Jahre Franz Mayer'sche Hofkunstanstalt 1847-1997. Das Münster 51 (1998), 35-55. Burgmair-Weber, S. 46;

noch einen Ausblick zu Wäldern und Dörfern sowie zu den Alpen. Sie wurde von einem kleinen Holzhaus, dem sogenannten „Schweizerhaus“, gekrönt. Heute befindet sich an dieser Stelle eine Kapelle. Im östlichen Bereich des Parks, wo sich zu Ottos Zeit das sogenannte „Hirschbassin“ befand, steht heute die Figur des Bruders Konrad von Parzham. Carl von Effner achtete auch darauf, dass die 110 prachtvollen Linden im Park und ebenso alle Bäume entlang der Alleen erhalten blieben.

Internierung Ottos in Schloss Fürstenried (ab 1883)

Zu Ottos endgültiger Einquartierung in Schloss Fürstenried kam es 1883 nach Abschluss der Sanierungs- und Umbauarbeiten. Für einen Großteil der Bevölkerung war er damit „aus der Liste der lebenden Fürsten gestrichen. Der Prinz hatte wohl seine eigene Hofhaltung, einen Hofmarschall, zwei Kavaliere, zwei Assistenzärzte und eine von einem Offizier befehligte Leibwache, sowie zahlreiche Dienerschaft, aber sie war mehr Theater nach außen hin. Die ganze innere Einrichtung des Schlosses war für einen Geisteskranken berechnet. Alle Zimmerwände waren unauffällig gepolstert und alle Kanten der Tische und Stühle abgerundet, sodass, falls der Prinz einen Tobsuchtsanfall haben sollte, er sich nirgends verletzten konnte. Die Beleuchtungskörper waren hoch oben, seinen Händen unerreichbar angebracht und sogar das Kamingitter mit einer Außenpolsterung versehen.“[242]
Gleichwohl standen ihm großzügige Räumlichkeiten zur Verfügung. Er nutzte das Hochparterre des Hauptgebäudes mit dem großen „Weißen Saal“ und dem seitlichen Salon, ein kleines Speisezimmer im rechten Seitenflügel, ein Schlaf- und zwei Badezimmer. Die hochflorigen Teppiche dienten auch der Schalldämpfung. Die Türen in seine

242 Below, S. 132

Geburt Ottos und frühe Kindheit

Oben: Marie mit Otto. Sein Bruder Ludwig reicht ihm ein Blumensträußchen um 1849 / Königin Marie mit Otto um 1851

Unten: Die königliche Familie – Marie mit Otto, daneben der Vater Maximilian II. mit Ludwig / Die Mutter mit den Prinzen beim Schwänefüttern am Alpsee in Hohenschwangau um 1852

Ottos Kindheit 1

Oben: Otto mit seinem Bruder Ludwig, der ein Bilderbuch hält um 1854 / Die Königliche Familie um 1858

Unten: Otto und Ludwig in Uniform um 1858/ Porträt des 10-jährigen Otto

Ottos Kindheit 2

Oben: Otto mit seinem Bruder Ludwig in Uniform und zivil um 1858

Unten: Otto und Ludwig im Trachtenanzug mit Wanderstecken / Otto im Anzug

Porträts des Prinzen Otto aus der Kindheit und Jugend

Ottos Jugendzeit 1

Oben: Aufbruch Ottos und seines Bruders Ludwig zu einer Bergwanderung, 1858
Unten: Otto als Prinz im Theaterstück „Dornröschen" um 1868 / Zeichnungen des Prinzen Otto

Ottos Jugendzeit 2

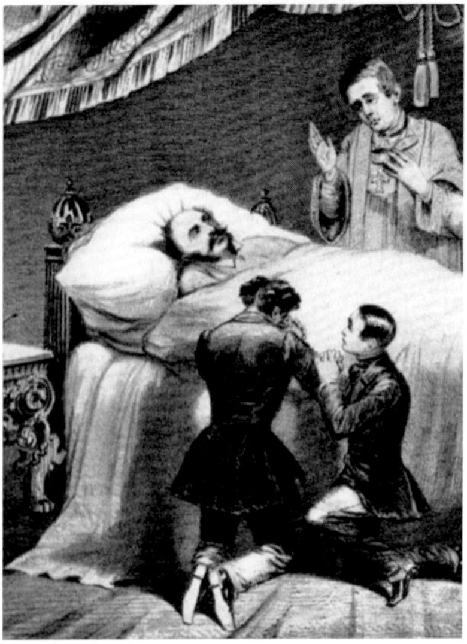 

Oben: Otto im Kostüm eines Pagen zur Faschingszeit, 1864 / Otto mit gefangenen Hechten, 1864

Unten: Otto mit seinem Bruder am Totenbett des Vaters, 10. März 1864 / Otto als Oberleutnant um 1868

Kontaktpersonen Ottos

Oben: König Max II. (Vater), Königin Marie (Mutter), Maria Hacklinger (Ottos Amme)

Mitte: Sybille Meilhaus (Erzieherin), Ludwig II. (Bruder), Kaiserin Elisabeth (Cousine, eigentlich Ottos Tante)

Unten: Prinzessin Therese von Bayern (Cousine), Prinzregent Luitpold (Onkel), König Ludwig III. (Cousin)

Die militärische Laufbahn des Prinzen Otto

- **1861** wird Prinz Otto im Alter von 13 Jahren **(Unter)Leutnant**.
- **1864** ernennt Ludwig II. seinen 16 jährigen Bruder zum **Oberleutnant**.
- **1866** wird der 18-Jährige **Hauptmann im königlichen Infanterie-Leibregiment**.
  Im Krieg gegen Preußen 1866 dient er unter seinem Großonkel Prinz Carl im Stab des Armeehauptquartiers.
- Ab **1867** wird der 19-Jährige **Kommandeur des 5. Chevauleger-Regiment in Speyer**.
- **1870** im Krieg gegen Frankreich ist der 22-Jährige zusammen mit Prinz Leopold Mitglied des Generalstabs und hält sich im Hauptquartier des Königs von Preußen, des späteren Deutschen Kaisers Wilhelm I., auf.
  Am **15. Januar 1871** wird Prinz Otto mit dem Eisernen Kreuz ausgezeichnet.
  Am **18. Januar 1871** ist er als Zeuge bei der Kaiserproklamation König Wilhelms von Preußen in Versailles anwesend. Er nimmt mit Widerwillen an der Zeremonie teil.
- **Ab 1871 ist die militärische Laufbahn Prinz Ottos beendet.**

Prinz Otto und die Frauen

Oben: In seiner Jugend schwärmte Otto füs Ballett. Um 1865 verliebte er sich in Prinzessin Olga, die Tochter des Großfürsten Konstantin Nikolajewitsch Romanow, eines Bruders des Zaren Alexander II.

Unten: Große Zuneigung empfand Otto zu Prinzessin Therese von Bayern, der Tochter des späteren Prinzregenten Luitpold, die ihn bis zu seinem Tod liebte.

Ottos behandelnde Ärzte

Oben: Dr. Franz Xaver von Gietl, Dr. Karl August von Solbrig, Dr. Bernhard von Gudden
Mitte: Dr. Anton Bum, Dr. Franz Alexander Nissl, Dr. Franz Carl Müller
Unten: Dr. Hubert Grashey, Dr. Otmar von Angerer, Dr. Friedrich Vocke

Wechselnde Aufenthaltsorte Ottos

Münchner Residenz
(1845 bis 1872)

Schloss Nymphenburg
(1872 bis 1875)

Landhaus in Elbigenalp
(Sommer 1875)

Schloss Ludwigsthal
(Sommer 1876)

Schloss Schleißheim
(mit Unterbrechungen 1878 bis 1879)

Schloss Fürstenried
(zeitweise ab 1877, 1883 bis 1916)

Eignungskriterien der Aufenthaltsorte

In der Münchner Residenz stand Otto zu sehr im Blickpunkt der Öffentlichkeit, was man nicht wollte. Schloss Nymphenburg war wie Schloss Schleißheim eine zu weitläufige Anlage. Außerdem waren Schleißheim und mehr noch Elbigenalp und Schloss Ludwigsthal zu abgelegen. Als am besten geeignet wurde das ehemalige, etwa zehn Kilometer südwestlich von München gelegene Jagd- und Lustschlösschen Fürstenried beurteilt, in das Otto schließlich interniert wurde.

Otto in Schloss Fürstenried

Otto wird König von Bayern (1886)

2 Mark

3 Mark

5 Mark

10 Mark

20 Mark

Oben: Am 13. Juni 1886 findet König Ludwig II. im Starnberger See zusammen mit Dr. Bernhard von Gudden seinen bis heute rätselhaften Tod.

Mitte: Sein Bruder Otto wird zum König proklamiert. Da er nicht regierungsfähig ist, übernimmt sein Onkel Luitpold die Regentschaft.

Unten: Nach der Bayerischen Verfassung müssen während der Regentschaft eines Königs alle Münzen mit dem Brustbild des Monarchen geprägt werden. Dies geschieht auch bei König Otto I., von dem Münzen in Gold und Silber geprägt werden.

Ottos Tod und Begräbnis (1916)

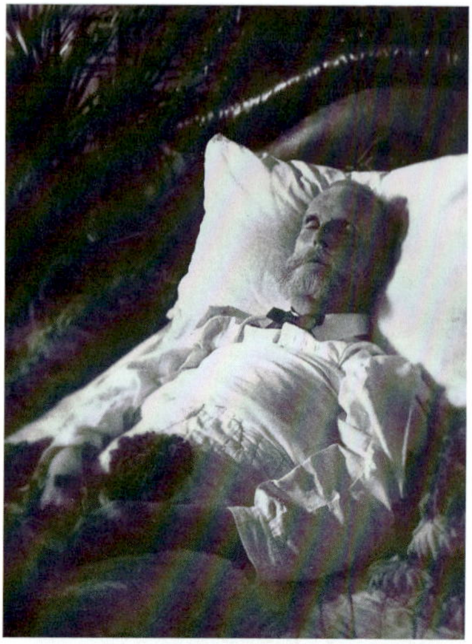

Oben: König Otto I. um 1914 / König Otto I. aufgebahrt in Schloss Fürstenried
Unten: König Otto I. aufgebahrt in der Michaelskirche, München / Sarkophag Ottos in der Fürstengruft der St. Michaelskirche in München

Erinnerungen an König Otto I.

Karte zur Landestrauer für König Otto I.

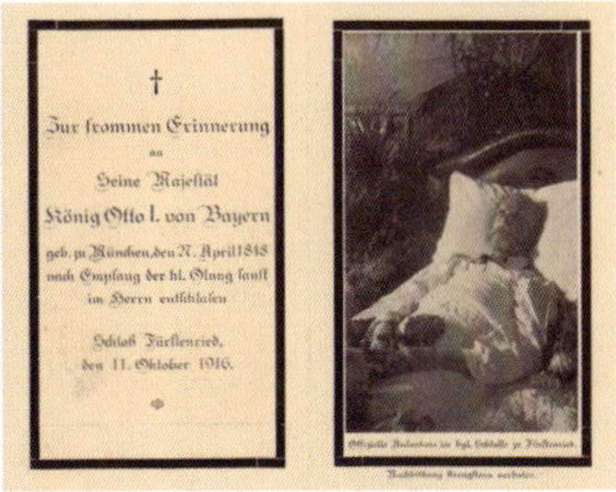

Sterbebild König Ottos I.

Herzurne König Ottos I. v. Bayern in der Gnadenkapelle von Altötting

Ottos kelchförmige Silberurne befindet sich in drei Metern Höhe in einer Wandnische. Sie steht in einem Schrein, den das bayerische Wappen ziert. Den Kelch krönt die Königskrone. Unter einem Engel ist „Otto I. König von Bayern“ eingraviert.

Seit dem 17. Jahrhundert ruhen gegenüber der Schwarzen Madonna von Altötting die Herzen der bayerischen Herzöge, Kurfürsten und Könige als „fürstliche Ehrenwache“. Der Herzurnen-Brauch geht auf Kurfürst Maximilian I. zurück. Er empfahl im Dreißigjährigen Krieg 1645 das Land Bayern in einem mit eigenem Blut geschriebenen Brief dem Schutz der Madonna. Der „Blutweihebrief“ ist im Sockel des Tabernakels der Gnadenkapelle enthalten.

Wegen dieser Tradition erhielt der Wallfahrtsort den Beinamen „Herz Bayerns“.

© Foto: Hildegard Pollety, Altötting

Bayerns Herrscher (1806 bis 1918)

Maximilian I. (1756–1825)
regierte von 1806 bis 1825

Ludwig I. (1786–1868)
regierte von 1825 bis 1848

Maximilian II. (1811–1864)
regierte von 1848 bis 1864

Ludwig II. (1845–1886)
regierte von 1864 bis 1886

Luitpold (1821–1912)
Prinzregent von 1886 bis 1912

Ludwig III. (1845–1921)
Prinzr. 1912/13, König bis 1918

Der vergessene König
Otto I. (1848–1916)
König von 1886 bis 1916

Gemächer waren mit Gucklöchern[243] versehen und die Klinken an den Türinnenseiten entfernt.[244]
Die beiden Obergeschosse betrat der Kranke fast nie. Nur in späteren Jahren beobachtete das Dienstpersonal, wie er tagelang vom mittleren Fenster des ersten Obergeschosses in Richtung München starrte und seine Blicke über weite Fluren und eine üppige Lindenallee schweifen ließ. In der Ferne konnte er die Silhouette der Frauenkirche erkennen. Noch heute besteht trotz dichter Bebauung und der A 95 ein relativ unverstellter Blick bis zu den Türmen der Frauenkirche. Wie der Prinzenarzt Franz Nissl berichtet, entschlossen sich „am 28. Februar [1885] Seine Königliche Hoheit auf kurze Zeit in das obere Stockwerk des Schlosses zu begeben, was seit 4 Jahren nicht mehr der Fall war. Seine Königliche Hoheit betrachteten dort die Aussicht und die Gemälde. Dabei drückten die Gesichtszüge Seiner Königlichen Hoheit hohes Erstaunen aus.“ [245]
Wie in Nymphenburg unternahm Otto im Park von Fürstenried Spaziergänge und Ausfahrten, soweit es sein gesundheitlicher Zustand zuließ. Die Kutschfahrten fanden „teils aus eigener Initiative, teils auf Anregung von Seite [sic!] des Arztes“ [246] statt. Vor allem Dr. Guddens Assistenzarzt Dr. Müller befand sich seit dem 1. Dezember 1884 bis 1886 abwechselnd mit Dr. Rehm und anderen Prinzenärzten in der Umgebung Ottos, dessen Leben seit der Verbringung nach

243 In einem anderen Bericht (siehe weiter unten im Abschnitt „Wutausbrüche bei geschlossenen Türen. Ein Bericht von 1889“) ist davon die Rede, dass alle Türen tagsüber geöffnet bleiben mussten und deshalb nicht mit Gucklöchern versehen waren. Otto habe geschlossene Türen gehasst und sei mit wuchtigen Fausthieben auf sie losgegangen.

244 GHA: Adm, 1895: Bericht Baubegehung, München 19.07.1888; Burgmair-Weber, S. 46; Theodor Hierneis: Der König speist. Erinnerungen aus der Hofküche König Ludwigs II. von Bayern. München 1953. S. 69; Müller Wolfgang, S. 297-299

245 GHA: KA L II, 63, Bericht Nissl, 01.03.1885; Burgmair-Weber, S. 47

246 GHA: KA L II, 63, Bericht Ernst Rehm, 01.12.1883. H. F. von der Schwanburg: Wie steht's um unsern König Otto? Die Geschichte König Otto's von Bayern bis zum heutigen Tag. München 1908; Burgmair-Weber, S. 48. Bayerischer Kurier, 10.07.1886.

Fürstenried völlig abgeschirmt von der Öffentlichkeit verlief. Wenn eine Ausfahrt bevorstand, geleitete der Adjutant den Prinzen zu einer „mit zwei Pferden bespannten Kalesche, half ihm beim Einsteigen und nahm dann an seiner Seite Platz. Ein Diener setzte sich neben den Kutscher und ein Wärter nahm den Bedientensitz ein. In langsamem Trabe fuhr der Wagen in den Park hinaus, der sich hinter dem Schlosse hinzog." Gelegentlich erwiderte Otto „den freundlichen Gruß der Leute, die, mit Gartenarbeit beschäftigt, sich bei dem Nahen des Wagens mit abgezogenen Mützen am Wege aufgestellt hatten und ihn mitleidvoll ansahen." Nachdem die Kalesche zum Schloss zurückgekehrt war und „vor dem Schlossportal hielt, führten sie wieder einen in völlige Teilnahmslosigkeit verfallenen Unglücklichen zur Stätte seiner Leiden zurück."[247]

Auf diese Weise errichtete „der reibungslos funktionierende Hofstaat in Fürstenried um den ‚Hohen Kranken' eine fragwürdige Scheinnormalität, welche die psychische Krankheit zugleich widerspiegelte und verleugnete."[248] Die folgenden 33 Jahre bis zu seinem Tod 1916 blieb Otto in Fürstenried interniert.

Ludwig II. und sein Bruder Prinz Otto

Ludwigs Sorge um seinen Bruder

Ludwig war sehr betroffen, als er sich von seinem Bruder verabschieden musste. Er war fassungslos darüber, wie sehr die Krankheit fortgeschritten war und dass keine Aussicht auf Heilung mehr bestand. Ärzte, Diener und Wärter kümmerten sich jetzt um Otto.

In der Bevölkerung fragte man sich, was mit dem „Hohen Kranken" in Fürstenried geschah. War er etwa hilflos gewaltbereiten Privat-Irrenwärtern ausgeliefert, die jeden Tobsuchtsanfall mit dem Einbinden des Patienten in eine Zwangsjacke oder durch das Anbinden an das Bett zu beantworten pflegten? Das scheint Otto zum Glück jedoch

247 Below, S. 132 f

248 Burgmair-Weber, S. 51

erspart geblieben zu sein. Nicht nur, dass Dr. Gudden ein Verfechter der „No-restraint"-Bewegung war, das heißt der „zwangsfreien Behandlung" seine Patienten, denen er so viel Freiheit wie nur möglich gönnte. Auch Ottos Bruder Ludwig hatte dem einen Riegel vorgeschoben, wie Gottfried von Böhm berichtet:

„Ludwig II. hat ihm die brüderliche Liebe niemals entzogen, ja er wandte der immer fortschreitenden Zerstörung seiner geistigen Fähigkeiten das ganz besondere ahnungsvolle Interesse zu, das eigene Angelegenheiten zu erwecken pflegen. Er verwehrte den Ärzten, auch im äußersten Fall ein einziges der Zwangsmittel anzuwenden, welche die moderne Irrenheilkunde gestattet und empfiehlt. [So verbot er auch, dass man Otto mit Elektroschocks behandelte.] Nur mit mildem Zuspruch sollten und durften sie dem kranken Bruder des Königs nahen; schon die Androhung der Gewalt war ihnen von Ludwig II. strengstens verboten. Wenn Prinz Otto sich schlechterdings ihren Anordnungen nicht mehr fügen wollte, wurde in der ersten Zeit zuweilen als höchste Instanz der König angerufen. Mehr als einmal fuhr er dann in Fürstenried ein; am liebsten bei nachtschlafender Zeit. Mehr als einmal trat er dem Tobenden gegenüber und mehr als einmal soll Prinz Otto inmitten der heftigsten Wahnsinnsanfälle sich der Autorität des Königs gebeugt haben."[249] Vermutlich erinnerte sich Otto selbst bei heftigen Anfällen an die Vorrangstellung seines Bruders, die dieser ihm gegenüber von Kindheit an innehatte.

Vielleicht verlief ein derartiger Besuch des Königs so ähnlich, wie ihn sich die Journalistin Isabella Posipal in einer kleinen Geschichte vorstellte, von der hier ein Ausschnitt zitiert wird:

„Der vierspännige, hellblaue Hofwagen rollte auf Gummirädern lautlos durch Münchens schlafende Straßen. Eintönig trabten die Pferdehufe, die Laterne des Vorreiters warf flüchtigen Schein auf dunkle Häuserfronten. Es war eine laue, dufterfüllte Frühsommernacht, ein prächtiger Sternenhimmel funkelte über den blühenden Feldern an der Landstraße, die nach Fürstenried führte.

---

249 Böhm, S. 638

Die Bogenfenster des Mittelbaus zeigten sich hell erleuchtet. Prinz Otto hatte eben wieder einen seiner Anfälle gehabt. Ohne zu zögern betrat der König das Zimmer mit den gepolsterten Wänden, in dem sich der Bruder aufhielt. Der Boden war unsauber und voll von Scherben, der Kranke hatte wieder einmal das Tischtuch mit Essgeschirr und allem, was darin und darauf war, in die Ecke geschleudert. Mit unruhig flackerndem Blicke sah er dem Eintretenden entgegen, bereit, sich auf ihn zu stürzen. Der König ging furchtlos auf den Bruder zu, seine schlanken, kräftigen Hände legten sich fest auf die Achseln des Kranken, zwingend umfaßte ihn der bannende Blick der großen dunklen Augen. ‚Otto' – Der Kranke murmelte Unverständliches, versuchte, sich zu befreien, aber Ludwig legte den Arm um die Schultern des Bruders und zwang ihn, langsam mit ihm im Zimmer auf und ab zu gehen. Ruhig, liebevoll und tröstend sprach er auf den Kranken ein. Otto beruhigte sich allmählich unter dem starken Blick, den weichen guten Worten, hatte er sich doch schon von Kindheit an dem Willen des Älteren gefügt.

‚Ludwig – ja, du hast recht. Nun ist alles gut. Ja, ich will schlafen. Aber dann will ich in den Park, ich möchte Beeren suchen.' – ‚Beeren gibt es noch nicht, die blühen jetzt erst', erwiderte der König begütigend. ‚Sie blühen?' lächelte der Kranke. ‚Blühen – blühen –', wiederholte er leis. Seine Hände machten eine Bewegung, als wollten sie das Wort greifen, das in dem umnachteten Geist irgendeine freundliche Vorstellung zu erwecken schien. Dann ließ sich Prinz Otto von seinen Pflegern willig ins Schlafzimmer führen.

Der König verließ stumm Schloß Fürstenried. Wieder rollte der Hofwagen durch die Nacht, zurück zur Residenz. Starr sah der junge König vor sich hin, … preßte die Hände vor die Augen und drückte sich tief in die Ecke des Wagens."[250] Soweit dieses Stimmungsbild.

250 Posipal, Isabella: Fürstenried, Asyl eines kranken Königs. In: Münchner Stadtanzeiger, Nr. 1, 5./6. Januar 1967, S. 17

Ludwigs Entfremdung von seinem Bruder

Doch die Realität sah etwas anders aus, als sie in solchen idyllischen Schilderungen heraufbeschworen wurde. Aufgrund von Ottos schwerer Krankheit entfremdete sich Ludwig seinem Bruder immer mehr. Sein Verhältnis zu ihm wurde in dem Maße distanzierter, in dem sich Ottos geistige Erkrankung unaufhaltsam verschlimmerte und die Auswirkungen unumkehrbar wurden. Ludwig zog sich nach und nach von dem Kranken zurück und seine Kontakte zu ihm wurden seltener. „[…] der Anblick des schrecklichen Vorbildes wurde Ludwig II. allmählich unerträglich."[251] Er verkraftete es nicht mehr, mit dem Leiden Ottos unmittelbar konfrontiert zu werden. „Schon als Kind hatte er eine geradezu nervöse Abneigung gegen häßliche Physiognomien und mißgestaltete Menschen, indem er den Kopf gegen die Wand wendete, wenn ihm solche begegneten." Dieser Abneigung „entsprach auch seine Scheu und das spätere ängstliche Sichfernhalten von jeder die Nerven irritierenden Szene."[252] Sicher konnte er es immer weniger ertragen, wenn Otto einen Anfall hatte und tobte. Seine Anteilnahme an dessen Schicksal beschränkte sich schließlich darauf, dass er sich regelmäßig ärztliche Berichte über das Befinden seines Bruders schicken ließ. Als in der Nacht vom 11. auf den 12. Juni 1886 Dr. von Gudden den König in Neuschwanstein abholte, sah er, dass der jüngste Bericht über Ottos Zustand auf dem Schreibtisch des Königs obenauf lag. Offensichtlich war dies eines der letzten Schriftstücke, mit dem sich der König befasst hatte.

Bereits seit 1870/71 dachte Ludwig nicht nur daran, abzudanken, sondern befasste sich auch mit Auswanderungsplänen. Gottfried von Böhm berichtet, Hofsekretär Düfflipp habe ihm erzählt, „daß die Ereignisse der Jahre 1870/71 und die dadurch herbeigeführte Beeinträchtigung der bayerischen Selbständigkeit dem König alle Lust

251 Böhm, S. 638

252 Steinberger-Hohenaschau, S. 29 und S. 34

zur Regierung geraubt hätten und daß er lange mit dem Gedanken umgegangen sei, abzudanken und auszuwandern."[253] In der Folge bereiste der Historiker Franz von Löher in königlichem Auftrag 1873 die griechischen und kanarischen Inseln und 1875 Zypern und Kreta. Auch für ferne Inseln und Territorien interessierte sich der König. Löher sollte „ein Land suchen, in welchem eine absolute Regierung möglich wäre und das sich gegen Bayern vertauschen ließe."[254] Auch wenn die Angelegenheit nicht zum Erfolg führte, so ist doch die Frage berechtigt, was wäre im Falle des Rückzugs Ludwigs II. in ein anderes Land mit seinem Bruder Otto geschehen? Dachte er daran, als er sich mit Auswanderungsgedanken trug? Oder wollte er sich dadurch, dass er außer Landes ging, auch zu seinem Bruder, der ihn fortwährend an ein Schicksal erinnerte, das möglicherweise auch ihm drohte, eine größere räumliche Distanz gewinnen als ihm dies seine Refugien in den Bergen boten?

In der Öffentlichkeit kursierte die Meinung, es sei sogar gut, wenn der König seinen kranken Bruder in Ruhe ließ. Manche glaubten nämlich, Ludwigs Besuche würden Otto nur aufregen und dessen Krankheit sogar verschlimmern. Hatte nicht Ludwig II. selbst dazu beigetragen, dass Otto erkrankt war, tuschelte man. „Otto war der Heitere, bis sein Bruder ihn verdüsterte. Otto war der Zugängliche, bis ihn Ludwig scheu gemacht. Otto war der Mutter Herzblatt, bis Er dies Verhältnis störte. Otto war vernünftig fromm, bis – von jener Wartburgfahrt ab! – Spott und Zweifel ihn zerrissen. Otto war politisch lenkbar, bis nach jener Staatsratssache, da ihn Ludwig aufgehetzt. Otto war harmlos und natürlich gegen die norddeutschen Verwandten, bis ihm Ludwigs Eifersucht diese unselige Angst vor den ‚Preußen' eingeträufelt. Otto hätte sich auch verlobt, hätte nicht Ludwig ihm vorgeredet, daß er dann auch König sein muß, weil Er sich nicht mehr vermähle."[255]

253 Böhm, S. 322

254 Böhm, S. 323

255 Hollweck, Ludwig: Er war ein König – König Ludwig II. von Bayern. München 1979, S. 124 (Künftig: Hollweck)

Diese Schuldzuweisungen hatten zur Folge, dass man es gar nicht so gerne sah, wenn Ludwig seinen Bruder besuchte.

In Ludwigs geheimem Tagebuch finden sich kaum Anmerkungen über seinen Bruder. Ein kleiner Vermerk vom 27. April 1882 lautet: „27. (auch Ottos Geburtstag) Ballett ‚Venus und Adonis', 2 mal (2. Mai)." Zeigt dies, dass sich Ludwig mehr mit sich selbst und immer weniger mit dem Schicksal seines Bruders auseinandersetzte, oder beweist es, dass er Ottos Krankheit aus un- oder unterbewussten Ängsten verdrängte?

„Nun wäre es ungerecht, Ottos Kasernierung außerhalb der Stadt als Desinteresse oder gar Herzlosigkeit des Königs zu deuten. Was hätte Ludwig zum Wohle seines Bruders unternehmen können? Ottos Schizophrenie war nicht heilbar, ja, sie war damals im Grunde nicht einmal behandelbar. So konnte es letztlich nur darum gehen, den Kranken sicher zu verwahren. In dieser Hinsicht mangelte es Otto zweifellos an nichts. Wurden in der von Gudden geleiteten Münchner Kreisirrenanstalt 542 Patienten von nur einem Ober- und vier Assistenzärzten sowie 78 Pflegekräften betreut, erhielt Otto eine aufwändige Sonderbehandlung."[256]

Gesundheitlicher Zustand des Prinzen Otto (seit 1883)

Ottos psychischer Zustand änderte sich seit dem Beginn der Unterbringung in Fürstenried nicht mehr wesentlich, sodass die „Prinzenärzte" kaum mit unerwarteten Symptomen konfrontiert waren. Psychomotorische Erregungszustände, katatone Bewegungsstereotypien und massive akustische Halluzinationen wechselten mit Krankheitsepisoden ab, in denen affektive Indifferenz und sozialer Rückzug vorherrschten.

Immer wieder gab es auch Situationen, die Otto mit positiven Emotionen in Verbindung brachte. Sie konnten das vorherrschende Wahn-

256 Hilmes, S. 246

erleben vorübergehend unterbrechen. Dies war beispielsweise der Fall, wenn Ludwig II. Geschenke zu Ottos Namenstag sandte.[257] Körperlich erfreute sich Otto trotz allem einer relativ stabilen Gesundheit, obwohl seine Lebensweise recht unregelmäßig war. Einmal stand er tagelang nicht auf. Dann lehnte er wieder jede Nahrung ab. Die Magenblutungen, Darmbeschwerden und Kreislaufstörungen, die dadurch verursacht wurden, führten letztlich auch zu seinem Tod. Doch ein baldiges Ableben, wie dies von Werthern noch im Frühjahr 1870 prognostiziert hatte, war derzeit nicht zu befürchten.

Otto, Ludwigs II. „Alter Ego"

Die Isolierung des Prinzen Otto von der Außenwelt war auch insofern vollzogen, dass sogar der Kontakt zu anderen Familienmitgliedern nahezu erlosch. Diese Distanzierung bezog Ludwig II. ebenso auf sich. Er war besorgt, eines Tages ein ähnliches Schicksal zu erleiden. Auch er hatte sich seit 1872 Stück für Stück aus der Öffentlichkeit zurückgezogen. Ottokar Janetschek beschreibt die damalige Verfassung des Königs recht treffend:

„Der Gedanke an den furchtbaren Zustand des Bruders fraß sich, einem giftigen Wurme gleich, immer tiefer in Ludwigs Seele. Die Angst vor der Möglichkeit, einem gleich grausamen Geschick entgegenzugehen, zehrte auch an seinem Leibe, höhlte ihn gleichsam aus. Der Verfall der Kräfte war mit den Augen wahrzunehmen. Ludwigs Schritt wurde schleppender wie der eines todmüden Menschen. Schlaflose Nächte und maßloser Genuß stärkster alkoholischer und narkotischer Betäubungsmittel gaben ihm manchmal das Aussehen eines schwer Betrunkenen. Sein Antlitz war fahl […] Die Augen lagen tief in den Höhlen und hatten einen unsteten, flackernden, unheimlichen Blick.

---

257 GHA: KA L II, 62, Branca an Kabinettssekretariat, 08.10.1876; Burgmair-Weber, S. 48

Von der einstigen Schönheit des Mannes waren nur mehr armselige Reste vorhanden, einzelne Züge in Antlitz und Gestalt […]“[258]
Seit langem berichteten mittlerweile die Zeitungen kaum mehr über Ludwig, ohne dezent, aber auf die Dauer einprägsam auf seinen verrückten Bruder hinzuweisen. Dazu ein Beispiel aus der Frankfurter Allgemeinen: „Seine Majestät der König von Bayern, Ludwig, hat seinen Architekten befohlen, Pläne für ein neues Märchenschloß, das in der entlegensten und wild romantischen Bergeinsamkeit entstehen soll, vorzulegen. König Ludwig ist der Bruder des so unglücklichen Prinzen Otto von Bayern, der, wie die Psychiater mitteilen, unheilbar geisteskrank ist.“
Selbst Gerüchte tauchten auf, dass sich Ludwig wie sein Bruder Otto aus „steter Furcht vor Attentaten“ nur mehr „gestiefelt“[259] ins Bett legen würde. Auch alle anderen für das spätere Gutachten gegen Ludwig zusammengetragenen Auffälligkeiten des Königs bekamen ihre ernsthafte Bedeutung erst durch den Hinweis auf seinen verrückten Bruder in Fürstenried.
1884 zeigte Ludwig bei fortwährender Zunahme seiner finanziellen Verpflichtungen auch Interesse für Ottos finanzielle Verhältnisse. Zwar war dessen Vermögen infolge der Kosten für den Ausbau von Schloss Fürstenried auf 8 Millionen Mark geschmolzen[260], aber für den verschuldeten König, der seine Schlossbauten um jeden Preis fortführen wollte, ein durchaus interessanter Betrag. Als Ludwigs Schuldenberg 1884 auf über 8 Millionen Mark angewachsen war, erinnerte er sich nicht nur an das unveräußerliche Fideicommiß seines Vaters Max II., sondern auch an das Vermögen seines entmündigten Bruders Otto. Beides wollte er entgegen gesetzlicher Vorgaben zur Schuldentilgung verwenden, wie er in einem Schreiben vom 10. März 1884 an Marstallfourier Karl Hesselschwert betonte: „Folgendes lege Ich Dir dringend ans Herz. – [Hofsekretär] Pfister ist mit einer Vollmacht

258 Janetschek, Ottokar: Der König und sein Meister. Wien 1952

259 Böhm, S. 632

260 Böhm, S. 602

nach Berlin. In etwa 5 Tagen kehrt er zurück; treibe ihn dann wegen der anderen Millionen aus dem Fideicommiß von König Max u. dem Vermögen des Prinzen Otto […]“[261] Und am 14. März beschwerte sich Ludwig bei Hesselschwert: „Pf. [Pfister] ist, Ich erfahre es immer mehr, sehr unverläßig […] bis jetzt sind nur 4 M. [Millionen] gesichert. Also so viel wie nichts, hier falle über ihn her wegen der Millionen aus der Hinterlassenschaft des Königs Max (Fideicom.), dem Vermögen des Prz. Otto u. der Handelsbank.“ [262]

Doch der Versuch, Aktien des väterlichen Fideicommißes zur Schuldentilgung zu veräußern, misslang, wie Hofsekretär Philipp Pfister nach Berlin berichtete: „Der beabsichtigte und bereits im Vollzuge begriffene Einbruch in den Wertpapierbestand des König Max II. Privatfideicommißes ist seit heute als definitiv gescheitert zu betrachten. Heute steht auf der Bildfläche ein Englisches Anlehen; in der Reserve ein Anlehen mit Konsens des Prinzen Otto, als nächsten Agnaten; der letztere Punkt ist aber das allertiefste Geheimnis. – Meine Stellung scheint sich wieder befestigt zu haben; doch gab es inzwischen manchen Sturm abzuschlagen.“

Die Kuratoren des geisteskranken Prinzen Otto, Frh. von Pranckh und Frh. von Malsen, verweigerten der Absicht des Königs, Gelder aus dem Vermögen Ottos zu einem Darlehen für seine Zwecke zu verwenden, jedoch ihre Zustimmung, was Ludwig sehr erzürnte, wie Kammerdiener Mayr am 2. April 1884 Hofsekretär Pfister mitteilen musste: „Die Curatoren seien gar nichts, die Rechtsbestimmungen seien nicht maßgebend. Excellenz v. Pranckh und Excellenz Hr. Baron von Malsen seien nicht selbständig, sondern stünden unter S.M. [Seiner Majestät].“[263]

261 Hacker, Rupert: Ludwig II. von Bayern, die Königskrise von 1885/86 und der Weg zur Regentschaft, 347 ff.; König Ludwig II. von Bayern. Krankheit, Krise und Entmachtung – Quellentexte, 481 ff. In: Kommission für bayerische Landesgeschichte: Zeitschrift für bayerische Landesgeschichte 2011. Band 74 [Heft 2], München 2011. S. 499 (künftig: Hacker-Königskrise)

262 Hacker-Königskrise, S. 502

263 Hacker-Königskrise, S. 505

Hofsekretär Pfister wies den König auf das bayerische Landrecht hin, das es dem Vormund untersage, Darlehen bei seinem Mündel aufzunehmen. Ludwig nahm dies unwillig zur Kenntnis, unterstrich das Wort „untersagt" dreimal mit roter Tinte und schrieb daneben „Schandwort". Er ließ Pfister zudem ausrichten, das Landrecht sei „eine alte Scharteke", die ihn nichts angehe.
Auch wenn aus Ludwigs beabsichtigter Anleihe bei seinem Bruder nichts wurde, zeigt dieser Vorgang doch, dass er selbst zur Reduzierung seiner Schulden Ottos Hilfe in Anspruch nehmen wollte. Sogar der geisteskranke Bruder sollte ihm also noch hilfreich zur Seite stehen. Und das tat Otto dann ungefragt nach Ludwigs Tod, indem man aus seiner Zivilliste, also seinem „Gehalt", das ihm als König zustand, beträchtliche Summen zur Tilgung der Schulden Ludwigs II. heranzog. Die Zustimmung dazu konnte von dem Kranken allerdings nicht mehr eingeholt werden.
Schon die letzten Jahre vor Ludwigs Tod war Otto so gut wie „lebendig begraben". Von ihm war nichts mehr zu erwarten. Ludwig reduzierte seine Anteilnahme an ihm mehr und mehr auf das Studium der Berichte, die ihm die behandelnden Ärzte zusandten. Gleichsam „in Akten begraben, versank Otto für ihn, der Gespiele seiner frühesten Kindheit, sein nächster Blutsverwandter", so Werner Richter: „Lange und aufs schmerzlichste betrauert, verschwand er dennoch im Dunkel."

Ludwigs Entmündigung und Tod 1886

Als Ludwig sich auf das Lebensende zubewegte, war seine Kontakte zu seinem Bruder Otto insofern erloschen, als er von Besuchen gänzlich Abstand nahm, da er sie seelisch nicht mehr verkraftete. Für ihn war Otto zum Spiegelbild seiner selbst geworden. Gleichzeitig klagte er über seine Einsamkeit: Sein Bruder sei krank und er habe niemand, mit dem er wahrhaft intim verkehren könne. Dies schmerzte ihn besonders in den letzten Lebensmonaten ab März 1886, die mit seiner Entmündigung und dem Tod im Starnberger See endeten.

Doch bereits seit 1866 oder noch früher blieb Ludwig nicht verborgen, was über seinen Geisteszustand allenthalben getuschelt wurde. „So vorsichtig man auch zu Werke ging, der König bemerkte das Kopfschütteln und das Geraune. Als der behandelnde Arzt des Prinzen Otto zwei Tage nacheinander scheinbar zufällig dem König zu begegnen wußte, blieb Ludwig plötzlich vor ihm stehen, maß ihn mit einem drohenden Blick und schritt wortlos an ihm vorbei. Er hatte gefühlt, dass er beobachtet wurde."[264] 1874 erhielt Dr. Bernhard von Gudden wegen des sich verschlechternden gesundheitlichen Zustandes des Prinzen Otto eine Audienz beim König. Ludwig bemerkte danach, wie bereits erwähnt, zur Obersthofmeisterin seiner Mutter: „Gudden sieht mich zuweilen so eigentümlich an. Wenn er nur nicht auch an mir noch irgendetwas herausfindet."[265]

Ebenso weisen Äußerungen aus den letzten Lebenstagen darauf hin, dass Ludwig große Befürchtungen hegte, dass man ihn wie seinen Bruder Otto „behandeln" wolle. So meinte er nach dem Auftreten der ersten Fangkommission gegenüber dem Wachtmeister Ferdinand Boppeler: „Es ist eine Entmündigungskommission gekommen, welche mich für irrsinnig erklärt und mich lebendig begraben will, wie meinen Bruder Otto, das ertrage ich nicht [...]." Und kurz vor seiner Gefangennahme: „Wenn man mir die Krone aberkannt hätte, das würde ich ertragen haben. Aber daß man mir den Verstand aberkennt, mir die Freiheit nimmt und mich wie meinen Bruder behandelt, nein, das ertrage ich nicht, ich will diesem Schicksal entgehen, man treibt mich in den Tod." Mehrfach betonte er: „Ich könnte es nicht ertragen, daß es mir ergeht wie meinem Bruder Otto, dem jeder Wärter befehlen darf und dem man mit Fäusten droht, wenn er nicht folgen will. Ein solches Leben ist ein verlorenes Leben; lieber den Tod als ein solches Leben."

Bis heute leiten manche aus diesen Äußerungen Ludwigs fälschlicherweise ab, Fürstenried sei eine triste Irrenanstalt gewesen, worin der

264 Mayr-Ofen, S. 169

265 Gerold, S. 96

arme Prinz Otto wie in einem Kerker eingesperrt gewesen sei, und deshalb wäre auch Schloss Berg für Ludwig II. zu einem solchen Gefängnis umgewandelt worden. Doch diese Horrorvision entspricht nicht der Wahrheit. Auf einen zeitgenössischen Beobachter wirkte die Unterbringungssituation in Fürstenried nämlich völlig anders:

„Von Seite der Kuratoren ist Alles aufgeboten worden, um den hohen Kranken mit all dem der königlichen Würde entsprechenden Komfort zu umgeben. Daß die Umgebung des Königs [Otto I.] angewiesen ist, demselben die größte Sorgfalt zu widmen, ist selbstverständlich, und die Kavaliere und Ärzte kommen ihrem Dienste mit Pflichttreue und Opferwilligkeit auf das gewissenhafteste nach.

Wer Schloß Fürstenried seit einer Reihe von Jahren nicht mehr gesehen hat, wird sich wundern, welche Veränderung mit dem alten Jagdschlosse vor sich gegangen ist. Fürstenried liegt inmitten nervenstärkender duftender Nadelwälder und bietet entzückende Aussicht auf das herrliche Panorama der Alpenkette. Durch Um- und Neubau, durch geschmackvolle Einrichtung und Ausschmückung des Innern, durch Anlage kunstvoller Gärten wurde ein Landsitz geschaffen, würdig jedes Fürsten und so behaglich, wie er nur gedacht werden kann. Der hohe Kranke bewohnt die Hochparterreräume des Schlosses, wo demselben eine Flucht von Zimmern mit prächtigen Salons zur Verfügung steht. Die Einrichtung ist eine fürstliche, alles geschmackvoll, nicht überladen. Die mit den feinsten Damasttapeten bekleideten Wände schmücken werthvolle Gemälde, darunter Ansichten von Berchtesgaden und Hohenschwangau, wo der König so oft in der glücklichen Jugendzeit geweilt; an beiden Enden der Appartements liegen Schlaf- und Badezimmer, welche täglich gewechselt werden können. Im Westen des Schlosses liegt ein großer von Effner angelegter Garten. Ein herrlicher Baumschlag, kunstvolle französische und englische Anlagen, duftende Blumenbeete, üppiges Gesträuch, stellen diesen Park unseren schönsten Schloßgärten an die Seite; schöne Marmorgruppen, Statuen, Vasen, Springbrunnen, darunter einer mit dem berühmten Eustachiushirsch aus dem Schlosse zu Neuburg a. D. [an der Donau] erhöhen noch den herrschaftlichen Eindruck des Ganzen. Links befindet sich ein Gewächshaus, eine Art kleiner Wintergarten, und hieran reihen sich zwei Neubauten: der Marstall und die Wagenremisen. Über ersterem befinden sich die Gelasse für die Dienerschaft, und die Räumlichkeiten über den Remisen werden gegenwärtig zu einer Art Kaserne für 24 Soldaten umgewandelt, welche künftig den Ehrendienst bei Sr. Majestät zu versehen haben, so daß auch in dieser Hinsicht der Würde des Königs vollkommen Rechnung getragen ist. Wie für Alles, so haben die Kuratoren auch für die religiösen Bedürfnisse auf das sorgfältigste Bedacht genommen, wie wir von einer Seite erfahren haben, die wohl als die kompetenteste erachtet werden muß. Im Schlosse und in den Gärten genießt der hohe Kranke jede mit seinem Befinden nur irgendwie vereinbare Freiheit, häufige Spazierfahrten wechseln mit Promenaden in den Anlagen ab, und von einer Gefangenschaft, wie in manchen Blättern gefaselt wurde, ist keine Rede. Der Aufenthaltsort unseres unglücklichen Königs ist eines Fürsten würdig; das ganze Arrangement, die Einrichtung, der Ton, der im Schlosse herrscht, kurz alles trägt fürstliches Gepräge, und man darf sich in den weitesten Kreisen davon überzeugt halten, daß die maßgebenden Faktoren, vor allem die Kuratoren, ihr ganzes Bestreben darauf richten, die Würde der umflorten Majestät in jeder Weise zu wahren."[266]

Die Befürchtungen Ludwigs II., man wolle ihn „in Schloss Berg begraben" und „die Wärter würden ihm mit Fäusten drohen, wenn er nicht folgen will", sind also sicher übertrieben. Ursprünglich sollte Ludwig nach seiner Inverwahrnahme zunächst in Schloss Fürstenried interniert werden. Man kam jedoch davon ab, da man die Brüder nicht im selben Haus untergebracht haben wollte. Stattdessen wurden Pfleger vom Prinzen Otto abgezogen. Sie hatten in jahrelanger Pflegearbeit gelernt, mit einem solchen Patienten umzugehen. Übrigens stand für Ludwig II. auch Schloss Linderhof zur Wahl. Doch man entschied sich – zumindest vorläufig – für Schloss Berg. Da dieses jedoch räumlich beengt, heizungstechnisch unzureichend und höchst sanierungsbe-

266 Bayerischer Kurier vom 10. Juli 1886; zitiert nach Müller Wolfgang, S. 298 f

dürftig war, hätte man sich später wohl für das geräumigere Schloss Linderhof mit der beeindruckenden Parkanlage entschieden.
Hat sich Ludwig II. kurz vor seiner Inverwahrnahme in Schloss Neuschwanstein noch an seinen Bruder Otto erinnert?

In Helmut Käutners Film „Ludwig II. Glanz und Elend eines Königs" (1954/55) spielt sich wenige Augenblick vor Eintreffen der zweiten Fangkommission eine ergreifende Szene ab. Völlig niedergeschlagen kauert Ludwig im Thronsaal auf den Stufen zum Thronpodest, auf dem nie ein Thron stand. Leise ruft er nach Sisi. Doch statt einer Antwort von ihr vernimmt er plötzlich Ottos Stimme:
„Aber Ludwig, Du bist unvernünftig. Du sprichst ja mit jemandem, der gar nicht da ist."
Ludwig hebt erstaunt den Kopf: „Otto … Otto … komm!" – Aus dem Nichts erscheint nun Ottos Trugbild vor den Augen seines Bruders.
Ludwig (lächelnd): „Ich freu mich, dass Du da bist … Wie geht's Dir denn, schaust gut aus."
Otto (leise): „Du nicht, Ludwig … Fürchtest Du Dich?"
Ludwig nickt kaum merklich. Tränen treten in seine Augen.
Otto (beruhigend): „Aber das brauchst Du nicht … Du ahnst gar nicht, wie still es dort ist [wo ich jetzt bin]. Manchmal hör ich noch den Kanonendonner von draußen und das Hurra … Aber der Doktor hat mein Fenster vergittert, damit niemand zu mir hereinkann."
Ludwig: „Wie ist denn der Gudden?"
Otto: Man gewöhnt sich an ihn … man gewöhnt sich …
Ludwig: „Was soll ich denn tun, Bruder?"
Otto: „Dich fügen … Dich fügen …" – Ottos Trugbild löst sich in Nichts auf.
Ludwig (hilflos): „Nein, …" – Doch der König weiß, dass Otto recht hat und er sich seiner Inverwahrnahme nicht mehr entziehen kann.
In der nächsten Szene erscheint die Fangkommission im Schlosshof.

Auch nach seiner Inverwahrnahme in Schloss Neuschwanstein dachte Ludwig fortwährend an seinen Bruder. Er erkundigte sich bei Dr. Franz Carl Müller, einen der Prinzenärzte und Mitglied der zweiten Fangkommission, „nach verschiedenen Einzelheiten in der Behandlung des Prinzen Otto […]" und befragte ihn über dessen Zustand. Die von Müller eingeschickten Berichte an ihn habe er stets gelesen. „Tatsächlich lag auch auf des Königs Schreibtisch ein ärztlicher Bericht über den Prinzen, den ich am 15. Mai 1886 von Fürstenried aus eingesandt hatte",[267] wie sich Müller erinnerte. Inzwischen war ein Monat vergangen, und der Bericht lag noch immer da. In diesen Berichten informierten die Prinzenärzte den König regelmäßig über Ottos geistigen und körperlichen Zustand.

Am Todestag, den 13. Juni 1886, in der Früh erkundigte sich Ludwig auch bei Pfleger Mauder nach Otto, ob er noch so viel zuschlüge, ob er gewaschen werden müsse, ob und in welcher Begleitung er ausführe, dass Mauder den Eindruck hatte, der König sei über seinen kranken Bruder aufs genaueste informiert.

Mit Dr. Müller unterhielt sich der König ein weiteres Mal noch wenige Stunden vor seinem Tod:

Ludwig: „Sie sind bei meinem Bruder. Wie geht es ihm?"

Müller: „In den letzten Jahren ist keine bemerkenswerte Veränderung eingetreten."

Ludwig: „Nicht wahr, ebenso wie Sie Berichte an mich gemacht haben, so schreiben Sie jetzt über mich?"

Müller: „Es ist mir noch kein diesbezüglicher Befehl erteilt worden."

Ludwig: „Nun, und dann schreiben Sie, es ginge mir recht schlecht; man freut sich doch, wenn man hört, es ginge schlechter mit mir."[268]

Alle diese Bemerkungen des Königs zeigen, wie sein Bruder Otto gleichsam sein „Alter Ego", sein „Anderes Ich" geworden war, wie er sich mit ihm und seiner Erkrankung identifizierte, wie ihn bis zum Tod dessen Schicksal beschäftigte, ängstigte, ja letztendlich ‚ver-rückt' machte.

---

267 Müller F.C., S. 779

268 Müller F.C., S. 785

Prinz Otto wird König von Bayern

1886

„Du mußt mich jetzt Majestät nennen!“

Otto wird zum König proklamiert und entmündigt

Nach dem Ableben seines Bruders wurde Prinz Otto am 14. Juni 1886 offiziell zum König proklamiert. Der Tradition entsprechend sollte ein Herold auf einem feierlichen Umritt der Bevölkerung dessen Thronbesteigung verkünden. Doch unterließ man diese Ausrufung, da nach Ludwigs tragischem Tod und Ottos Erkrankung eine derartige Feierlichkeit als pietätlos empfunden worden wäre. Es wurden am Pfingstmontag lediglich pro forma die Truppen auf König Otto I. von Bayern vereidigt. In der am 14. Juni von Prinz Luitpold erlassenen Proklamation heißt es:

„Durch diesen, das ganze Vaterland in schmerzlichste Betrübnis versetzenden Todesfall, ist das Königreich Bayern in der Gesamtvereinigung aller seiner älteren und neueren Gebietsteile nach den Bestimmungen der Verfassungs-Urkunde auf Grund des Haus- und Staats-Vertrages Unserem vielgeliebten Neffen, dem Bruder weiland seiner Majestät, Seiner Kgl. Hoheit dem Prinzen Otto, jetzt Majestät, als nächster Stammfolger, nach dem Recht der Erstgeburt und der agnatisch-linealen Erbfolge angefallen.“

Da Otto nicht in der Lage war, die Regierungsgeschäfte wahrzunehmen, wie ein Parere (Gutachten) erneut bestätigte, entmündigte man den neuen König sofort wieder. Er hatte zwar weiterhin die Stellung des Königs inne, aber ohne zur Regierung fähig zu sein. Im Volke hieß es, er sei „schwermütig“. Als Inhaber des 5. Chevauleger-Regiments und als General der Kavallerie blieb er bis zum Tod in Fürstenried interniert.

Am 14. Juni 1886 trat sein 65-jähriger Onkel Luitpold die Regentschaft an. Innerhalb von nur einer Woche war dies die zweite Regentschaft, die er übernahm. Die erste war am 10. Juni für König Ludwig II. verkündet worden. Am 13. Juni ereignete sich die „Königskatastrophe" mit dem Tod Ludwigs II. und nur einen Tag später übernahm Luitpold die zweite „Reichsverwesung" für den kranken Otto. Luitpolds Vorgehensweise geriet in den Geruch eines „Staatsstreiches" und sein Ansehen war dadurch empfindlich beschädigt.
Das erwähnte medizinische Gutachten, unterzeichnet von den drei Co-Gutachter, die auch das Gutachten Dr. Guddens über König Ludwig II. unterschrieben hatten, hatte folgenden Wortlaut:

Ärztliches Gutachten über den Geisteszustand Seiner Majestät Ottos I. von Bayern

„Aus den zur Verfügung gestellten Akten, welche Berichte vom Mai 1871 bis Oktober 1876 und vom Juni 1878 bis Mai 1886 über die ‚Krankheit Seiner Königlichen Hoheit des Prinzen Otto von Bayern' enthalten, geht zur Evidenz hervor, daß schon seit einer großen Reihe von Jahren eine geistige Störung Allerhöchst desselben besteht, welche lange Zeit einen unverkennbar periodischen Verlauf innehielt, bald Exaltationszustände, bald depressive Zustände mit ängstlicher Aufregung oder stuporartigen Anfällen zu Tage förderte, lebhafte Sinnestäuschungen, Zwangsbewegungen und Wahnideen producirte und allmälig in einen mehr anhaltenden geistigen Schwächezustand mit vorübergehenden Aufregungsparoxysmen und Verwirrtheit überging.
Dieser Schwächezustand ist zweifellos ein vollständig unheilbarer, die freie Willensbestimmung seiner Majestät ausschließender.
Die unterzeichneten Ärzte geben daher ihr Gutachten einstimmig darüber ab, daß Seine Majestät Otto I. König von Bayern in Folge langjähriger und unheilbarer Geistesstörung als verhindert an der Ausübung der Regierung zu betrachten sei, und daß diese Verhinderung mit Bestimmtheit für die ganze Lebenszeit andauern werde.

München, den 15. Juni 1886
Dr. Hagen[269], k. Hofrath,
Direktor der Kreisirrenanstalt Erlangen
und Professor
Dr. Grashey, k. Universitätsprofessor
Dr. Hubrich[270], k. Direktor

Zur Beglaubigung vorstehender Abschriften: München, den 25. Juni 1886
Geheimsekretariat des k. Staatsministeriums des Inneren für Kirchen- und Schulangelegenheiten

Poschner k. wirkl. Rat"[271]

In dem geheimen Protokoll des Besonderen Ausschusses der Kammer der Reichsräte vom 17./18. Juni 1886 ist dazu ausgeführt:
„Der Zustand Seiner Majestät des Königs Otto sei ein solcher, daß auch der Laie die Regierungsunfähigkeit zu bestätigen vermöge. Das Leiden habe denselben Anfang genommen [...] wie bei Seiner Majestät König Ludwig. Zuerst seien Seine Majestät König Otto zur Führung einer längeren Conversation befähigt gewesen, jetzt könnten sich Seine Majestät gar nicht mehr artikuliert ausdrücken, wenn auch ein gewißes Verständnis und Erkennungsvermögen bestehe. Wenn Ihre Majestät die Königin-Mutter oder ein Curator das Schloß Fürstenried besuche, so erkennen Seine Majestät dieselben, lachen und springen davon, weil Seine Majestät außer Stande sind, zusammenhängend zu sprechen."

---

269 * 16.06.1814 Dottenheim bis † 13.06.1888 Erlangen; seit 1849 Direktor der Schwäbischen Kreisirrenanstalt Irsee/Kaufbeuren, seit 1859 Direktor der Anstalt Erlangen; Burgmair-Weber, S. 49

270 * 19.09.1837 Schäftlarn bis † 16.02.1896; seit 1870 Direktor der unterfränkischen Kreisirrenanstalt Werneck; Burgmair-Weber, S. 49

271 Bayer. Hauptstaatsarchiv, Abtlg. Allgemeines Staatsarchiv, Kammer der Abgeordneten 2095, pars 2, no.VI;

Und an anderer Stelle heißt es: „Hienach finden sich bei Seiner Majestät König Otto bald Exaltations-, bald Depressionszustände mit Aufregungen, lebhaften Sinnestäuschungen, zuckenden Bewegungen, Wahnideen sowie Geistesschwäche vor, und ist dieser Zustand als ein unheilbarer zu erachten."

Nicht nur der Journalist Anton Memminger griff sich an den Kopf. Er hielt es für eine Farce, wie man mit Otto umsprang. In der von ihm begründeten Neuen Bayerischen Landeszeitung vom 20. Juni 1886 schrieb er, ohne ein Blatt vor den Mund zu nehmen:

„Um sich auf seinen Sesseln weiter halten und in gewohnter Weise fortwursteln zu können, hat das Ministerium Lutz den Prinzen Otto zum König eingesetzt. In spießbürgerlicher Weise klügelte es wohl heraus, daß der Prinz die auf ihn fallende Zivilliste [sein Königsgehalt] nicht verbrauchen kann und daß demnach aus den großen Überschüssen die Schulden des verstorbenen Königs bezahlt werden können. Allein der klare Wortlaut der Verfassung widerspricht der Ernennung Ottos zum König. In der Urkunde heißt es, daß der König den Eid auf die Verfassung leisten muß. Ein Prinz, der aber nicht fähig ist einen Eid zu leisten, weil er denselben weder verstehen noch halten kann, soll der nun fähig sein, König zu werden? [...] Das ganze Volk war auch völlig verblüfft, als ihm das Ministerium einen irrsinnigen Prinzen als König vorstellte [...] Wo soll das hinaus? Man kann doch dem Volke nicht zumuten, daß es die Ehrfurcht, Liebe und Achtung, die es dem genialen König Ludwig II. auch im Unglück nicht versagte, auf einen unheilbar blödsinnigen Prinzen überträgt."[272]

Memmingers Äußerung wurde konfisziert. Er wurde wegen Majestätsbeleidigung angeklagt und zu zwei Monaten Gefängnis verurteilt. Bereits am 15. Juni 1886 hatte der Obersthofmarschall und Königliche Kurator, Baron Malsen, und der zweite Kurator, General von Pranckh, den neuen König Otto besucht und ihm mitgeteilt, „daß sie eine sehr betrübende, aber auch eine sehr erfreuliche Nachricht mitzuteilen hätten. Seine Majestät hätten zweifellos die Situation richtig

272 Memminger, S. 344

erkannt, da den beim Eintritt der Kuratoren in das Schloß vorhandenen Zuständen der Aufregung auf diese Meldung hin vollständige Ruhe gefolgt sei, insbesondere Seine Majestät eine Viertelstunde den Blick auf einen fernen Gegenstand gerichtet, ruhig am Fenster stehen blieben und mit der Hand einige Gestikulationen machten und auch auf die Anfrage, ob Seine Majestät keinen Befehl zu erteilen hätten, ruhig blieben. Erst nach einer weiteren Viertelstunde, während welcher die beiden Curatoren zur Besorgung von Geschäften anwesend gewesen seien, hätten sie Seine Majestät wieder in seinen früheren Zustand zurückgekehrt gefunden", wie ein Pressebericht meldet. Otto zeigte also keine emotionale Regung auf die Nachricht hin, dass sein Bruder Ludwig II. verstorben sei, und gab keinen Laut von sich. Die beiden Kuratoren erkannten daraus wohl, dass Otto die erschütternde Botschaft nicht begriffen hatte und sich deshalb von ihr auch nicht berührt zeigte. Sie führten das selbstverständlich auf die Geisteskrankheit des Angesprochenen zurück.

Andere Berichte sprechen hingegen davon, dass Otto nach der erfolgten Todesmeldung die Worte „... gestorben, ... gestorben"[273] gemurmelt habe.

Nach einer Wartepause wurde dem Patienten nun die Thronfolge- und Regentschaftsproklamation gezeigt und ihm auch vorgelesen. Als man zu den Worten „[...] Seiner Kgl. Hoheit dem Prinzen Otto, jetzt Majestät [...] gelangte, horchte Otto auf und schien sich plötzlich an etwas zu erinnern. Nach der Verlesung redeten ihn die beiden Kuratoren mit ‚Euer Majestät' an, worauf Otto lächelte und mit gemurmelten Worten seiner Freude Ausdruck verlieh. Er wiederholte halblaut den eben erhaltenen Titel, wandte sich dann an seinen Kammerdiener und sagte: ‚Du mußt mich jetzt ‚Majestät' nennen!' Daraufhin ließ er ihn immer wieder zu sich kommen, um aus seinem Munde erfreut den neuen Titel zu hören."[274]

273 Below, S. 397

274 Ludwig Schrott (Hg.): Der Prinzregent. Ein Lebensbild aus Stimmen seiner Zeit. München 1962. S. 103. Böhm, S. 703.

Lebenslang regierungsunfähig!

Prinz Luitpold übernimmt die Regentschaft

In der Regentschaftsvorlage, die am 26. Juli 1886 in der 193. Plenarsitzung der Abgeordnetenkammer vorgetragen wurde, ist zur Krankheit Ottos ausgeführt:

„Was nun zunächst die dauernde Verhinderung Seiner Majestät des Königs Otto I. an der Ausübung der Regierung anlangt, so ergibt sich aus der Thatsache, daß nach einer im ärztlichen Gutachten vom 8. Januar lfd. Js. enthaltenen Konstatirung Prinz Otto schon im 17. Lebensjahre an qualvollen Zuständen von Angst und innerer Unruhe litt, Hallucinationen hat, gereizt und zu Gewaltthätigkeiten geneigt ist, ferner daß nach den vorgelegten Akten schon seit dem Jahre 1878 eine Kuratel über Allerhöchstdenselben wegen geistiger Erkrankung besteht, aus der Konstatirung des Vorhandenseins eines ärztlichen Gutachtens der Herren Doktoren Gietl, Solbrig, Wolfsteiner und Brattler vom 15. Januar 1872, aus der im wesentlichen verlesenen, auf genauen Aufzeichnungen der beobachtenden Aerzte beruhenden Krankengeschichte vom 16. März 1878 bis 1. Mai 1886, aus den eidlichen Depositionen des Assistenzarztes Dr. Müller, welcher vom 1. Dezember 1884 bis in die Gegenwart in der Umgebung Seiner Majestät sich befindet, endlich aus dem unter'm 15. Ifd. Mts. abgegebenen Gutachten der Herren Doktoren Hagen, Grashey und Hubrich, daß König Otto an Exaltations- und Depressionszuständen, an Sinnestäuschungen, geistiger Schwäche und Verwirrung leidet, und daß keine Hoffnung auf Besserung besteht. Vom tiefsten Mitleid für den beklagenswerthen geistigen Zustand Seiner Majestät des Königs Otto I. erfüllt, mußte daher der Ausschuß die traurige Überzeugung gewinnen, daß Seine Majestät König Otto L wohl voraussichtlich für seine ganze Lebenszeit an der Ausübung der Regierung durch geistige Krankheit verhindert ist, und daß auch am 10. Juni ds. Js. Allerhöchstderselbe durch dieses Hinderniß abgehalten war, die Regentschaft zu übernehmen."[275]

275 Müller Wolfgang, S. 300 f

Nachdem durch das Gutachten König Otto I. die unheilbare Geisteskrankheit attestiert worden war, konnte Prinz Luitpold an dessen Stelle nun die Regentschaft übernehmen, die er schon vom 10. bis zum 13. Juni 1886 anstelle von König Ludwig II. innegehabt hatte.

Die Neuesten Münchner Nachrichten unterrichteten in einem ausführlichen Artikel am 13. Oktober 1886 die Bevölkerung über die gesundheitliche Verfassung König Ottos:

„Über das Befinden Seiner Majestät des Königs Otto von Bayern erfahren wir von wohl unterrichteter Seite Nachstehendes: Seine Majestät leidet an Verrücktheit (Paranoia). Der kranke König wird durch anhaltende Sinnestäuschungen (Halluzinationen) und Wahnvorstellungen so sehr vom realen Leben abgezogen, daß der Nichtunterrichtete, d. h. jemand, der nicht schon längere Zeit in der Nähe des hohen Kranken gelebt hat, überhaupt jeden geistigen Zusammenhang des Monarchen mit der Außenwelt für aufgehoben hält. Nur gelegentlich zeigen sich vorhandene Reste normaler Geisteskräfte. Mit relativ freien Tagen, an welchen solche Beweise wahrnehmbar sind, wechseln Zeiten von Erregung und Verwirrtheit ab. Es kommt vor, daß sich der König gegen die Gehörtäuschungen, die ihn oft Stunden und Tage lang quälen, auflehnt, oder daß er gegen die feindseligen Gestalten, die ihm sein krankes Gehirn vor's Auge führt, entsprechend reagiert; den Gegensatz zu diesen Erregungen bildet die Verwirrtheit, ein Zustand, in welchem der König mitunter halbe Tage lang an einem Fenster stehend kein Wort spricht und tief in sich verloren erscheint. In diesen Zeiten unterbleibt jede Erscheinung, welche den Zusammenhang mit der Außenwelt vermittelt, alle geistigen Funktionen sind gewissermaßen vorübergehend gelähmt. Von lichten Momenten, d. h. von einer zeitweisen Geistesverfassung, in welcher der Kranke in Erkenntnis seiner hohen Stellung Anordnungen träfe oder gar Handlungen unternähme, ist keine Rede.

Es ist auch unrichtig, daß der Monarch in die Residenzstadt zu fahren wünscht; schon seit geraumer Zeit wurde nicht einmal der Wunsch nach einer Spazierfahrt geäußert.

Das körperliche Befinden ist ohne Störung. Die Nahrungsaufnahme und Verdauung, kurz alle vegetativen Funktionen verlaufen, abgesehen von kleineren, aus der Geisteskrankheit erklärbaren Eigentümlichkeiten, in geordneter Weise.

Es ist selbstverständlich, daß die Umgebung alles anbietet, um dem hohen Kranken seinen Zustand zu erleichtern, daß die Würde der Majestät nach allen Richtungen gewahrt wird und daß alle – seien es auch nur ephemere – Wünsche, wenn irgend möglich, pünktlichst erfüllt werden. Das Schloß, in welchem eine Offizierswache etabliert ist, erinnert mit seinen prächtigen Gemächern und deren Ausstattung nicht im mindesten daran, daß hier ein Kranker wohnt; der ausgedehnte Park mit den reizenden Anlagen, kurz ganz Fürstenried, macht auf den Besucher den wohlthuendsten Eindruck. In unmittelbarer Umgebung des Königs sind ein Kavalier und ein Arzt, die mit im Schlosse wohnen. Die Pfleger sind erprobte, seit über acht Jahren im Dienste befindliche Männer, an deren Anwesenheit der hohe Kranke so gewohnt ist, daß er sich fragend umsieht, wenn er zufällig den Einen oder Anderen vermißt. Den religiösen Bedürfnissen ist durch eine Hauskapelle Rechnung getragen.

Die Prognose geht mit Bestimmtheit dahin, daß an Heilung nicht gedacht werden kann. Auf die Lebensdauer hat das Leiden keinen Einfluß, da diese Art geistiger Erkrankung abläuft, ohne das organische Leben zu zerstören oder auch nur zu benachteiligen."[276]

Bereits im Juli 1886 wurde Ottos „Hausstaat vergrößert und die Zahl der Diener vermehrt, ebenso die Abteilung der Gendarmerie. Auch hatte […] das Infanterie-Leibregiment eine alle 10 Tage wechselnde Ehrenwache für den König nach Fürstenried zu stellen; diese bestand aus einem Leutnant, einem Unteroffizier, 3 Gefreiten und 24 Gemeinen."[277] Als Hofmarschall fungierte Freiherr von Redwitz. Ihm zur Seite standen die Hofcavaliere Baron Stengel und von Schubaert. Die medizinische Betreuung übernahmen Assistenzärzte, die sogenannten „Prinzenärzte" des Obermedizinalrats Dr. Grashey, der in

276 Neueste Münchner Nachrichten vom 13. Oktober 1886

277 Below, S. 398

der Nachfolge seines Schwiegervaters Dr. Gudden die Oberaufsicht über den Kranken führte und über dessen Zustand in regelmäßigen Abständen dem Prinzregenten Luitpold Bericht erstattete.
Außerdem wurde ein Koch aus der Hofküche Ludwigs II. gestellt und das Essen wurde ihm in einem goldenen Prunkgeschirr serviert. Otto benötigte inzwischen eine spezielle Diät zur Verminderung der Erstickungsgefahr, da die Art seiner Nahrungsaufnahme nicht nur zwischen völliger Verweigerung und Essattacken schwankte, sondern teilweise bizarr wirkte.[278] Unverändert blieb allerdings Ottos Verlangen nach Zigarren, wenn auch diesem Wunsch aus Sicherheitsgründen oft nicht mehr entsprochen werden konnte. Problematisch für Ärzte und Betreuer war weiterhin, dass Otto vor jeder körperlichen Berührung die größte Scheu zeigte. „Um ihm die Haare zu schneiden, mußte man immer einen ausnahmsweise guten Tag des Kranken abwarten, rasiert wird er schon seit vielen Jahren nicht mehr. Wollte man äußeren Zwang anwenden, um eine Untersuchung zu bewerkstelligen, mußte man mit der Möglichkeit rechnen, durch die starke Aufregung, die sich seiner bemächtigen würde, einen Herzschlag herbeizuführen. [...] Jede Heilmethode setzt eben eine gewissen Mitwirkung des Patienten, aktiv oder passiv, voraus – und die ist hier ausgeschlossen, unmöglich.“[279]

Ottos „Gehalt“ als König

Griff in Ottos Privatschatulle

Als Otto nach dem Tod seines Bruders 1886 König geworden war, stand ihm nach staatsrechtlichen Bestimmungen auch das „Gehalt“ – „Zivilliste“ genannt – eines Monarchen zu. Das betrug, wie bei Ludwig II. jährlich etwa 4,23 Millionen Mark. Doch mit diesem Betrag musste er als König auch sämtliche Aufwendungen des Hofes bezah-

278 GHA: Adm, 8, f. 44; KA L II, 63, Berichte Nissl an Ludwig, 16.02.1885, 01.03.1885. Hierneis (1953), S. 69; Burgmair-Weber, S. 49

279 Rosenheimer Anzeiger 46. Jg., Nr. 108 vom 12. Mai 1900, Bericht vom 11. Mai 1900

len. Diese betrafen u. a. den Unterhalt aller Schlösser und Gebäude, die sich in seinem Besitz befanden, außerdem alle Kosten des Hofstaates sowie die Kosten der Repräsentationsverpflichtungen und der Theater. Darum kümmerten sich zwei Vermögensverwalter. Nach Abzug aller Ausgaben blieb Otto nur etwas mehr als eine Million Mark zur persönlichen Verfügung.

Doch Otto hatte von seinem Bruder Ludwig II. auch dessen Schulden von 14,5 Millionen Mark geerbt. Und dafür musste er ebenfalls gerade stehen. Um den drohenden Nachlasskonkurs zu vermeiden, entnahm man zunächst „2 Millionen Mark aus dem Privatvermögen Ottos zur Befriedigung der drängendsten Schulden, die als zinsloses Darlehen galten."[280] Bis Ende 1901 waren nun allein jährliche Zins- und Tilgungsleistungen von einer Million Mark zu leisten. Damit hätte Otto also gar nichts mehr zu seiner Verfügung gehabt. Auch wenn er als Insasse in Schloss Fürstenried keine außerordentlichen Ausgaben hatte, so benötigte er doch Geldmittel. Schließlich wurden ihm rund 250 000 Mark jährlich zur Verfügung gestellt, allerdings nur bis 1902. Die Rückzahlung von Ludwigs Schulden wurde auf 23 Jahre verteilt und war erst 1909 vollständig abgeschlossen.

Bemerkenswert ist, dass auch die Finanzierung des Prinzregenten Luitpold durch Einsparungen in der Versorgung König Ottos und unbekümmerte Zugriffe auf dessen Privatvermögen erfolgte. 1902 strich Luitpold Otto die 250 000 Mark, die er bislang als „Gehalt" erhalten hatte.[281] Obwohl Otto bis 1902 nur wenig und ab 1902 gar kein „Gehalt" mehr erhielt, hatte er dennoch ausreichende Finanzmittel zur Verfügung, um seine Ausgaben zu decken. Das lag daran, dass ihm die Erträge zweier millionenschwerer Fideikommisse seines Vaters Max II. und eines Fideikommisses seines Großvaters Ludwig I. zur Verfügung standen. Bei diesen drei Fideikommissen handelte es sich um Sondervermögen, die nach Bestimmung von Max II. und Ludwigs I. unveräußerlich waren und auch nicht belastet werden durf-

280 Aretin-Erbschaft, S. 22

281 Aretin-Erbschaft, S. 24

ten.[282] Trotz aller Reduzierungen von Ottos Privatvermögen gelang es den beiden Kuratoren – seit 1878 waren dies Ludwig Freiherr v. Malsen und Sigmund Freiherr v. Pranckh, seit 1912 Karl Graf Wolfskeel v. Reichenberg und Hermann Ritter v. Pfaff – im Lauf von 30 Jahren bis zum Ende seines Lebens ein Vermögen von 30 Millionen Mark zu erwirtschaften, das er nach seinem Tod vererben konnte.

„Nur eine weiß ich, die dir treu verblieb …"

Prinzessin Thereses ewige Treue

Ottos Mutter war um ihren Sohn von Beginn der Krankheit an recht besorgt. Sie besuchte Otto in Nymphenburg und auch in Schleißheim regelmäßig. Sie schrieb ihm in einen Brief, als er noch in Schloss Nymphenburg behandelt wurde:
„[…] wir […] denken viel, viel an Dich, […] Sonntags und täglich denke ich Dein im Gebete bei der heiligen Messe […] Hoffentlich gefällt es Dir dort und Du bist wohl […] In treuer Mutterliebe umarmt Dich Deine Mutter Marie."
Andererseits, so Gottfried von Böhm, „erwies es sich überhaupt niemals möglich, der Königin eine klare Vorstellung von dem beizubringen, was eine Geisteskrankheit eigentlich sei, sie schlug die harmlosesten Mittel vor, den Kranken zu zerstreuen und abzulenken."
Solange, wie ihr dies gesundheitlich möglich war, wurde Marie auch noch nach Ludwigs Tod nicht müde, ihren Sohn in Fürstenried zu besuchen. Dabei konnte es geschehen, dass Otto gerade schlief und die Mutter nach stundenlangem Warten wieder nach München zurückfahren musste, ohne ihn gesprochen zu haben. Sie erlaubte es nämlich nicht, dass er geweckt wurde. Auch wenn es zu einem Treffen kam, kehrte sie meist zutiefst deprimiert von diesen Besuchen heim, da Otto sie oft gar nicht mehr erkannte.
Doch seit mehreren Jahren wurde Marie von einem schmerzhaften Gelenkrheumatismus geplagt, sodass die Besuche immer weniger

282 Aretin-Erbschaft, S. 21 ff

wurden. Am 31. Dezember 1888 schrieb sie an Prinzessin Therese: „Es freut mich, daß Ihr Otto besucht." Ein halbes Jahr später, am 18. Mai 1889 starb die Königin-Mutter. Nun hatte Otto kein Familienmitglied mehr, das sich um ihn kümmerte. Prinzregent Luitpold und dessen Sohn Ludwig, der spätere König Ludwig III., überließen gelegentliche Besuche dem Minister des königlichen Hauses, Freiherrn von Crailsheim, der sich einmal monatlich nach dem Befinden des hohen Kranken erkundigte. Ottos Geburtstage wurden in ganz Bayern in üblicher Weise durch Gottesdienst und Parade sowie durch Beflaggen der öffentlichen Gebäude begangen. Doch den Gefeierten bekam dabei niemand zu Gesicht.

Im Grunde gab es jetzt nur noch eine einzige Frau, die ihn nicht vergaß: seine Cousine Prinzessin Therese von Bayern. Für sie war Otto nach wie vor ihre große Liebe. Vor zwei Jahren, 1887, hatte Königin Marie Prinzessin Therese, die sie seit dem Tod Ludwigs II. als ihr „drittes Kind" betrachtete, mit einem Ring überrascht, den sich diese bereitwillig anstecken ließ, obwohl sie sich vorgenommen hatte, nie einen Ring zu tragen, „weil ich den nicht haben konnte, den ich allein wollte, den von ihm [von Otto]", wie sie in ihren Erinnerungen notierte.[283] Für sie wurde der von Marie überreichte Ring zum „Trauring, der mich nun auch äußerlich an ihn bindet, nachdem ich ihm im Herzen schon mehr als 22 Jahre angehöre."[284]

Und so verwundert es auch nicht, dass Therese 1889 Königin Marie in deren Sterbestunde bereitwillig versicherte: „Ich verspreche Dir heilig, daß ich treulich für ihn sorgen werde."[285] Damit Sie ihren Schwur einhalten konnte, erhielt sie die Erlaubnis, Otto jährlich zwei Besuche abstatten zu dürfen. Bis zu dessen Tod 1916 besuchte sie ihn alljährlich im Frühjahr und Herbst in Schloß Fürstenried, insgesamt also 54 mal. Die Eindrücke bei diesen Kontakten mit dem kranken Otto, die Sie ihrem Tagebuch anvertraute, glichen sich im Wesentlichen

283 Bußmann, S. 132

284 Bußmann, S. 132

285 Bußmann, S. 133

Jahr für Jahr. Sie war sich sicher, dass die Isolierung, von der sie annahm, Otto würde sie bewusst erleben, zur Verschlimmerung seiner Krankheit beitrug. Zunehmend bedrückten sie diese Begegnungen, wusste sie doch, dass niemand ihrem Freund helfen konnte. Oft registrierte er ihre Gegenwart überhaupt nicht, las gedankenverloren in einer Zeitung oder stand reglos an der Wand. Therese begnügte sich dann damit, ihn stumm zu betrachten. Manchmal äußerte er Wortfetzen wie „Hohenschwangau", „Glückliche Jugend", „Freiheit". Auch „Dornenkrone"[286] hörte ihn Therese sagen und sie wusste, dass seine Krone in der Tat eine Dornkrone war, die er zu tragen hatte. Nicht selten suchte sie nach solchen deprimierenden Besuchen die heute nicht mehr erhaltene Hofkapelle bei Schloss Fürstenried auf, um dort für den Kranken zu beten. Nur dreimal kam in all den Jahren noch Thereses Name über die Lippen des Kranken, was die Prinzessin sehr beglückte. Von Ottos Hofmarschall, Philipp Freiherr von Redwitz, ließ sie sich auch regelmäßig medizinische Bulletins über Ottos Befinden senden. 13 solcher Berichte sind erhalten. Einer davon vom 1. Oktober 1907 lautet:

„Durchlauchtigste Prinzessin, Gnädigste Prinzessin und Frau!
Eurer Königlichen Hoheit erlaube ich mir unterthänigst zu berichten, dass das physische Befinden Seiner Majestät des Königs während des ganzen Sommers ein sehr gutes war, der psychische Zustand ist immer der gleiche. – Der Gartenbesuch war ein sehr ausgiebiger im abgelaufenen Monat September, so im Durchschnitt täglich 8,3 Stunden, welcher Umstand selbstverständlich auf den Schlaf von gutem Einfluß war, indem im September eine Durchschnitts-Schlafdauer von täglich beinahe 8 Stunden zu verzeichnen ist. Die Nahrungsaufnahme war, wenn auch wie immer – unregelmäßig, doch sehr befriedigend. Das Aussehen Seiner Majestät ist sehr gut, der gestrige Allerhöchste Namenstag konnte leider nicht zu den guten Tagen gerechnet werden, indem seine Majestät derart von Sinnestäuschungen beeinflußt war,

---

286 Bußmann, S. 222

da Allerhöchstderselbe nur wenig Nahrung zu sich nehmen konnte und nicht dazu kam, von der im Auftrag Eurer Königlichen Hoheit aufgestellten Früchteschachtel Notiz nehmen zu können.
In tiefster Ehrfurcht / Eurer Königlichen Hoheit / untertänigster / Freiherr von Redwitz.[287]

Die gelegentlichen Kontakte waren Therese zu wenig, weshalb sie sogar daran dachte, Otto in Fürstenried zu betreuen und sich zu diesem Zweck als Krankenschwester ausbilden zu lassen. Doch dies wurde ihr nicht genehmigt. „Und so träumte ich einen Traum, so schön u. so sterbenstraurig, ich träumte die seine zu sein, nicht im gewöhnlichen Sinn des Wortes, sondern nur um ihn zu pflegen, zu pflegen treu bis zum Tode oder – bis zur Genesung. Dann wäre ich gegangen, denn als gesund hätte er mich nicht mehr gebraucht. Aber es gibt auch keinen Weg hierzu – gar keinen ...“[288]
Am 10. Oktober 1882 verfasste Therese das anrührende Gedicht:

Zwei Einsame

Du wirst von keiner lieben Hand gepflegt,
Von keines Weibes Zärtlichkeit umhegt
Es wird Dir nie ein liebes Wort gesagt,
Nach deinen Herzenswünschen nie gefragt.
Du bist allein, vereinsamt das Gemüth
Dein junges Leben vor der Zeit verblüht;
Verstoßen von den Menschen und verlacht
Wirst um den Rest von Freiheit du gebracht.
Nur eine weiß ich, die dir treu verblieb [...][289]

287 Bußmann, S. 134
288 Bußmann, S. 78
289 Bußmann, S. 78

„Erdbeeren suchen, seine Lieblingsbeschäftigung…"

Ottos Alltag in Fürstenried

Auch die Wiener Presse äußerte sich 1886 zum Befinden des 38-jährigen Otto wie folgt:

„König Otto sah seinem verstorbenen Bruder Ludwig sehr ähnlich; er galt, wie dieser, als ein bezaubernder Jüngling, man schwärmte für seine schönen Augen, man war entzückt von der eleganten Gestalt und alle Herzen jubelten ihm zu. Heute ist sein Blick unstät und ein geistiger Ausdruck tritt aus seinen Augen nicht hervor; seine rosige Gesichtsfarbe ist von einer Blässe verdrängt, seine Redeweise ist undeutlich [was auch im Regentschaftsausschuss der Abgeordnetenkammer konstatiert wurde] und nimmt bei Ausbrüchen von Leidenschaft eine schärfere Form an. Hat er auch von Zeit zu Zeit helle Momente, welche wie ein Lichtblick die Schatten der Nacht durchzucken, so ist doch jede Genesung ausgeschlossen.

Seine Lebensweise ist eine sehr einfache. Manche Tage verlangt er nicht die geringste Tätigkeit, er sitzt dann im Lehnsessel, starrt vor sich bin, raucht Zigaretten, die er selbst verfertigt, spricht nicht ein Wort und ist vollkommen apathisch. Ob es Gewohnheit ist, dass er raucht, oder ob er ein Behagen dabei empfindet, lässt sich nicht sagen; es scheint aber, daß diese Tätigkeit eine rein mechanische bei ihm ist. Mitunter weicht die Lethargie und er verlangt Zeitungen; auch das Lesen ist eine mechanische Arbeit; er blickt in das Blatt, durchfliegt den Inhalt, aber nichts zeigt, daß er etwas davon verstanden. Er wirft das Blatt fort und sinkt in den Lehnstuhl. Auch nach Büchern greift er und macht's damit wie mit den Zeitungen. So wie seine scheinbare geistige Tätigkeit, so ist auch seine körperliche Aktion eine wechselnde.

Zeitweise verlässt er nicht einmal sein Zimmer und dann eilt er wieder in den Park und – mag es Sommer oder Winter sein, Sonnenschein, Regen oder Schnee haben – sucht Erdbeeren, das ist seine Lieblingsbeschäftigung. Solche Perioden sind die lichtesten seiner Existenz. Man hat ihm in neuerer Zeit Spaziergänge über die Bannmeile des Schlosses gewähren können, die Ärzte erprobten dabei, in welcher Weise sich seine Geisteskrankheit zeige, wenn er scheinbar unbewacht sei. Arzt und Wärter folgten unbemerkt. Der Prinz richtete seine Schritte aber immer dem Walde zu, um Erdbeeren zu suchen. Als er bei dieser Beschäftigung einmal eine alte Frau traf, die diese Beeren pflückte, da setzte er sich zu ihr auf den Boden und sprach mit ihr in zusammenhängender Rede. Einer Einladung, wieder ins Schloss zurückzukehren, folgte er willig.

Bei Ausflügen zu Wagen, die manchmal unternommen werden, sitzt einer der Ehrenkavaliere an seiner Seite, ein Arzt auf dem Rücksitz und ein Wärter neben dem Kutscher. Otto erwidert den Gruß der ihm begegnenden Landleute in freundlicher Weise. Aus seinem früheren Leben hat er insoweit Erinnerungen bewahrt, als er des österreichischen Kaiserhauses mit großer Anhänglichkeit gedenkt.“[290]

Trotz der umfangreichen und kostspieligen Sanierungs- und Umbaumaßnahmen stellten die konstruktiven Mängel des Hauptbaus des Schlosses, der weitgehend im Originalzustand belassen worden war, ein ständiges Problem für die Sicherheit des Prinzen dar. Von den Zimmerdecken herabfallende Putzteile machten im Juli 1888 eine erneute Begehung der Räume erforderlich. Dabei mussten zahlreiche Schäden an den Stuckteilen der Decken festgestellt werden, die jedoch nur oberflächlich repariert wurden. „Bei einem dieser Plafonds ist ohne irgendeine besondere Veranlassung bereits ein bedeutendes Stück heruntergefallen, die Untersuchung hat ergeben, daß die Herstellung eine Mangelhafte ist […] daß an demselben Plafond mehrere Stellen bereits mehr oder weniger lose sind, und ein frühes oder späteres Herabfallen möglich ist. Dieser Zustand konnte auch bei allen anderen Plafonds constatirt werden, ja sogar in einem Zimmer des linken Pavillons konnte durch einen mäßigen Schlag mit der Hand, ein großes Stück abgelöst werden.“[291]

---

290 Scharrer-Schauenberg, S. 14 f

291 GHA: Adm, 1895: Bericht Baubegehung, München 19.07.1888; Burgmair-Weber, S. 46

Der sorglose Umgang mit den Baumängeln führte beinahe zur Katastrophe. So stürzte am Abend des 10. August 1889 plötzlich der Kronleuchter im Weißen Saal „gelegentlich des Kerzenanzündens“ von der Decke und verletzte einen Pfleger durch Glassplitter. König Otto, der den Saal gerade betreten wollte, erfasste wegen seines fortgeschrittenen Krankheitszustandes die Situation nicht mehr. „Majestät stand in dem betreffenden Augenblick an der Eingangsthür im Vestibül, so weit entfernt, daß auch die Glassplitter Majestät nicht mehr treffen konnten. Da Majestät stuporös war, scheint auch der psychische Effekt ein sehr geringer gewesen zu sein.“ [292]

König Otto I. in der Prinzregentenzeit

1886 bis 1912

Nach 1886 hatte es Prinzregent Luitpold zunächst gar nicht leicht, da man ihn als „Königsmörder“ beschimpfte. Der Dramatiker Max Halbe berichtet darüber aus eigener Anschauung: „Meine kurze zweite Münchner Zeit war mit der Morgenröte des Prinzregentenzeitalters zusammengefallen. Es war eine von Nebeln und Wolken des Vorurteils, des Mißverständnisses verschleierte und verdüsterte Morgenröte gewesen. Feindliche Nachrede, finsterer Verdacht schlichen durch die Gassen, wisperten in den Stuben, an den Biertischen und schufen unmittelbare Mauern zwischen dem greisen Träger der Staatsgewalt und seinem Volk. Wie die Stimmung nun einmal war, hatte es auch nichts geholfen, daß der neue Herr mit streng betonter Legitimität sich jeder Handlung enthielt, die ihm als ein Trachten nach der Krone selbst hätte ausgelegt werden können. Der sie ‚von Gottes Gnaden‘ ein Menschenalter lang trug, Ludwigs jüngerer Bruder Otto, des Prinzregenten Neffe, saß als unheilbar Wahnsinniger im Schlößchen Fürstenried, dicht vor den Toren Münchens und dennoch weltfern, ein lebendig Begrabener. Nur dunkle Nachrichten drangen aus sei-

292 MPIP-HA: Ghy, 2/5, Brief Ranke an Grashey, Fürstenried 10.08.1889; Burgmair-Weber, S. 46

ner Gruft ans Licht, dem Argwohn des Volkes immer neue Nahrung zuführend."[293]

Sicher auch aus diesem Grund ließ Luitpold seinem Neffen Otto in Fürstenried beste Pflege, eines Königs würdig, angedeihen. Er wollte sich diesbezüglich keinesfalls etwas zu Schulden kommen lassen. Er wehrte sich zeitlebens auch energisch dagegen, Otto offiziell als König abzusetzen und selbst den Thron zu besteigen, obwohl das für ihn mehr Regierungsfreiheit und Zugang zu größeren Finanzmitteln bedeutet hätte. Diese Weigerung ging so weit, dass er es ablehnte, auch nur einmal auf dem Thronsessel Platz zu nehmen. Bei Regierungserklärungen, Empfängen und Ehrungen erledigte er seine Pflichten stehend vor dem Thron und betonte immer wieder, dass er alle Handlungen nur stellvertretend für den kranken König Otto ausführe. Die Bevölkerung schien damit zufrieden zu sein, wie der Rosenheimer Anzeiger vom 12. Mai 1900 bemerkte: „Das bayerische Volk verhält sich – das ist keine Frage – der Möglichkeit eines bevorstehenden Thronwechsels gegenüber vollständig indifferent. Das ist auch durchaus erklärlich, würde ein solcher doch an den bestehenden Verhältnisse so gut wie garnichts ändern. Der Prinz Luitpold hieße dann nicht mehr Regent, sondern König, sein Sohn Ludwig würde Kronprinz, voilà tout. Zugleich ginge das beträchtliche, im Laufe der Jahre stark angewachsene Privatvermögen des Königs Otto auf seinen Nachfolger über, und die etwas still und monoton gewordene königliche Residenz würde etwas belebter, etwas ‚königlicher' werden. Und Sympathien für die Person des armen 54-jährigen Irrsinnigen, der, von der Welt abgeschieden, im verständnißlosen Brüten seine Tage dahinbringt und nicht ahnt, daß ein großes, blühendes Land ihn als seinen Herrn anerkennt, daß in seinem Namen Recht gesprochen wird, daß Münzen mit seinem Bilde geschlagen werden, kann man doch von Niemand verlangen, wohl aber herzliches, tiefes Mitgefühl mit seinem Schicksale. Die heutige Generation hatte ihn ja nie gekannt, man könnte die Leute

293 Riehl, Hans: Märchenkönig und Bürgerkönige. Wittelsbacher Geschichte(n) 1806-1918, Pfaffenhofen 1979, S. 265 f (künftig: Riehl)

in München zählen, die ihn überhaupt von Angesicht zu Angesicht gesehen haben!"[294]

Doch in den folgenden Jahren wurden immer mehr Stimmen laut, die die Sinnhaftigkeit von Ottos Königsherrschaft anzweifelten. So schrieb Ludwig Thoma 1907:

„Der erste Diener des Staates sollte zur Erfüllung seiner Pflichten ebenso fähig sein, wie der letzte. Das Unternehmen, einen Irrsinnigen als Repräsentanten der obersten Gewalt gelten zu lassen, ist nur ermöglicht durch die Gleichgültigkeit des Volkes, das sich von der Tradition eines gedankenlosen Gehorsams nicht frei machen kann. Es führt zu Lächerlichkeiten, die unvereinbar sind mit dem wuchtigen Ernste staatlicher Handlungen. Was ist ein Urteil, das im Namen eines Geisteskranken gefällt ist? Oder der Eid des Beamten, welcher weiß, daß er diesem Könige niemals Gehorsam leisten darf? Natürlich gehen die Geschäfte weiter. Die Kinder kommen in die Schule, die Rekruten in die Kaserne, die Verbrecher ins Zuchthaus. Dennoch müßte sich eine würdige Auffassung dagegen auflehnen, daß sich alle Rechte der Staatsgewalt in einem Unheilbaren vereinen, für den sie nicht einmal dämmernde Begriffe sind. Und, wiederholt: dieses Absurde ist nur möglich, weil wir mit absolutistischen Traditionen belastet, uns der vollen Verantwortung nicht bewußt sind, die jeder einzelne für den Staat trägt."[295]

Auch in seinem satirischen Gedicht „Die Königsfrage" betont Thoma „[...] die Bayern sind / Verlassen wie ein Waisenkind. / Sie fragen sich und seufzen schwer: / Bleibt denn der Thron noch immer leer? / Das drückt den Herrn Kommerzjenrat. / Das sind die Sorgen, die er hat. / Da tritt er nun entschlossen vor / Und ruft zur Residenz empor: / Die Königstreu' im Bayernland / Braucht endlich einen Gegenstand!"[296]

294 Rosenheimer Anzeiger, 46. Jg., Nr. 108, Samstag 12, Mai 1900

295 Thoma, Ludwig: Ein kranker König. In: März. Halbmonatsschrift für deutsche Kultur. 1. Jg., H 19, München 1907

296 Thoma, Ludwig: Gesammelte Werke in sechs Bänden. Band 6, München 1968, S. 620f

Doch bis zum Tod des Prinzregenten sollte Bayern diesen „Gegenstand“, einen König gleichsam zu Anfassen, nicht erhalten.
Auch wenn sich Prinzregent Luitpold mit den Jahren zum leutseligen Nachfolger des menschenscheuen Ludwig II. entwickelte und in den folgenden Jahren München sogar „zum Leuchten“[297] brachte, war die „gute alte Zeit“ doch überschattet von zunehmenden politischen Konflikten. Dabei standen sich zwei Lager gegenüber. Während die Konservativen die Eigenständigkeit Bayerns zu bewahren suchten, orientierten sich nationalliberale Bürger am deutschen Nationalstaat. Die Kehrseiten der Prinzregentenzeit wiesen zunehmende gesellschaftliche Spannungen auf, Emanzipationsbestrebungen sowie zunehmende Armut und Ernährungsprobleme. Dadurch wurden bereits in der Prinzregentenzeit die Weichen zur Revolution von 1918 gestellt.

„Dahindämmern in bürgerlicher Wohnlichkeit“

Theodor Hierneis erzählt

Ottos Geburtstag am 27. April wurde jährlich weiterhin, wie ihm das als König gebührte, mit Gottesdienst, der Beflaggung öffentlicher Gebäude und dem Ruf begangen: „Heil unserm König, Heil! Gott segne seine Majestät den König!"[298] In einem Schreibkalender aus dem Nachlass von Prinzessin Therese findet sich am Vorabend von Ottos 41. Geburtstag am 26. April 1889 der Eintrag: „Gott segne und erhalte ihn uns … Champagner, mit welchem wir auf das Wohl seiner Majestät des Königs tranken.“ Solch euphorischen Wünsche und Rufe wurden mit den Jahren jedoch immer leiser.
Wie sich für den Kranken in Fürstenried der Alltag gestaltete, drang offiziell nicht an die Öffentlichkeit. Mit umso größerem Interesse wurden inoffizielle Schilderungen aufgenommen.

---

297 „München leuchtete“, Anfangsworte der Novelle „Gladius Dei“ von Thomas Mann (1902)

298 Schad-Königinnen, S. 258

So hörte man etwa, dass Otto im Schlosspark von Fürstenried gerne auf einem sich dort befindenden Hügel stand, von dem aus er über die Schlossmauer blicken konnte, wobei er gelegentlich „Reden an sein Volk“ hielt.

Einen interessanten Bericht lieferte der Hofkoch König Ludwigs II., Theodor Hirneis, der nach dem Tod Ludwigs II. 1886 als Aushilfskoch einige Tage in Fürstenried verbrachte. Er schreibt in seinen Erinnerungen:

„Ich lernte Fürstenried erst nach dem Tode König Ludwigs kennen. Hofmarschall Baron von Redwitz hatte mich seinerzeit zu sich berufen mit der Frage, ob ich bereit sei, die Stelle des erkrankten Mundkochs von König Otto zu übernehmen. Einige Kilometer vor München liegt das Schloß, gelb gestrichen und durch eine hohe Mauer gesichert. Nur nach hinten stößt ein Park in die Ackerlandschaft vor, der einzige Auslauf für den unglücklichen Bewohner.

Ich hatte meine Einwilligung zu dem Anerbieten des Hofmarschalls gerne gegeben, aber schon der erste Eindruck beim Betreten des Schlosses war erschütternd. Erst mußten zwei Eingangstüren passiert werden, deren zweite erst geöffnet werden durfte, wenn die erste wieder geschlossen war. Kein Laut dann im ganzen Haus, kein Sprechen, kein Musikton war zu hören, die Schritte wurden von dicken Teppichen geschluckt und die schattenernsten Gesichter der Wärter und Pfleger, die dazu verurteilt waren, die Eintönigkeit dieses Heims mit dem Kranken zu teilen, ließen keinen Zweifel aufkommen, wie man sich hier zu verhalten habe. Sehnsüchtig dachte ich an Neuschwanstein, an Linderhof, an die Prachtsäle in Herrenchiemsee, an festliche Fürstenzimmer mit Kronleuchtern und Spiegeln, farbreichen Gemälden und dem vielen bunten Porzellan. Und hier dann das spürbar langsame Dahindämmern in bürgerlicher Wohnlichkeit. Der Bruder König Ludwigs II., sein rechtmäßiger Nachfolger auf dem Thron – er hatte keine Befehle zu geben, über sein Tun und Lassen entschieden Ärzte und Pfleger, düster gekleidete Wärter anstelle der gallonierten Lakaien.

Eines Tages, als ich in mein Zimmer ging, kam ich auch an den offenen Türen des Königlichen Wohnzimmers vorbei und sah einen unansehnlichen schmächtigen Mann mit einem etwas verwilderten Ziegenbart an einem großen Tisch stehend, mit lauter, aber schwer verständlicher Stimme auf jemand Unsichtbaren einredend. Ein Pfleger antwortete auf meine verwunderte Frage, das sei König Otto. ‚Er hält öfters irgendwelche Ansprachen an sein Volk oder an irgendeine Deputation.' Man müsse sich eben daran gewöhnen, meinte der Wärter, als er meine Erschütterung bemerkte.
Die Speisenfolge bestand aus mehreren Gängen, wurde von der Bekömmlichkeit her bestimmt und mit großer Sorgfalt zubereitet. Auch hier, aber aus anderen Gründen [als bei Ludwig II., der schlechte Zähne hatte], mußte das Fleisch sehr weich gekocht sein, Knochen, Gräten oder Kerne selbstverständlich vermieden werden. Immer speiste der König allein, wobei ihn ein abseits sitzender Wärter beobachten konnte und für erfüllbare Wünsche zur Verfügung stand. Eine kleine Wache vom Infanterie-Leibregiment bewachte das stille Schloß von außen. Dem Leutnant, der sie befehligte, wurde das gleiche Menü serviert, das der König bekam. Selten äußerte sich auch König Otto über das Essen, selten war er bei sich. Nach dem Tode seines Bruders und Königlichen Vorgängers hatte man das goldene Speiseservice, das Ludwig für Herrenchiemsee hatte anfertigen lassen, nach Fürstenried verbracht. Als König Otto es zum ersten Mal sah, sagte er zum diensttuenden Wärter: ‚Jetzt müssen Sie aber MAJESTÄT zu mir sagen.' An den goldenen Schüsseln hatte er, wie im Märchen, seine Würde erkannt."[299]
Noch 1906 wurde das Schloss als „geschmackvoll eingerichtet" bezeichnet. Georg Ludwig Scharrer-Schauenberg berichtet: „Ein kunstvoller Park läßt den fürstlichen Landsitz erkennen. Der König bewohnt eine Flucht prächtiger Zimmer, die alle herrlich eingerichtet sind. An den Damasttapeten sind wertvolle Gemälde, darunter Berchtesgaden und Hohenschwangau. Im Park befinden sich Marmorgruppen,

299 Hierneis, Theodor: König Ludwig II. speist. Erinnerungen seines Hofkochs Theodor Hierneis. München 2010. S. 67 f

Statuen und Springbrunnen. An das Gewächshaus und den Wintergarten schließt sich der Marstall mit den Remisen an. Über jenem befinden sich die Dienerschaftswohnungen und die Räume für 24 Soldaten, welche den Ehrendienst versehen."[300]

Wutausbrüche bei geschlossenen Türen

Ein Bericht von 1889

Auch Zeitungsberichte über den Gesundheitszustand des Kranken erschienen in regelmäßigen Abständen. Am 15. Oktober 1889 wussten die „Innsbrucker Nachrichten" unter Berufung auf einen in den „Münchner Neuesten Nachrichten" erschienenen Beitrag folgendes über den 41-jährigen Monarchen mitzuteilen:
„König Otto sieht zur Zeit wenn nicht gerade beleibt, so doch sehr kräftig aus. Er trägt einen mächtigen, bis auf die Brust reichenden Vollbart, welcher der Schere sehr bedürftig ist, aber auf ein gewöhnliches Maß nicht reduziert werden kann, weil der leicht erregbare Monarch sich gegen ein solches Ansinnen energisch wehrt. Es könnte der übermäßig lange Bart nur im Schlafe geschnitten werden, und das wagt niemand. Der Blick des Königs ist meist stier, ins Leere gerichtet. Nur wenn die alte Dienerin Marie[301], die den König als kleinen Jungen schon auf ihren Armen trug, ihm in die Nähe kommt, dann ruft er sie mit seinem sonoren Bariton ziemlich lebhaft an und gibt in kurzen Worten den Befehl, ihm irgend einen Gegenstand, hie und da ein Glas Bier zu bringen, was er aber sofort wieder vergisst. An anderen Personen geht der stets schwarzgekleidete Monarch vorüber, als wenn er sie nicht erkennen würde. Es ist strenger Befehl, ihn nicht zu grüßen, auch darf er niemals auf seinen Promenaden angesprochen werden. Häufig steht Otto I. in einer Ecke, gestikuliert mit Armen und Händen und spricht im Halluzinationszustand lebhaft zu dem Gegen-

300 Scharrer-Schauenberg, S. 12

301 Eventuell handelte es sich dabei um Ottos Amme Maria Hacklinger, geb. Tekauschek, aus Mösl am Giglberg im Landkreis Miesbach.

stande seiner Einbildung. Dann aber tritt völlige Apathie ein, welche stunden- und tagelang andauert.
Mit Leidenschaft raucht Se. Majestät Zigaretten, gewöhnlich 30 bis 36 Stück am Tage. Der Verbrauch von Zündhölzern ist aus dem Grunde enorm, weil der König stets ein ganzes Bündel Streichhölzer anzündet und es dann mit sichtlicher Freude brennend wegwirft.
Peinlich genau ist die Lebensweise des Geisteskranken geregelt. Am Diner nehmen teil: am oberen Ende der Tafel die Majestät, dann nach einem größeren Zwischenraum die Adjutanten, der Arzt und der Hofmarschall. Der König isst gern und reichlich, trinkt ein Glas Bier und verlangt ab und zu mit scharfer Kommandostimme Sekt, den er gerne zu sich nimmt. Bei der Tafel will König Otto völlig ignoriert sein, wie auch er sich um die weiter unten sitzenden Kavaliere nicht kümmert. Gibt der Arzt das vereinbarte lautlose Zeichen, so wird dem König das Gewünschte sofort gebracht. Besondere Vorkehrungen hinsichtlich des Besteckes existieren nicht, der König gebraucht Messer und Gabel im normalen Zustande, nur die Serviette wird von der Majestät stellenweise verschmäht und dafür der Rock benützt.
In den elegant eingerichteten Appartements des Königs, die durchweg im Erdgeschosse liegen, während die Dienerschaft den ersten Stock bewohnt, ist das Schlafzimmer mit allem Komfort ausgestattet; auch benützt der hohe Kranke die Toilettengegenstände sehr häufig, nur vom Baden will er trotz der prachtvollen Kabine wenig wissen, und es hat seine Schwierigkeit, ihn dazu zu bewegen.
Äußerst empfindlich ist König Otto gegen das Schließen von Türen, die aber durchaus nicht mit Gucklöchern versehen sind. Es ist Befehl, dass alle Türen der Flucht im Erdgeschoss während des Tages geöffnet bleiben, auch die Türen nach dem Garten hinaus. Findet der König eine geschlossene Tür, so gerät er geradezu in Wut und schlägt mit wuchtigen Fausthieben auf dieselbe los. Seit er die Fenster nach der Straßenseite zertrümmert hat, sind diese mit Eisengittern versehen.
Ebenso hegt Otto I. eine gründliche Antipathie gegen das Fahren. Die Abneigung des Königs gegen Ausfahrten wird darauf zurückgeführt, dass auf der Straße sich Neugierige einfanden, deren Anglotzen der

Kranke peinlichst empfindet. Wenn Ausfahrten stattfinden, dann muss der Wagen an der Rückseite des Schlosses warten. Hier ist es einmal passiert, dass der wie traumverloren in die Luft starrende König den Wagentritt fehlte und daneben trat. Mit einem Schlag sprang er zurück ins Haus und schrie: ‚Ich fahre nicht!'

Dass der König sich, wie geschrieben wurde, nach seinem lieben München sehne und öfters den Wunsch, in die Residenz zu fahren, geäußert habe, ist, wie mit Bestimmtheit versichert wurde, unwahr. Ein solcher Wunsch ist nicht laut geworden. Was die Beschäftigung des Königs betrifft, so nimmt er wohl ab und zu eine der aufliegenden Zeitungen zur Hand; ob er sie liest und den Inhalt erfasst, vermag der Gewährsmann nicht anzugeben.

Seine Umgebung ist unablässig bemüht, auf Zerstreuung des Kranken zu sinnen. Im heurigen Frühjahr kam jemand auf den Gedanken, in des Königs Zimmer eine kleine Spieldose zu legen. Der Monarch horchte erstaunt auf die leise Musik, und ein Freudenschimmer flog über sein Antlitz. Einer von den fünf Pflegern meldete diese Gefühlsäußerung sofort dem jourhabenden Arzte. Das verständigte Hofmarschallamt erstattete einen weiteren Bericht, und es wurde schleunigst ein großes Spielwerk im Werte von etwa 5000 Mark angeschafft. Allein die gewünschte Wirkung konnte nicht erzielt werden, der König reagierte auf die Musik der großen Spieluhr nicht mehr und zeigt im Laufe der Zeit sogar richtigen Widerwillen, so dass das Instrument entfernt werden musste.

Die Umgebung des Königs hat Beweise dafür, dass der hohe Kranke die einzelnen Personen erkennt, und in einem lichten Moment ist es vorgekommen, daß Se. Majestät auch einzelne Herren angesprochen hat. Was die Zukunft bringe, lässt sich nicht sagen: möglich, dass dem König ein langes Leben beschieden ist, möglich aber auch, dass dem gestörten Geisteszustand sich einmal plötzlich ein Kräfteverfall zugesellt."

König Otto I., der „Einsiedler von Fürstenried"

„Langsam dem Erlöschen entgegen …"

Gesundheitliche Störungen aller Art

Am 6. April 1898 beunruhigte folgende Nachricht des „Füssener Blattes" die Bevölkerung:

„Im körperlichen Befinden Seiner Majestät des Königs Otto ist in den letzten Tagen eine Änderung eingetreten. Der ärztliche Bericht hierüber lautet wie folgt: Bei Seiner Majestät dem König wurde vor einigen Tagen entdeckt, daß der Urin zweifellos nicht unbeträchtliche Mengen Blut enthalte. Die Untersuchung, soweit sie unter den gegebenen Verhältnissen möglich ist, gestattet den Schluß, daß es sich um eine Blasenblutung handle, allerdings mit gleichzeitiger Reizung der Nieren. Wenn auch die Ursache der Blasenblutung angesichts der gegebenen Verhältnisse und vorläufig nicht mit völliger Sicherheit eruiert werden kann, so darf doch ausgesprochen werden, daß der Zustand Seiner Majestät zu ernsten Bedenken noch keine Veranlassung gibt. Ob aber aus dem vorhandenen Leiden mit der Zeit nicht doch eine Gefahr für das Leben erwachsen werde und innerhalb welcher Zeit dies der Fall sein könnte, ist vorläufig noch nicht abzusehen.

München, 4.4.1898 gez. Dr. Grashey, kgl. Obermedizinalrat
gez. Dr. Bauer, kgl. Universitätsprofessor

Der König wird bekanntlich am kommenden 27.4. 50 Jahre alt."

Es wurde „eine schwere konstitutionelle Nierenerkrankung" angenommen oder „ein Konkrement im rechten Nierenbecken". Am 11. Mai 1900 meldete der Rosenheimer Anzeiger:

„Schon vor zwei Jahren äußerten sich bei dem Könige [Otto I.] die Symptome einer Nierenerkrankung in Form von starken Harnblutungen. Sei es nun, daß die ihn behandelnden Aerzte das Uebel in seiner wahren Gestalt nicht erkannten, sei es, daß die Schwierigkeit, gründliche Untersuchungen an dem hohen Patienten vorzunehmen, eine genau Diagnose überhaupt nicht gestattete – sicher ist, daß das scheinbar überwundene Leiden inzwischen unerwartet stetige Fortschritte gemacht hat und gegenwärtig neuerlich in weit verstärkter Art zu Tage tritt." Es dürfe „mit Sicherheit angenommen werden, daß es sich um die Bildung eines Steines im Nierenbecken handelt, der als Folge der naturgemäß dem Könige mangelnden nöthigen Bewegung anzusehen ist. Eine derartige Steinbildung ist bekanntlich immer mit sehr empfindlichen Schmerzen verbunden, indessen durchaus nicht an und für sich gefahrbringend."[302] Da sich der König aber nicht untersuchen ließe, könne diese Erkrankung jedoch rasch zu lebensbedrohlichen Komplikationen führen.

Am 5. Juni 1900 meldete „die Augsburger Abendzeitung aus authentischer medizinischer Quelle" sogar, dass Otto an „Blasenkrebs" leide, was sich aber nur als Gerücht erwies.

1906 veröffentlichte die Wiener Presse ein längeres aktuelles Stimmungsbild. Der Beitrag befasste sich mit dem geistigen Zustand des nunmehr bereits 58-jährigen Patienten, der sich abermals verschlechtert hatte:

„Nun ist der durch Schönheit einst auffallende Prinz Otto ein Mann mit verwildertem Haar und grauem, langem Bart geworden, von blasser Gesichtsfarbe, mit tief in den Höhlen liegenden Augen. Trotzdem immer ein Assistenzarzt bei dem Kranken weilt und er in vierzehntägigen Zwischenräumen von Geheimrat von Grashey, dem ersten Münchener Irrenarzt, und wenn nötig auch von anderen Fachautoritäten besucht wird, haben das starke Widerstreben, das der noch immer ungewöhnlich kräftige Mann jedweder körperlichen Untersuchung entgegenstellt und die bis ins Kleinste gehende Rücksichtnahme, die man ihm zuteilwerden läßt, bisher die sichere Feststellung eines etwa vorhandenen organischen Leidens verhindert.

Schon vor fünf Jahren gewannen Personen, die den König sahen, den

302 Rosenheimer Anzeiger 46. Jg., Nr. 108 von Samstag, den12. Mai 1900

Eindruck, als ob dies Leben langsam dem Erlöschen entgegengehe. Der Kranke sah schon damals auffallend blass aus, was aber, ohne als Ursache ein organisches Leiden zu Hilfe zu nehmen, wie es in einem Bericht über ihn heißt, allein schon aus dem völligen Mangel an Bewegung und meistens auch an frischer Luft, aus der, was Schlaf und Nahrungszufuhr anbetrifft, ganz ungeregelten Lebensweise und der ausschließlichen Beköstigung mit kalten oder kalt gewordenen Speisen erklärt werden könne. Es hat sich nämlich als ganz undurchführbar erwiesen, den König irgendwie zum sofortigen oder baldigen Genuss der ihm warm vorgestellten Speisen zu veranlassen. Mit einer Art von Eigensinn speist er niemals, wenn die richtige Zeit dafür da wäre, sondern ganz regellos, wie und wann er mag. Und da haben es denn die Ärzte für zweckmassiger gehalten, ihm von vornherein kalt zu genießende Speisen vorzusetzen, als ihn die weniger gut bekömmlichen, kalt gewordenen Gerichte genießen zu lassen. Man kann sagen, dass der König seit Jahren keine richtig warmen Speisen und keinen warmen Trunk genossen.

Man fragt sich oft, wie dabei der Kranke existieren könne? Das innere Leiden des Königs hat zum guten Teile auch seinen Grund in dieser Lebensweise. Leider kann hier trotz der größten Fürsorge und Mühe nicht abgeholfen werden. Ähnlich steht es, da Zwang nicht angewendet werden darf, mit dem Niederlegen zum Schlafe und, was noch schlimmer ist, mit der für den breitschulterigen, wohlbeleibten Mann doppelt notwendigen Bewegung. Um den König zur Bewegung im Freien und in den Wandelgängen zu veranlassen, müssen immer neue Listen ersonnen werden, sonst geht er entweder gar nicht aus dem Zimmer oder er setzt sich alsbald auf eine Ruhebank, sieht zum Himmel und verfolgt den Zug der Wolken. Die früheren Wagenfahrten im Park fallen schon seit längerer Zeit wegen des Widerstrebens des Kranken ganz aus.

Es wird versichert, dass der König auch heute noch ihm bekannte Personen, namentlich solche, deren Züge ihm von seiner früheren Jugendzeit her erinnerlich sind, zweifellos wieder erkenne. Wird der König einer solchen Person ansichtig – es handelt sich nur um Beamte oder Diener, da andere Personen nicht in die Nähe des Königs kommen dürfen, – so faßt er sich mit beiden Händen an den Schläfen, als ob er alte Erinnerungen zurückrufen wollte, zieht wie ärgerlich die Augenbrauen zusammen, zweifellos, weil die feste Erinnerung an die Person, die vor ihm steht, sich nicht einstellen will, plötzlich erhellen sich jedoch die blassen Züge, ein zufriedenes Lächeln lagert sich auf das Angesicht des Königs, ein Zeichen, dass er den Namen der Person gefunden hat, den er dann rasch hervorstößt. Sobald die so erkannte und genannte Person sich vor ihm verbeugt, grüßt er freundlich herablassend und zieht sich rasch, fast ängstlich, von der Person zurück. Trotz dieser augenscheinlichen Erinnerungen aber kann auch nur von lichten Augenblicken, in denen der König irgendwie klar und vernünftig zu denken oder sich seines Zustandes bewusst zu werden vermöchte, keinesfalls die Rede sein. Einige Zeit unterhielt sich der König im Sommer lebhaft mit Vögeln, die er zu sehen glaubte, dann begann er zu – singen. Tagelang füllte der kranke Monarch seine Zeit mit dem Singen aus; er, der wochenlang keinen Ton über seine Lippen brachte. Dann verstummte er plötzlich.

Die Geisteskrankheit, an der König Otto seit mehr als dreißig Jahren, der Menschlichkeit entrückt, dahinsiecht, umfasst ihn mit jedem Tage mehr; die Paranoia zerrüttet langsam aber sicher alles, was noch in dem armen Kopf zerstörbar ist, den Körper sonderbarerweise schonend; dies kommt daher, weil vom Prinz-Regenten alles aufgeboten wird, um den Kranken mit all dem der Königlichen Würde entsprechenden Komfort zu umgeben und ihm zarteste Sorgfalt angedeihen zu lassen. In früherer Zeit war sich der Kranke seiner Würde bewusst und sah mit Misstrauen und Strenge darauf, dass ihm von der Umgebung das werde, was seinem Königlichen Range gebührt. Nicht einen faktisch thronlosen, sondern einen immer noch mit allen äußeren Attributen des Herrschers ausgerüsteten Fürsten hat die Umgebung vor sich, obwohl die rapid fortschreitende Geisteszerstörung König Ottos klar ist. Die Ärzte versäumen nie den Moment, wo der arme König einen lichten Augenblick hat; sie benutzen diesen, um zu einer sonst schwer zu bewerkstelligenden Untersuchung zu gelangen. Die

Diagnose bleibt natürlich Geheimnis der Ärzte, die das Resultat nur dem Prinz-Regenten mitteilen."[303]

Der Arzt Friedrich von Müller berichtet: „Zwei Kammerherren und einige Ärzte dienten zu seiner Bewachung. Auch ich wurde zu dem armen Kranken gerufen, als er gerade von einer schweren Krankheit, einer Pneumonie [Lungenentzündung], befallen war. Trotz des Fiebers war er nicht zu bewegen, das Bett aufzusuchen, er stellte sich in die Ecken, deren Wände mit Matrazen belegt waren, und sprach in unaufhörlichem Redefluß auf alte Bekannte ein, die schon längst gestorben waren. Als ich seine Lunge untersuchen wollte, mußte er von zwei Kammerdienern gehalten werden; er stieß mit den Fersen gegen mich aus und belegte mich dabei in einem fort mit den unflätigsten Beschimpfungen."

In der Bevölkerung hieß es bald, Otto vegetiere nur mehr wie ein Tier vor sich hin. Er redete mit nicht anwesenden Personen oder stand wie erstarrt stundenlang unbeweglich mit vorgebeugtem Oberkörper, halbgeschlossenen Augen und vorgestreckter Hand in einer Zimmerecke, ohne sich um seine Umgebung zu kümmern. Trotz allen war Otto I. nach wie vor König von Bayern. Der Schriftsteller Ludwig Thoma sprach für viele, als er sich am 30. September 1907 über den König Gedanken machte, den keiner mehr zu Gesicht bekam:

„In Fürstenried vegetiert ein armer Mann, dessen Lallen nicht einmal bei den Wärtern Beachtung findet. Im ganzen Lande aber läuten die Glocken zur Feier seines hohen Namensfestes, die Priester beten für ihn, und Seine Exzellenz der Herr Regierungspräsident macht Verbeugungen, als wäre es für einen wirklichen König. Kommt diesen Menschen niemals der Gedanke, daß Gefühle alle Kraft verlieren, wenn sie jahrzehntelang zu Grimassen mißbraucht werden? Ich weiß, [...] daß die Regentschaft dauern soll, bis das ‚eingetretene Hindernis', das heißt die Krankheit des Königs, aufhört. Aber diese Fassung scheint mir zu sagen, daß die Möglichkeit des Aufhörens Voraussetzung war. Und muß sie gewesen sein."

303 Scharrer-Schauenberg, S. 15 ff

Seit Jahren, so Thoma, könne man sich vom König nicht einmal mehr ein Bild machen. Es wird „versäumt, was anderswo als wichtiges Erziehungsmittel gilt. Zum Beispiel der Anschauungsunterricht durch photographische Wiedergabe der fürstlichen Soldatenschönheit und des fürstlichen Familienglücks. In gesegneten Ländern kommt neben Odol, Rayseife und Henkell Trocken nichts so oft vor die Augen wie die Intimität des Herrscherhauses. Nur das bayerische Volk darf den nicht sehen, welchen es angeblich liebt.“[304]
Die Neugier der Bevölkerung, wie König Otto jetzt wohl aussehen würde, wuchs immer mehr. Thoma berichtet von folgendem Vorfall: „Vor Jahren stieg ein Mensch über die Fürstenrieder Parkmauer und photographierte den König. Ein Münchener Blatt brachte die Reproduktion. Ich erinnere mich nicht, daß jemals ein Raubmord die Polizei in so fieberhafte Tätigkeit setzte wie diese Indiskretion. Konfiskationen, Haussuchungen, Untersuchungen. Aber mit welchem Rechte? Ich finde keine Schuld an diesem Photographen. Mangel an Zartgefühl ist in Bayern nicht strafbar und wird es nie werden. [Die von der Polizei konfiszierten Fotographien werden heute im Geheimen Hausarchiv aufbewahrt.] Und handeln vielleicht jene gesetzmäßig, welche das Bildnis des jugendlichen Prinzen Otto auf Silber- und Goldstücke prägen? Der § 15 tituli II der Verfassungsurkunde verlangt, daß auch während der Regentschaft alle Münzen mit dem Brustbilde des Monarchen geprägt werden müssen. Nach jener Reproduktion zu schließen, hat allerdings Krankheit die Züge des Unglücklichen so verwüstet, daß man sie offenbar nicht zeigen darf. Dazu ist sein Zustand viel zu weit vorgeschritten. Er genügt gerade noch, ihn als König gelten zu lassen.“[305]
Trotz solcher Bedenken lehnte Prinzregent Luitpold eisern eine Verfassungsänderung ab, nach der er König hätte werden können. Er sah

304 Thoma, Ludwig: Ein kranker König. In: März. Halbmonatsschrift für deutsche Kultur. 1. Jg., H 19, München 1907 (künftig: Thoma: Ein kranker König)

305 Thoma: Ein kranker König

sich nur als stellvertretender Regent für den kranken König Otto I. in Schloss Fürstenried und das wollte er auch bis zu seinem Tod bleiben.

„Einen König absetzen, das geht nicht so leicht!"

Die Verfassungsänderung 1913

Siebenundzwanzig Jahre nach seiner Ausrufung zum König führte Ottos Zustand noch einmal zu öffentlichen Debatten. Nach dem Tod des fast 90-jährigen Prinzregenten Luitpold am 12. Dezember 1912 beanspruchte dessen Sohn Ludwig widerrechtlich den Thron.[306] Er wollte das Schattenkönigtum des geistig umnachteten Gefangenen in Fürstenried, das ein Vierteljahrhundert von 1886 bis 1912 gedauert hatte, nun endlich beenden. Da er nicht unmittelbar mit dem Tod des Märchenkönigs in Verbindung gebracht werden konnte, war diese Haltung auch verständlich. Wie für die allermeisten Menschen stand auch für ihn einerseits fest, dass Otto zeitlebens nicht mehr in der Lage sein würde, die Regierung auszuüben. Andererseits war Otto in körperlich guter Verfassung, dazu drei Jahre jünger als er. Ludwig musste also damit rechnen, vor Otto zu sterben, ohne König gewesen zu sein. Obwohl Prinzregent Luitpold erst am 12. Dezember 1912 für immer die Augen schloss, war deshalb die Denkschrift des Ministerrates, die eine Beendigung von König Ottos Regentschaft forderte, auf den 11. Dezember datiert. Daraus lässt sich erkennen, wie entschlossen man war, Bayerns Königsthron nun rasch mit Ludwig zu besetzen, der nach dem Tod seines Vaters Luitpold aber selbst zunächst einmal Prinzregent wurde. Prinz Adalbert berichtet in seinen „Erinnerungen"[307], dass vor allem dessen Frau Marie Therese ihren Mann angefleht habe, dem Drängen der Minister und aller anderen, König zu werden, nicht nachzugeben. Sie erinnerte sich an die Absetzung König Ludwigs II., die Amtsübernahme durch den Prinzre-

306 Otto Gritschneder: Doppelmonarchie in Bayern? Wie Ludwig III. König wurde. In: ders., Weitere Randbemerkungen. München 1986. S. 69-86.

307 Adalbert von Bayern, S. 155

genten Luitpold und die heftigen Reaktionen des bayerischen Volkes darauf. Sie ahnte, dass sich das Volk gegen eine Änderung des Thronfolgegesetzes sträuben würde, und riet ihrem Mann, erst nach dem Ableben König Ottos die Königswürde zu übernehmen. Nur das war erlaubt, da nach dem „monarchischen Prinzip" der König auf der Grundlage des „Gottesgnadentums" die Staatsgewalt sozusagen personifizierte. Erst wenn er starb, ging dieses „Gottesgnadentum" auf dem Weg der agnatisch-linealen Erbfolge auf den ihm am nächsten stehenden erbfähigen männlichen Verwandten über. Selbst wenn der König krank und regierungsunfähig war, wie das bei Otto zutraf, ruhte das „Gottesgnadentum" dennoch weiter auf ihm. Dem nächststehenden Verwandten war lediglich die Übernahme der Regentschaft gestattet. Erst nach dem Tod des Königs konnte der Regent selbst König werden, da nun das „Gottesgnadentum" auf ihn überging. Solange er Regent war, standen ihm deshalb auch nicht die Einkünfte eines Königs zu, sondern nur seine sehr viel geringere Prinzen-Apanage mit einer Regenten-Zulage. Außerdem waren seine Machtbefugnisse stark eingeschränkt. Vor allem war es ihm keinesfalls erlaubt, als Regent die Verfassung zu ändern, wie das Luitpolds Sohn Ludwig widerrechtlich erlaubte, weil er nur dadurch König werden konnte.

Wie schwierig die Situation war, zeigt die Tatsache, dass es noch fast ein Jahr dauerte, bis alle Formalitäten der Verfassungsänderung erledigt waren und die Absetzung Ottos und die Ernennung Ludwigs zum Abschluss kamen. Eine 27-jährige Regentschaft war damit beendet. Für Ludwig war sicherlich auch die finanzielle Seite von großer Bedeutung. Schließlich waren die Bezüge des Königs etwa zehnmal so hoch wie die eines Regenten. Standen dem König etwa 4,2 Millionen Mark zu, so dem Prinzregenten nur 420 000 Mark, von denen auch die Hofhaltung seiner Kinder und Enkelkinder standesgemäß zu versorgen war.

In der 173. öffentlichen Sitzung der Abgeordnetenkammer von Donnerstag, den 30. Oktober 1913, wurde das Gesetz über die Beendigung der Regentschaft des Prinzen Ludwig und der Regierung des mittlerweile 65-jährigen König Ottos diskutiert. Der Vorsitzende Lerno von

der Zentrumspartei setzte sich für einen Fortbestand der Regentschaft ein:
„Die Regentschaft dauert fort [...] und hört erst auf, wenn der Liebe Gott König Otto abruft. (Hört, hört! Bei den Sozialdemokraten.) Wir haben den Staatsbürgereid geleistet, [...] der lautet ‚Ich schwöre Treue dem Könige'. Hieße das dem Könige die Treue halten, wenn der Abgeordnete hergeht und sagt: Der Mann ist geisteskrank, darum setzen wir ihn ab. Einen König absetzen, geht nicht so leicht [...] 26 Jahre dauert die Regentschaft bereits. Prinzregent Luitpold hat es aber stets weit von sich gewiesen, sich die Krone aufzusetzen. Warum hat er sich die Krone nicht aufgesetzt? Weil er eben der Überzeugung war, daß es nicht geht. Wenn man den geisteskranken König absetzen wollte, so wäre das die Revolution von oben. (Hört, hört! Bei den Sozialdemokraten.) [...] Ist es denn wirklich unbedingt ausgeschlossen, daß König Otto wieder gesund werde? (Hört, hört! Bei den Sozialdemokraten.) Was würde daraus werden? Wir würden zwei Könige haben und ein großer Streit im Hause Wittelsbach könnte entstehen. Auch spätere Geschichtsschreiber würden dann über das Jahr 1912 sagen: Das Zentrum hat recht gehabt. Es hat seine Königstreue bewiesen, gerade dadurch, daß es an dem geisteskranken Könige festgehalten hat. (Hört, hört! Bei den Sozialdemokraten.)"
Doch schon bald wurden von der Zentrumsfraktion mit hurtiger Hand die „Zwirnsfäden des ihr vor dreiviertel Jahren noch zu unüberwindlich heiligen Eides zerrupft", wie damals die Sozialdemokraten höhnten. Die meisten Zentralisten stimmten jetzt für die Beendigung der Regentschaft. Einer der Sprecher der Sozialdemokraten meinte lakonisch: „Die Zeiten des Gottesgnadentums, von dem nach bekannten geschichtlichen Vorgängen und Verhältnissen in Bayern nicht geredet werden sollte (Heiterkeit bei den Sozialdemokraten), sind vorbei [...]. Von dem Willen eines freien und sozial hochgestellten Volkes wird diese Staatsform der Zukunft bestimmt werden und diese allein wird Dauer behalten. (Lebhaftes Bravo bei den Sozialdemokraten.)"
Nach dieser Diskussion kam es zur Abstimmung. Die Kammer der Abgeordneten und die Kammer der Reichsräte stimmten am 30. Ok-

tober bzw. am 4. November der Verfassungsänderung zu. In der Kammer der Abgeordneten votierten 154 mit Ja, die anwesenden 27 Mitglieder der sozialdemokratischen Fraktion mit Nein, da noch immer verfassungsrechtliche Bedenken vorhanden waren.

Am Mittwoch, den 5. November 1913 vormittags 9 Uhr 44 Minuten, las der Präsident der Abgeordnetenkammer zwei Schriftstücke vor, die der Ministerpräsident Georg von Hertling „im allerhöchsten Auftrage" ihm übergeben hatte. Diese beiden Schriftstücke betrafen die Erklärung der Beendigung der Regentschaft durch den Regenten, d. h. die Ablösung von König Otto und zugleich, dass Ludwig III. als König die Regierung des Landes angetreten habe.

Der Präsident hielt eine kurze Ansprache: „Meine Herren, Sie haben die außerordentlich bedeutsamen Mitteilungen der Königlichen Staatsregierung, vor allem die Proklamation unseres allergnädigsten Königs Ludwig III. vernommen. Habemus regem! – Wir haben einen König!" Wie bei einer Papstwahl stand das definitive, unwiderrufliche Ergebnis fest.

Der anarchistische Schriftsteller Erich Mühsam spöttelte: „Hallelujah! Kränzt die Häuser! Hängt Flaggen heraus! Illuminiert! Läutet die Glocken! Habemus regem!" Die Zentrumspartei, so Mühsam, „die bekanntlich die Rechte des lieben Gottes im bayerischen Staate vertritt, widersetzte sich [anfänglich]. Sie behauptete, die Gottesgnade lasse sich nicht mir nichts dir nichts von Fürstenried nach München verpflanzen, auch sei die Übernahme der Königsinsignien mit dem Eide nicht vereinbar, den der Regent beim Antritt seines Amtes geleistet habe. [...] Das ist ein paar Monate her. Seitdem scheinen sich die frommen Ultramontanen mit ihrem Herrgott anders verständigt zu haben. Von jenen Bedenken wird plötzlich nicht mehr geredet, und Herrn von Hertling [dem bayerischen Ministerpräsidenten] fiel die schwierige Aufgabe zu, der Staatsverfassung eine Wendung zu geben, die den Thronwechsel ermöglichte. Er fand die Lösung [...] und so wurden wir eines Tages durch ein im Namen des Königs Otto erlassenes Gesetz erfreut, das dem Regenten die Möglichkeit eröffnete, den Platz eben dieses Königs Otto einzunehmen. Damit Ludwig III. aber als König von Gottes Gnaden den Thron der Wittelsbacher besteigen konnte, war es nötig, daß er nicht gewählt wurde, sondern sich selbst zum Monarchen ernennen durfte. Dieser Entschluß sollte der Volksvertretung nur zur Zustimmung mitgeteilt werden." Doch Herr von Hertling legte „den Willensakt des neuen Königs dem Parlament erst nach vollzogener Tat ‚zur Zustimmung' vor. Jetzt schreien die Sozialdemokraten: Verfassungsbruch! Die Liberalen wimmern: Taktlosigkeit! Herr von Hertling aber und seine Freunde sind hochbeglückt, dem lieben Gott durch ein geschicktes Kunststück zu seinem Rechte verholfen zu haben. Dem König Otto sind laut Kundgebung des Königs Ludwig alle Titel und Ehrenrechte der Majestät verblieben. Wir erfreuen uns nun also im Lande Bayern zugleich zweier Könige. Wie sie sich mit dieser Tatsache abfinden wollen, wird Sache der Monarchisten sein."[308]

Otto I. König ehrenhalber – König Ludwig III. regiert

Doppelmonarchie in Bayern – 1913 bis 1916

Der Bayerische Landtag hatte bei den Psychiatern Emil Kraepelin, Hubert von Grashey, Friedrich Vocke, Ernst Rehm und Gustav Specht erneut ein Gutachten über König Otto I. in Auftrag gegeben.[309] Vor den Abstimmungen über die Beendigung der Regentschaft des Prinzen Ludwig besuchten die Landtagsabgeordneten Giehrl (Zentrum) und Casselmann (Liberale Vereinigung) am 4. November 1913 König Otto in Fürstenried, um sich ein unmittelbares Bild über den Zustand des Monarchen zu verschaffen. Über ihre Beobachtungen berichteten u.a. die „Münchner Neuesten Nachrichten" vom 6. November 1913 folgendes:

---

308 Erich Mühsam: Die Monarchie. In: Kain. Zeitschrift für Menschlichkeit, 3. Jahrgang, Nr. 8/1913.

309 Das Gutachten von 1913, das man den Abgeordneten nicht als Drucksache, sondern persönlich als Abschrift aushändigte, war nach Aussagen Burgmair/Weber weder in den Beständen des GHA noch im Archiv des Bayerischen Landtags zu ermitteln.

„Die beiden Abgeordneten werden von Baron Stengel vor den König geführt. Ein prächtiger Empfangssaal, aber die Wände und Türen gepolstert wie alle Räume, die dem unglücklichen Kranken zum Aufenthalt dienen. An der dunkelsten Stelle des Saales, zwischen zwei Fenstern, wohin das Licht nur spärlich dringt, steht an der gepolsterten Mauer ein kräftiger, großer Mann, der ohne Unterbrechung drei, vier kleine Schritte hastig vorwärts und dann wieder zurücktrippelt, unaufhörlich, ohne Aussetzen, an derselben Stelle. Die Hände gestikulieren ständig, sie beschreiben Kreise. Die Finger sind fortwährend in Bewegung, jetzt fährt sich der Kranke an den Kopf, jetzt streckt er die Hand in die Höhe. Dabei spricht er fortwährend in abgerissenen, unverständlichen Lauten, auch Schimpfworte mischen sich darein. Offenbar hört er ständig Geräusche, kämpft mit Wahnvorstellungen. Ein Bild, erschütternd bis ins Mark.
‚Majestät, hier sind die Herren Landtagsabgeordneten Giehrl und Dr. Casselmann, welche ihre Aufwartung machen zu dürfen bitten', so stellt der Hofmarschall die beiden Gäste vor. Sie werden keines Blickes gewürdigt, der Kranke reagiert mit keinem Worte und keiner Bewegung auf die Anrede, sondern fährt fort mit seinem ruhelosen Vorwärts und Rückwärts, das ganz automatisch wirkt und von den Gehbewegungen eines Gesunden sich völlig unterscheidet. Noch zweimal versucht der Begleiter, dem bedauernswerten Manne, dem eine Königskrone zukommt, begreiflich zu machen, daß Besuch anwesend sei. Vergeblich. Nur abgebrochene, heftige, schwer verständlich hervorgestoßene Laute sind die Antwort. „‚Lu' und ‚Pra' – ‚Lu', das ist sein unglücklicher toter Bruder, König Ludwig, ‚Pra', der seit langem verstorbene Generaladjutant v. Pranckh, die beide öfter in seiner Wahnwelt auftauchen, anscheinend neben Baron Stengel als die einzigen positiven Personen, die noch eine Rolle im ‚Bewußtsein', wenn man das so nennen könnte, eine Rolle spielen. Seit 10 Jahren hat man am Kranken nichts mehr beobachten können, was auch nur im entferntesten an einen sogenannten lichten Augenblick gemahnen könnte. Längere Zeit weilen die Besucher im Empfangssaal, ohne daß sich das Bild ändert. Stunden – und halbe Tage lang kann der Kranke

nach der Aussage seiner Umgebung an der gleichen Stelle seine engbegrenzten Bewegungen ausführen, ohne sich stören zu lassen, dabei den Blick ständig auf die gepolsterte Mauer gerichtet. Der König ist sehr gealtert, etwas gebeugt, grau ist der Knebelbart und das noch ziemlich reichliche Haar, eingefallen die Gesichtszüge, erloschen und verschleiert das Auge, das durch seinen Blick schon die geistige Erkrankung verrät.

Der König nimmt nur unregelmäßig Nahrung zu sich, es ist mehr ein Verschlingen als ein Essen. In einem Nebenzimmer steht ein Tisch gedeckt, das Tischtuch mit Eisenklammern am Tisch befestigt. Trotzdem gelingt es manchmal dem kräftigen Mann, es loszureißen, mit allem was darauf steht, um es in eine Ecke zu schleudern. Auch während der Anwesenheit der beiden Abgeordneten schlüpfte der Kranke, als er sich unbeachtet glaubte, rasch in das Eßzimmer, um Tee zu trinken. Plötzlich bemerkt der begleitende Arzt: ‚Majestät werden unruhig' und er sucht die Besucher, sich zu entfernen. Bevor sich die beiden umwenden, schleudert der Kranke das Tablett mit dem darauf stehenden massiven Geschirr – Porzellan usw. ist begreiflicherweise ausgeschlossen – wuchtig in eine Ecke und unterhält sich dann damit, die einzelnen Stücke wieder aufzulesen und wieder zu schleudern. Sind es die unsichtbaren Feinde seiner Phantasieweit, gegen die er sich wehren will? Noch besichtigen die beide Besucher die übrigen Räumlichkeiten, das Bad, in dem den Kranken oft fünf Diener festhalten müssen, die Schlafräume usw. und überall erhalten sie den Eindruck, daß auf das Gewissenhafteste für das Wohl des Bedauernswerten vorgesorgt ist, wie denn überhaupt sein Kräftezustand nur zu erklären ist durch die ausnehmend sorgfältige Pflege, die ihm zuteil wird.

Das war der Eindruck von Fürstenried, dem Königsschloß: tieferschütternd, dauernd, unvergeßlich, zum Mitleid zwingend, zu einem Mitleid, das umso tiefer greift, wenn man sich erinnert: Das ist ein Königsdasein."[310]

310 Bericht der „Münchner Neuesten Nachrichten" vom 6.11.1913

Aufgrund des Gutachtens und des Berichts der beiden Abgeordneten war die vom Landtag beschlossene Verfassungsänderung, die bei dauerhafter Regierungsunfähigkeit nunmehr eine sofortige Thronfolge Ludwigs ermöglichte, rechtens. Am 8. November 1913 konnte der 67-jährige Ludwig den lang ersehnten Eid auf die Verfassung leisten und als fünfter, aber auch letzter König aus dem Hause Wittelsbach seine Regierung beginnen.

Bayern hatte nun zwei Könige, es herrschte eine „Doppelmonarchie". Der geistig umnachtete Otto behielt nämlich seine Ehrenrechte mit der Anrede „Majestät" und der Titulatur „König". Der gesunde Ludwig III. regierte als proklamierter König in der Münchner Residenz. Ottos Person war laut Verfassung „heilig und unverletzlich", und so konnte er nicht ausdrücklich abgesetzt werden. Dies bestätigte auch folgende von allen Ministern unterzeichnete Königliche Entschließung:

„Wir tun kund zu wissen, daß durch Unsere Erklärung von heute, wodurch Wir die Regentschaft beendigt und die Regierung als König angetreten haben, der Titel und die Ehrenrechte Seiner Majestät des Königs Otto nicht berührt worden sind."

Ludwig III., der nun endlich König geworden war, zeigte am wirtschaftlichen Aufschwung Bayerns großes Interesse und setzte sich für Industrie und Handel ein. Schon sein Großvater Ludwig I. nannte ihn den gescheitesten seiner vier Enkel und in der Tat fehlte es Ludwig III. nicht an Intelligenz, Bildung und Einsicht in komplexe Zusammenhänge. Unter anderem regte er den Erwerb und Ausbau des Münchner Messegeländes an, unterstützte den Bau des Deutschen Museums und förderte den Bau von Eisenbahnen und Schifffahrtstraßen. Da ihm die Entwicklung der Landwirtschaft ganz besonders am Herzen lag, baute er sein Gut in Leutstetten zu einem ansehnlichen Vorzeigebetrieb aus. Bald nannte man ihn deshalb den „Millibauer von Leutstetten" und seine Gemahlin „Topfenresl". Als Landwirt legte er auch keinen besonderen Wert auf eine standesgemäße Kleidung. Wegen seiner zerknitterten Hosen bespöttelte man ihn als „Ludwig den Vielfältigen". Der König nahm es mit Humor. Dass viele es ihm übel nahmen, dass er nicht wie sein Vater Regent geblieben war und

ihn deshalb als „Räuber der Krone" anfeindeten, kränkte ihn. Dass „die Thronbesteigung Ludwigs III.", so das Urteil des Juristen Cajetan Freiherr von Aretin, „für das Monarchieverständnis der bayerischen Verfassung fatal" war, sah er wohl nicht voraus. Die Legitimation als König hätte er nämlich erst mit dem Ableben oder der Abdankung König Ottos erwerben können. „In dem Moment, wo Ludwig diese zwingende Abfolge durchbrach, setzte er sich über das Gottesgnadentum hinweg und nahm damit seinem eigenen Königtum die Legitimation. […] Mit der Thronbesteigung Ludwigs war die Existenz Ottos zum Störfaktor geworden." Erst mit Ottos Tod „konnte die bayerische Monarchie zur Normalität eines einzigen Königs zurückkehren."[311]
Als König stand Ludwig III. nun auch eine höhere „Zivilliste", also ein höheres „Gehalt" zu. Doch wie stand es mit Ottos königlichem Gehalt seit 1913? „Anders als [sein Großvater] Ludwig I., der nach seiner Abdankung 1848 [von seinem Sohn Max II.] jährlich 500 000 Gulden aus der Zivilliste erhielt, überließ Ludwig III. seinem königlichen Vetter nichts. Er bewilligte ihm bei der Erhöhung der Zivilliste auch keine Apanage, so daß Otto vom Staat faktisch bereits ab 1902 und formell ab 1913 keinerlei Mittel mehr erhielt."[312] Allerdings blieb Otto das „Clementinum", also das Fideikommiss seines Vaters König Max II., das aus einem Kapital von fast 10 Millionen Mark bestand. Das war mehr als ausreichend, da Ottos Finanzbedarf wegen der völligen Zurückgezogenheit relativ bescheiden war.

Wenn Otto als König regiert hätte

Gedanken zu einer möglichen Regentschaft Ottos I.

Wie hätte sich Bayerns Monarchie entwickelt, so fragen sich manche, wenn Otto geistig gesund gewesen wäre? Freilich lässt sich auf eine solche Frage keine zuverlässige Antwort geben, aber einer Überlegung ist eine derartige Annahme doch wert.

---

311 Aretin-Erbschaft, S. 20

312 Aretin-Erbschaft, S. 28

1886 hätte Otto als 38-Jähriger die Nachfolge seines Bruders angetreten. Da er bis 1916 lebte, hätte ihn eine 30-jährige Amtszeit erwartet. Was Ottos Charakter betrifft, fühlte sich Prinzessin Therese, wie oben erwähnt, an ihren Vater Prinzregent Luitpold erinnert. Sie bezeichnete Otto einmal als „liebenswürdig, gütig, nicht berechnend, bescheiden, natürlich, offen und gerade in seinem Wesen und unerschütterlich fest, wenn es galt, seine Überzeugung zu vertreten, außerdem als religiös".[313]

Wäre er also ähnlich wie sein Onkel Luitpold ein redlicher und leutseliger Regent geworden? Wäre demnach auch für ihn, wie für seinen Onkel, das öffentliche Volkswohl oberstes Gesetz gewesen? Und hätte auch er sich wie Luitpold dafür eingesetzt, alles das, was nach der Verfassung von 1871 noch königlich-bayerisch geblieben ist, zu bewahren? Wäre auch unter seiner Ägide das Schulwesen reformiert worden, so dass 1903 erstmals auch Frauen an der Universität studieren konnten? Hätte er wie Luitpold 1906 ein modernes Wahlrecht in Bayern eingeführt? Und wäre es auch ihm gelungen, die Residenzstadt München zum Mittelpunkt des politischen, gesellschaftlichen und kulturellen Lebens in Bayern und zu einem europäischen Kulturzentrum ersten Ranges zu machen? Wären also auch unter seiner Herrschaft neue Kirchen und Staatsbauten entstanden wie beispielsweise das bayerische Nationalmuseum, der Justizplast, das Künstlerhaus, das Neue Rathaus und das Volksbad im Jugendstil, um nur einige markante Bauten zu nennen, die München dem Prinzregenten verdankte. Luitpold realisierte als Kunstmäzen außerdem etliche private und staatliche Kunstankäufe. Hätten auch unter Ottos Regierung renommierte Künstler wie die Maler Lenbach, Stuck, Kaulbach, Slevogt und Marc in München gerne gearbeitet und sich wohl gefühlt? Dazu angesehene Bildhauer, Komponisten und Schriftsteller, so dass Thomas Mann auch unter seiner Herrschaft davon geschwärmt hätte, dass „München leuchtete"?

313 Bußmann, S. 68

Zweifellos besaß Luitpold, der infolge von Ottos Erkrankung schon zu Lebzeiten Ludwigs II. zunehmend mehr Repräsentationspflichten übernehmen musste, mehr Erfahrung als Otto. 1870/71 trat er als Vertreter Bayerns im Großen Hauptquartier und bei der Reichsgründung im Schloss zu Versailles auf, in den Folgejahren immer öfter auch bei den Festen des Georgi- und Hubertusritterordens, bei Staatsempfängen und Landtagseröffnungen.

Nur eine Sache verband Luitpold, Ludwig III. und Otto miteinander: die ausgeprägte Jagdleidenschaft. Dass Otto aber wie Ludwig III. Interesse an Wirtschaftsfragen gehabt und sich für die Förderung der Industrialisierung eingesetzt hätte, ist zumindest fragwürdig, da diesbezügliche Interessen von ihm nicht bekannt sind. Auch eine Begeisterung für die Landwirtschaft wie bei Ludwig III. war bei Otto ebenfalls nicht vorhanden.

Und wie hätte er sich im Ersten Weltkrieg verhalten? Wäre ihm im Gegensatz zu Ludwig III. rechtzeitig bewusst geworden, dass aus dem angekündigten Blitzsieg nichts werden würde? Hätte er sich früh genug gegen die Oberste Heeresleitung in Berlin gestellt, an deren Vernunft appelliert und auf einen Verständigungsfrieden gesetzt, um den teuflischen Stellungskrieg an der Front und den Hunger in der Heimat bereits Anfang 1916 zu beenden, wie dies etwa Kronprinz Rupprecht forderte, der jedoch nicht gehört und sogar als Vaterlandsverräter beschimpft wurde? Und hätte Otto die drohenden Gefahren von Niederlage und Revolution frühzeitig erkannt und rechtzeitig politische Reformen und Schritte in Richtung einer weiteren Parlamentarisierung eingeleitet, um einer Beendigung der Monarchie vorzubeugen?

Historiker wagen zu bezweifeln, dass unter einem gesunden König Otto I. Bayerns Entwicklung erfolgreicher verlaufen wäre, als dies unter Prinzregent Luitpold und seinem Sohn Ludwig III. der Fall war. Auch ihm wäre es sicher nicht gelungen, die Monarchie zu retten. Auch seine Herrschaft wäre in den Nachkriegswirren zerbrochen. Doch Definitives lässt sich darüber nicht sagen, es handelt sich lediglich um Vermutungen.

„In Fürstenried vegetiert ein armer Mann…“

Ottos letzte Lebensjahre

Vier Jahre hatte Otto jetzt noch zu leben, vier Jahre neben einem neuen König. Bis zum Jahre 1913, als Ludwig III. König von Bayern wurde, bestand die Gepflogenheit, dass sich jedes Jahr eine Parlamentarierabordnung zum Schloss Fürstenried begab, um sich von der noch bestehenden Regierungsunfähigkeit Ottos selbst ein Bild zu machen. Normalerweise wurde darüber in der Öffentlichkeit nichts verlautbart. Doch über einen dieser Besuche kam infolge einer Indiskretion eine genaue Darstellung in der Bevölkerung in Umlauf. Für etliche Bayern war das, was sie hörten, sogar der eindeutige Beweis, dass Otto gar nicht extrem geistesgestört war und nur als politisch Gefangener in Schloss Fürstenried festgehalten wurde. Geschildert wird dies in einer damaligen Zeitung folgendermaßen:

„Die hohe Delegation des Bayerischen Landtages, die sich nach jeweiligem Zusammentritt des neuen Landtages persönlich von dem Befinden des kranken Herrschers überzeugen sollte, bestand aus den beiden Präsidenten der Kammer der Reichsräte, einem Schriftführer in Hofuniform, dem Präsidenten der Zweiten Kammer und Vertretern der verschiedenen Fraktionen; neben dem allmächtigen Zentrum, das auch einen geistlichen Herrn ausgeschickt hatte, gehörte ein Liberaler und ein Sozi dem Gremium an.

Im Schlosse angekommen wurden die Herren vom Hofmarschall des Königs sowie einem bekannten Irrenarzt empfangen. Aus dem einleitenden Bericht ergab sich, daß zwar der körperliche Zustand des hohen Herrn vorzüglich sei, daß aber das geistige Befinden immer noch das gleiche sei, wenn auch in letzter Zeit der hohe Kranke zeitweise lichte Augenblicke zeigte. Zumal heute erweise sich der Herrscher besonders ruhig, und so wurde denn die Deputation gebeten, sich von dem Befinden des Königs persönlich zu überzeugen.

Der König selbst hatte noch vor Ankunft der Delegation den selten schönen Morgen zu einem Spaziergang in dem prächtigen Park ausgenutzt und sich eben mit gutem Appetit an der reich besetzten Frühstückstafel niedergesetzt, als der diensttuende Kammerherr die Ankunft der hohen Kommission anzeigte und den Herrscher um Gewährung einer Audienz bat. Der König aber zog sein Frühstück einer Audienz vor. Auch meinte er, die Herren hätten zu ihm so weit wie er zu ihnen. Um den König also nicht zu reizen, blieb dem Kammerherrn nichts übrig, als die Deputation zu bitten, ihm in das Frühstückszimmer zu folgen. Dort eingetreten, nahm Otto zunächst von den Herren überhaupt keine Notiz, sondern frühstückte ruhig weiter und übersah auch geflissentlich die mehr oder minder eleganten Verbeugungen sowie die Vorstellung der Herren. Als diese zu Ende war, nahm der Führer der Deputation das Wort, um an ‚Seine Majestät' eine kurze Ansprache zu richten. Kaum hatte er begonnen: ‚Gestatten Eure Königliche Majestät, daß …', als Ottos Gesicht ein freundliches Lächeln überflog. Er blickte vom Teller auf und sah auf den Redner. Kaum hatte er diesen jedoch erblickt, als er rief: ‚Was will denn der Grasaff?' Der Redner tat so, als ob er diesen freundlichen Zuruf überhörte und setzte seine Ansprache fort, während Otto sich sein Frühstück weiter schmecken ließ und von der Deputation keine Notiz nahm. Als die Ansprache beendet war, war auch der König satt und erhob sich vom Frühstückstische. Er drehte sich dann seiner Begleitung zu: ‚Was will die Bande? Raus mit der Saubande!' Und ehe sich die Delegation entfernen konnte, warf Otto den Herren noch eine halbvolle Tasse Tee, eine Milchkanne und einen Teller nach, wobei die Kanne am Herrn Prälaten abprallte und dessen schöne Soutane mit den Resten des Königlichen Frühstücks schmückte. Ein Stuhl flog hinterher. So endete die Audienz der hohen Landtagskommission. Sie konnte einstimmig feststellen, daß Seine Majestät sich zwar des besten körperlichen Befindens erfreue, dass aber die geistige Verfassung die Beendigung der Regentschaft noch nicht gestatte. In nicht öffentlicher Sitzung des Landtages wurde dann Bericht erstattet und strenge Geheimhaltung vereinbart. Trotzdem wurde die Geschichte bekannt und König Otto überall gelobt für seine Scharfsinnigkeit und Treffsicherheit gegenüber der ‚Saubande'".[314]

314 Riehl, S. 295 f

Gottfried von Böhm berichtet einen ähnlichen Fall: „Der Prinz verstummte allmählich ganz und unterhielt sich nur mehr mit Halluzinationen. Als ein Lichtblick wurde es daher angeführt, daß er, als der Baron, der Lichtenstern nach vierjähriger Dienstzeit ersetzte und nicht als sehr intelligent galt, ihn frug, ob er in seiner Gegenwart rauchen dürfe und sich eine Zigarre angezündet hatte, obschon seine Frage unbeantwortet geblieben war, plötzlich die Worte sprach: jetzt raucht das Vieh doch!“[315]

Solche durchaus witzigen Bemerkungen blieben jedoch immer mehr aus.

In den letzten Lebensjahren soll Otto nur mehr gebellt und gewinselt haben. In der Bevölkerung aber munkelte man, Otto sei gar nicht verrückt, er werde nur gefangen gehalten. Da ihn die Leute nicht mehr sahen, konnte das Gerücht leicht entstehen. Sie erstellten ein Phantombild, das dem seines Bruders Ludwig recht nahe kam. Und dieses Bild liebten und verehrten die Anhänger Ottos zunehmend. Sie hatten gar nicht den Wunsch, den Kranken in seiner wahren Not zu erleben und sein Schicksal zu begreifen.

Der Ausbruch des Ersten Weltkriegs

Untergang der alten Welt

Ein halbes Jahr, nachdem Ludwig III. zum König proklamiert war, begann am 31. Juli 1914 der Erste Weltkrieg mit Verhängung des Kriegszustands über das Gesamtgebiet des Königreichs. Während die Prinzregentenzeit als unbeschwert-friedliche Zeit gesehen werden kann und als „die gute alte Zeit“, in der München leuchtete, in die Geschichte einging, war die kurze Regierungsspanne Ludwigs III. eine dramatische Phase, in der sich brisante politische Umwälzungen anbahnten, die schließlich zum Ende der Monarchie und der Herrschaft der Wittelsbacher führten. Als er am 8. November 1913 als Ludwig III. den bayerischen Thron bestieg, ahnte er nicht, dass der ein Dreivier-

315 Böhm, S. 454

teljahr später beginnende Weltkrieg sein Königtum wieder rasch beenden würde.

Sein Cousin Otto realisierte das alles nicht mehr. Abgeschirmt vor der Öffentlichkeit und den Kriegswirren lebte er in Schloss Fürstenried. Als am 25. Juli die Antwort Serbiens auf das österreichische Ultimatum bekannt wurde, versammelten sich vor dem Palais in München die Menschen, um Ludwig III. mit Hoch und Hurra die Treue zu bekunden. Von dieser Euphorie ließ sich der König, der kein Kriegstreiber, sondern eher passiv war, zunächst nicht anstecken. Gleichwohl war ihm klar, dass Bayern im Falle eines Kriegsausbruchs entschlossen zum Reich stehen müsse.

In Ottos Domizil drang aus Münchens Straßen und Biergärten kein Ton von den Jubelstimmen der zunächst kriegsbegeisterten Menschen, die ihrem patriotischen und nationalen Hochgefühl Ausdruck verliehen. Kriegsparolen wie „Jeder Schuss ein Russ, jeder Stoss ein Franzos und jeder Tritt ein Britt“ oder der viel zitierte Ausspruch Ludwigs III. „Viel Feind, viel Ehr“ sagten ihm nichts.

Wäre er noch bei Sinnen und damit regierender König gewesen, hätte Otto vielleicht mit seiner mittlerweile 64-jährigen Lieblingscousine Prinzessin Therese von Bayern über diesen unheilvollen Krieg diskutiert. Womöglich hätte dann auch er wie sie reagiert, die dem Hurra-Gebrüll und dem Kriegsjubel nichts abgewinnen konnte. Hellsichtig erkannte sie, dass um sie herum nichts als „Lügen u. immer Lügen“ gestreut wurden. Sie sprach von „absichtlich geschürtem Kriegstaumel, von Heuchelei, Selbstherrlichkeit und schreiendem Unrecht“. Sie fühlte sich „in diesem Pfuhl von Unwahrheiten […] Tag für Tag moralisch gepeitscht u. moralisch gemartert.“ Die „barbarischen Mittel“ des Krieges und das „der Menschheit bevorstehende Elend“ bereiten ihr „unbeschreibliche seelische Qualen“[316]. Therese konnte ihrem Bruder Ludwig III. nicht zustimmen, als er, zunächst ein König von eher unmilitärischem Auftreten, bald, von der allgemeinen Kriegseuphorie getrieben, nur noch einen „Siegfrieden“ für akzeptabel hielt, von dem

316 Bußmann, S. 230 ff

auch Bayern durch Gebietsgewinne profitieren sollte. „Es ist heller Wahnsinn in unserer culturell so hoch entwickelten Zeit!“, schrieb Prinzessin Therese einer Freundin im Oktober 1914. „Ich sehe kein Ende des jetzigen Zustandes hier, bis alle Staatsfinanzen zerrüttet, aller Wohlstand vernichtet u. die ganze Bevölkerung dezimiert ist!“[317] Unter ihren „kriegshypnotisch eingestellten Bekannten“ wurden bald schon Stimmen laut, sie gehöre eingesperrt. Wie hätte Otto auf ihren Pazifismus reagiert, wenn er anstatt Ludwig III. geistig normal König gewesen wäre? Hätte er ihr womöglich zugestimmt und anders gehandelt als sein Cousin Ludwig III.?

Die Mobilmachung in Bayern lief am 1. August an. Zahlreiche Freiwillige ließen sich rekrutieren. 417 000 Bayern, die dem Oberbefehl des Kaisers unterstellt waren, wurden von jubelnden Menschenmassen auf den Straßen verabschiedet und rückten an die Front. Allenthalben erwartete man ein schnelles und siegreiches Ende des Krieges. Doch schon das dritte Kriegsjahr 1916 brachte in der Bevölkerung und an der Front angesichts der Belastungen und des nicht absehbaren Kriegsendes einen allgemeinen Stimmungsumschwung. Die deutsche Armee blutete aus, der Absturz in die Hoffnungslosigkeit begann. Die Lebensmittel wurden knapp, man ernährte sich von Futterrüben und schlechtem Brot. Auch in München herrschte Hungersnot. Gottfried von Böhm bringt damit sogar Ottos Tod in Zusammenhang, wenn er schreibt: „[…] man sagte mir, daß er [Otto] schließlich förmlich Hungers gestorben sei, weil er sich nicht an die fleischarme Kriegskost gewöhnen konnte.“

Ludwig III., den man als Erfüllungsgehilfen Berlins mitverantwortlich für die schreckliche Lage machte, warf man vor, er würde Milch aus seinem Gut Leutstetten in Richtung Norden zu den Preußen liefern. Dabei war sie für Kinderheime in München und Nürnberg bestimmt. Aber das wussten die Leute nicht, da die Lieferung mit unauffälligen Milchfuhrwerken erfolgte und nicht mit Hofwagen.

317 Bußmann, S. 240

Ludwig III. besuchte zwar mehrmals seine Truppen, die vorrangig von seinem Sohn Kronprinz Rupprecht und seinem Bruder Prinz Leopold kommandiert wurden, aber er verfügte nur über geringen militärischen Sachverstand. Er vertraute den siegesgewissen Verlautbarungen der Obersten Heeresleitung und gerierte sich mit Fortdauer des Krieges als weiß-blauer Annexionist, der die Eingliederung des Elsass nach Bayern forderte, da Bayern im Deutsch-Französischen Krieg 1870/71 im Vergleich zu Preußen seiner Meinung nach viel zu kurz gekommen sei. Er wollte durch möglichst große Landgewinne Bayerns Rolle im Deutschen Reich stärken. In der Folge ignorierte er die realistische Einschätzung der Kriegslage, die ihm sein Sohn Rupprecht mitteilte, der für einen Verständigungsfrieden mit den Kriegsgegnern plädierte. „Im Volk gärt es. Man hält den greisen Ludwig III. für einen zu getreuen Paladin des deutschen Kaisers. Man beginnt ihn zu hassen, hasst in ihm den deutschen Kaiser.“[318]

Als 1918 der Weltkrieg endete, war eine gigantische Zahl an Toten zu beklagen. Allein in Bayern starben 200 000 Menschen. 188 000 Tote hatte das Bayerische Heer verloren. 400 000 wurden verwundet und litten ein Leben lang an den Folgen.

Am Nachmittag des 7. November 1918 versammelten sich an die 50 000 Menschen bei der „Bavaria“ auf der Theresienwiese in München und revoltierten. An der Spitze des Protestes stand der Sozialist Kurt Eisner. Sozialisten und Gewerkschaftler besetzten Kasernen und Regierungsgebäude. Dem ahnungslosen Ludwig III. wurde auf einem Spaziergang im Englischen Garten von einem Arbeiter geraten: „Majestät, schaun S’, daß S’ heimkomma, sunst is g’feit aa!“ Es war bereits „g’feit“, d. h. nichts mehr zu retten. Keine bayrische Hand rührte sich zur Verteidigung des Doppelmonarchen, dem viele seine Tatenlosigkeit, manche aber auch den „Sturz“ König Ottos nicht verzeihen konnten. Bei Nacht und Nebel musste sich Ludwig III. samt seiner kranken Frau und der Familie aus München in Richtung Wildenwart im Chiemgau davonschleichen. Sein Wagen, bei dem die Lichter nicht

318 Lohmeier, S. 324

funktionierten, landete bei Rosenheim in einem Acker. Dynastie und König verschwanden sang- und klanglos. Kurt Eisners Staatsstreich war geglückt. Tage später entband Ludwig III. die Beamten und Soldaten vom Treueeid. Ein Thronverzicht erfolgte aber ebenso wenig wie eine offizielle Abdankung. Vielleicht hätte der König die Monarchie retten können, indem er mit den Aufrührern verhandelt und öffentlich eigene Fehler eingestanden hätte. Auch das Auswechseln seines Ministeriums und sein Thronverzicht zugunsten seines populären Sohnes Rupprecht hätte das Volk beeindruckt. Doch all diese Möglichkeiten nahm er nicht wahr.

Am 21. Oktober 1921 starb der letzte bayrische König bei einem Jagdaufenthalt auf seinem ungarischen Gut Sárvár an Herzversagen, fast auf den Tag genau fünf Jahre nach dem Tod Ottos. Sein Leichnam und der seiner Frau – sie war bereits Anfang Februar 1919 gestorben – wurden nach München überführt. 200 000 Münchner säumten am 5. November 1921 die Straßen und viele, die ihn in jener Novembernacht „in Treue fest“ verlassen hatten, geleiteten nun das Königspaar zur Beisetzung in die Frauenkirche. Mit Ludwig III. endeten die Monarchie und die 738 Jahre lange Herrschaft der Wittelsbacher in Bayern.

Der Tod König Ottos I.

1916

„Von seinem Schattendasein erlöst"

Der Tod König Ottos I. – 11. Oktober 1916

Das alles musste König Otto in Schloss Fürstenried nicht mehr miterleben, starb er doch zwei Jahre vor den erwähnten Ereignissen.
Am Montag, den 9. Oktober 1916, traten bei ihm in der Nacht unerwartet schwere Magenblutungen und Kreislaufstörungen auf. Der körperliche Verfall wurde jetzt durch die geistigen Beeinträchtigungen beschleunigt. Am Dienstag, den 10. Oktober, informierten die Münchner Neuesten Nachrichten in ihrer Abendausgabe die Öffentlichkeit.
„Schwere Erkrankung des Königs Otto
Amtlich wird mitgeteilt: ‚Seine Majestät König Otto von Bayern ist gestern unter Magenbluten erkrankt. Der Zustand ist ernst.' "
Einige Stunden vor dem Ableben wurde über den Zustand des 68-Jährigen noch folgender Krankheitsbericht abgegeben:
„Das Befinden Seiner Majestät des Königs Otto hat sich im Laufe des Tages durch Abnahme der Kräfte verschlechtert. Neue Magenblutungen sind nicht aufgetreten, doch gibt die schwache Herztätigkeit Anlaß zu großer Besorgnis.

Gezeichnet v. Angerer, Vocke, Dr. Korte."

Prinzessin Therese, die in Lindau weilte, eilte unverzüglich nach Fürstenried, als sie die Nachricht erhielt, ihr Cousin liege im Sterben. Sie kam am Nachmittag noch rechtzeitig an, da man „mit Kampfereinspritzungen das fliehende Leben zurückgehalten, auf daß ich ihn noch lebend träfe", wie sie später notierte. Vergeblich hoffte sie, dass ihr Otto noch ein Zeichen seiner Zuneigung geben würde. Doch zu

Thereses Enttäuschung schied er aus dem Leben, ohne dass die „Sterbestunde die Schleier der Umnachtung gelüftet hätte."[319]

„Über die letzten Stunden des Königs Otto", so schrieben die Münchner Neuesten Nachrichten, „erfahren wir von eingeweihter Seite, daß sich die ersten Anzeichen einer ernsten Erkrankung erst in der Nacht vom Dienstag auf Mittwoch [10.10. auf 11.10.] gezeigt haben. Der behandelnde Arzt Dr. Korte verständigte sofort den Leibarzt König Ludwigs, Geheimrat Dr. v. Angerer und Medizinalrat Dr. Vocke, die im Laufe des Mittwochvormittags [11.10.] jenen Krankheitsbericht abfassten, der den Zustand des Königs infolge Magenblutungen als sehr ernst bezeichnete. Im Laufe des Mittwochnachmittags hatte sich jedoch der Zustand des Kranken wieder etwas gebessert, so daß, als nachmittags 5 Uhr seine Cousine, Prinzessin Therese, im Krankenzimmer erschien, der König sich bereits außer Bett begeben hatte und kurze Zeit auf dem Sofa saß. Infolge dieser Verhältnisse verweilte Prinzessin Therese nur kurze Zeit im Zimmer des Kranken und fuhr gegen 7 Uhr abends zur Stadt zurück. Bald darauf trat in dem Befinden des Königs eine rapid auftretende Verschlechterung ein, namentlich gab die große Herzschwäche Anlass zu ernster Besorgnis.

Um 8 Uhr 50 Minuten [20.50 Uhr] am Mittwoch, den 11. Oktober 1916, ist der König sanft und ohne Schmerzensäußerungen verschieden. Auf den Tag genau vor 74 Jahren hatte seine Mutter Marie in München Einzug gehalten. In der Sterbestunde waren Geheimrat v. Angerer, Medizinalrat Dr. Vocke und Oberarzt Dr. Korte sowie Hofkavaliere v. Zwehl, Frhr. von Malsen und Geistl. Rat Ruppauer anwesend, der als Hofpriester von Fürstenried die Sterbegebete sprach."

Andere Zeitungen meldeten auch noch die Anwesenheit des Kurators Graf Wolffskeel, des Ministers a. D. von Pfaff. Vom Hofstaat seien Gräfin Deym und Hofmarschall Frhr. von Stengel zugegen gewesen.

Vor dem Hintergrund der Ereignisse des Ersten Weltkriegs erregte Ottos Tod kaum Interesse. Die Münchner Neuesten Nachrichten begannen ihre Meldung von Ottos Ableben mit dem Hinweis auf die

319 Bußmann, S. 241

Opfer des Ersten Weltkrieges: „Der Tod, der jetzt mit so rauher Hand wahllos umhergreift und blühende Menschenleben zerpflückt, hat hier mit linder, lösender Hand ein Leben ausgelöscht, dessen Geist und Inhalt schon seit langen Jahren in Nacht getaucht war, aus der kein Morgen mehr heraufziehen sollte."

Prinzessin Therese hielt von Mittwoch auf Donnerstag [11.10. auf 12.10.] die Totenwache: „In dieser Nacht gingen mir die Gedanken wirr durch den Sinn", schreibt sie, „Vergangenheit u. Gegenwart, die liebe, schöne Vergangenheit, unsere gemeinsame Jugend u. die tiefschmerzliche Gegenwart. Ich erinnerte mich manch lieben Wortes, das er mir damals gesagt, als wir noch froh in die Zukunft blickten; u. dann kamen die Bilder der späteren Zeit, die herzerwärmenden u. die unsagbar traurigen. Ich hatte erfahren, was Liebe u. Verstehen, was Meiden u. Scheiden heißt, ich hatte gehofft u. gebangt, geglaubt u. mit allen Fasern meines Herzens geliebt, auch ich hatte das himmelhoch Jauchzen und zu Tode Betrübtsein kennen gelernt, und für die wenigen Momente der Seligkeit war ein Leben des Kummers, der Sorge, des verzehrenden Sehnens kein zu hoher Preis gewesen. Ich dünkte mich reich u. glücklich zu nennen — denn Wenige wohl gibt es, die das gehabt, was mir geworden, so rein, so himmlisch schön, so ideal. Dieses Glück, trotz allem Leidens, ließ keine Bitterkeit in mir aufkommen; es erzeugte mir eine unsagbare Dankbarkeit, daß es einmal so war, daß ich ihn finden u. zu ihm hinaufsehen durfte, zu meinem besseren Ich, daß er, mich erhebend u. veredelnd beeinflußen durfte."[320]

Als letztes Gedicht in Thereses Gedichtschatulle fand sich ihr Abschied von dem toten „Gefährten ihrer Jugend":

Nun hat der Todesengel dich geküßt, mein Lieb,
Und schlafest Du den ew'gen Schlaf.
Ich knie still bei dir in wehem Schmerz gelöst
Und kann nicht fassen, was mich traf.

320 Bußmann, S. 242

Entschlafen ist nunmehr Dein seelenvoller Blick
Verstummt der liebe Stimme Klang!
Was meines Lebens Seligkeit, es ist dahin –
Mir wird um's Herz so öd und sterbensbang.

O, welche Hoheit noch in deinen Zügen liegt,
Und welcher Friede daraus spricht.
O, laß mich glauben nur, daß Du jetzt glücklich bist.
Von Weh befreit – vor Gottes Angesicht. [321]

Besonders entrüsteten Prinzessin Therese – sie starb übrigens neun Jahre nach Ottos Tod am 19. September 1925 im Alter von fast 75 Jahren – die posthumen Presseberichte über die Krankheitssymptome König Ottos, von denen sie viele für unwahr hielt. Drei Wochen nach dessen Tod ließ sie deshalb durch ihre Hofdame Gabriella Deym eine Richtigstellung in der Presse bringen, in der Otto Krankheitssymptome aus ihrer Sicht geschildert sind. Darin heißt es:
„Es gab bei dem Höchstseligen keine Verzerrung der Gesichtsmuskeln, keine Krampfanfälle, das weiß ihre Kl. Hoheit bestimmt. Von Verblödung ist keine Rede, der König litt an dem, was die Ärzte als ‚Paranoia' nennen, auf deutsch ‚Verrücktheit'. [...] Das Sprechen machte dem König nie Mühe, im Gegenteil aber sprach er fast fortwährend laut mit sich; nur weil er mit seinen krankhaften Eindrücken zu sehr beschäftigt war, ließ er sich oft nicht die Zeit, die Worte fertig zu sprechen." Aus eigener Erfahrung wisse die Prinzessin, dass es „absolut nicht wahr [ist], dass er niemand erkannte. Er kannte seinen Hofmarschall sehr gut u. nannte ihn beim Namen, auch seine langjährigen Wärter kannte u. unterschied er." Allerdings sei es nicht möglich gewesen, mit dem König ein wirkliches Gespräch zu führen, „da er von seinen Sinnestäuschungen nicht loskommen konnte." [322]

321 Bußmann, S. 242

322 Bußmann, S. 243

Otto wurde 68 Jahre alt. Mehr als vier Jahrzehnte davon verbrachte er von der Außenwelt isoliert in psychiatrischer Betreuung. Kurios ist, dass er von allen bayerischen Monarchen am längsten König war. Sein Urgroßvater Max I. Joseph brachte es auf 19 Jahre, sein Großvater Ludwig I. auf knapp 23 Jahre, sein Vater Max II. auf 16 Jahre, sein Bruder Ludwig II. auf 22 Jahre und Ludwig III. nur noch auf 5 Jahre. Otto aber hatte von 1886 bis 1913 das Königsamt stolze 27 Jahre inne. Fügt man die Jahre nach der umstrittenen Absetzung durch Ludwig III. hinzu, war er bis zu seinem Tod 1916 sogar 30 Jahre König, ohne auch nur einen Tag regiert zu haben, da er von Anfang an unter Regentschaft stand. Er war schon zu Lebzeiten fast vergessen und das ist bis heute auch so geblieben.

„Darmverschlingung" und „Dementia praecox"

Sektion von Ottos Leichnam

Ottos Leiche wurde am Donnerstag, den 12. Oktober, durch den Pathologen Werner Hueck[323] seziert. Als direkte Todesursache wurde eine Verschlingung und Knickung des Darmes infolge mangelhafter Darmtätigkeit festgestellt. „Wie seit Jahren bekannt litt der König an schweren Darmstörungen, wegen deren Behebung jedoch die Ärzte schwer zu kämpfen hatten, da der Kranke sich den ärztlichen Anordnungen widersetzte. Infolge dieser Beschwerden traten ernste innere Störungen und Blutungen ein, die den Tod herbeiführten."
Das Gehirn untersuchte im neuropathologischen Labor der Münchner Universitätsnervenklinik der angesehene Neurologe Walther Spielmeyer. Er stellte fest, „dass die Veränderungen sich nicht einfügen lassen in die exakt diagnostizierbaren Krankheiten, die auf eine Infektion oder auf eine Erkrankung der Gefässe zurückgehen. Insbesondere fehlen alle entzündlichen Veränderungen, die etwa mit

323 BayHStA: MJu 17779, Sterberegisterauszug für das Allerdurchlauchtigste Königshaus, 13.10.1916, Abschrift Finanzministerium an Zentralkasse, 20.11.1916; Burgmair-Weber, S. 49

einer im Leben erworbenen oder mit einer ererbten Infektionskrankheit in Zusammenhang stehen könnten. [...] Die Erkrankung ist vielmehr als ein selbstständiger Destruktionsprozess des Rindengewebes aufzufassen, für den äussere schädigende Momente ursächlich nicht in Betracht kommen. In ihrer Art und Anordnung entsprechen die Hirnrindenveränderungen denen, die wir bei sehr lange bestehenden, weit vorgeschrittenen jugendlichen Verblödungsprozessen finden."[324]
Walther Spielmeyers Untersuchungsergebnis bedeutet, dass die von den Ärzten ursprünglich vermutete Syphilis als „eine im Leben erworbene Infektionskrankheit" bei Otto ausscheidet und stattdessen eine „Dementia praecox" – heute als „Schizophrenie" bezeichnet – in Frage kommt.
Bei der Sektion wurde übrigens, wie bei allen Wittelsbacher Herrschern üblich, auch Ottos Herz entnommen, das später in der Gnadenkapelle von Altötting seinen letzten Ruheplatz fand. Unter den 15 sichtbar in Mauernischen aufgestellten Herzurnen steht zwischen seiner (Nr. 9) und der seines Bruders Ludwig (Nr. 7) die Herzurne (Nr. 8) seiner Mutter, der Königin Marie.

„Das Volk hat diesen König nie gekannt!"

Presseberichte zu Ottos Tod

Das Totenzimmer Ottos lag im Hochparterre des Schlosses Fürstenried im sogenannten „Weißen Saal", einem Gobelin-Prunkraum, der zu den ehemaligen Wohnräumen des Kranken gehörte. Sein Leichnam befand sich in diesem Raum bis zur Überführung nach München. Die Einrichtung schilderte ein Augenzeuge als von „einfach vornehmer Art, wertvolle Gemälde, darunter Bilder aus der Jugendzeit des Königs und seines Bruders Ludwig II. in Hohenschwangau und Berchtesgaden erinnern an vielgeschilderte Zeiten und Verhältnisse." Der

324 Walther Spielmeyer: Bericht über die mikroskopische Untersuchung des Gehirns Weiland seiner Majestät des Königs Otto von Bayern, GHA, Hausurkunden Nr. 5980

Lehrer und Heimatforscher Franz Xaver Kriegelsteiner wurde „am 12. Oktober eingeladen, die Schulkinder an die Totenbahre des Königs [Otto I.] zu führen. Unvergesslich wird mir der Anblick des edlen Toten bleiben. Der Ausdruck seines Antlitzes war der eines ruhig Schlafenden. Verklärter Friede lag auf seinen Zügen: in den Händen hielt er ein Zeichen dessen [ein Kreuz], durch den die Könige regieren."[325] Die Kinder durften auch einen Blick in den Park werfen, über den es in einer Zeitung hieß: „Der Schloßgarten von Fürstenried, in dem König Otto noch vor kurzem den täglichen Spaziergang machte, liegt umgeben von herbstlichen Baumgruppen, großen Wiesenparterres, mit Marmorgruppen und Springbrunnen. Vom erhöhten Punkt des neueren Parkteichs gibt ein Schweizerhäuschen den freien Blick nach den bayerischen Hochalpen vom Wendelstein bis zur Zugspitze."

Ottos Tod wurde von verschiedenen Zeitungen kommentiert. So schrieb die Vossische Zeitung: „Ein Leben ist erloschen, das schon lange nicht mehr lebenswert war." Die Tägliche Rundschau führte aus: „Der umnachtete König, der eine Würde besaß, von der er nie eine Vorstellung hatte, ist jetzt durch den Tod von seinem Schattendasein erlöst." – „Das Volk hat König Otto nie gekannt", so die Neue freie Volkszeitung in München. „Otto ist König geworden (1886), als ihn die Mauern Fürstenrieds längst aufgenommen hatten und die gegenwärtige Generation weiß nur vom Hörensagen, daß er Bayerns König war. Gesehen hat ihn keiner außer den Dienern, Ärzten und einigen sonst Berufenen."

Die Münchner Post brachte nur eine einzige und kritische Meldung in all den Tagen über Ottos Tod: „König Otto ist am 11. Okt. gestorben. Ein geistig längst Toter ist nun auch körperlich erloschen. Aber unsere bürgerlichen Gazetten reden gern von geistig Toten; von den körperlich Toten, aber noch geistig Fortwirkenden wagen sie nur sehr kleinlaut zu sprechen. Sie verbreiten sich über Vergangenes, da sie instinktiv fühlen, daß sie keine große Zukunft mehr haben werden."

---

325 Kriegelsteiner, Franz Xaver: Exerzitienhaus Schloß Fürstenried. Führer durch das Schloss und seine Geschichte, München 1936

Im Gegensatz zu dieser lakonischen Kurzbemerkung brachten andere Zeitungen lange Artikel über die Sterbestunde, die Todesursache, die Aufbahrung und Überführung nach München und schließlich über die Beisetzung. Vor allem die Münchner Neuesten Nachrichten ließen keine Kleinigkeit aus. Man spöttelte: „So viel wie nach Ottos Tod ist über ihn während des ganzen Lebens nicht geschrieben worden."

Trauerflor am linken Oberarm

Beginn der dreimonatigen Hof- und Landestrauer

Sofort waren auch König Ludwig III. und seine Familie von dem Todesfall unterrichtet worden. Sie unterbrachen daraufhin den Aufenthalt in Berchtesgaden und kehrten nach München zurück. König Ludwig III. traf bereits am Mittwoch, den 11. Oktober, gegen 18 Uhr in München ein, fuhr mit dem Automobil nach Fürstenried und legte dort einen Kranz an Ottos Totenlager nieder. Tags darauf wurde in der Früh an der Bahre des Toten im Beisein des Königs und der Königin eine Seelenmesse gelesen. Für alle katholischen und evangelischen Kirchen in München war für Donnerstagmittag von 12 bis 1 Uhr „das Läuten der Kirchenglocken mit kurzen Pausen angeordnet" worden. Auf der Residenz wurde mittags die Flagge des Königshauses auf Halbmast gesetzt. Diese und andere Vorschriften zur dreimonatigen Hof- und Landestrauer wurden von König Ludwig III. in zwei Rundschreiben, eines an die Öffentlichkeit, das zweite an die Armee, veröffentlicht:

„Ludwig III. von Gottes Gnaden König von Bayern, Pfalzgraf bei Rhein, Herzog von Bayern, Franken und in Schwaben usw.
Gott dem Allmächtigen hat es gefallen, Se. Majestät den König Otto, Unseren innigst geliebten Herrn Vetter, von schwerem Leiden zu erlösen und in das ewige Leben abzurufen. Mit Wehmut stehen Wir mit Unserem ganzen Königlichen Hause an der Bahre des Dahingeschiedenen. Sein unerwarteter Heimgang erneuert die Gefühle des Schmerzes, die Wir mit Unserem Königlichen Hause und Unserem

getreuen Volke ob des tieftraurigen Schicksals des Hohen Verblichenen stets empfunden haben.
Angesichts der schweren Zeit, von der Unser geliebtes Vaterland heimgesucht ist, erlassen Wir zur Trauerfeier folgende besondere Anordnung:

1. Das Trauergeläute der Kirchenglocken dauert bis einschließlich zum Tage der Beisetzung von 12 - 1 Uhr mittags mit zweimaliger Unterbrechung von je 10 Minuten;
2. Öffentliche Musik, öffentliche Lustbarkeiten und Schauspielvorstellungen sind am Tage der Beisetzung einzustellen. Im Übrigen ergehen die näheren Anweisungen durch gemeinschaftliche Bekanntmachung der Königlichen Staatsministerien.

München, 12. Oktober 1916. Ludwig."

Durch das Kriegsministerium ließ Ludwig III. zum Ableben König Ottos folgenden Armee-Befehl ausgeben:

„Seine Majestät König Otto von Bayern, Mein vielgeliebter Herr Vetter, ist am 11. Oktober 1916 nach langem und schwerem Leiden aus diesem Leben abberufen worden. Indem Ich dies zur Kenntnis Meiner Armee bringe, weiß Ich Mich eins mit ihr in der Trauer um den dahingegangenen Fürsten, der lange Jahre der Armee angehört, mit ihr in den Feldzügen 1866 und 1870/71 gekämpft hat und auch an ihrer Spitze gestanden ist.
Zum äußeren Zeichen der Trauer um den Verewigten ordne Ich für die Armee an, dass alle Offiziere, Sanitätsoffiziere, Veterinäroffiziere und Beamten der Militärverwaltung auf die Dauer von drei Monaten, d. i. bis einschl. 10. Januar 1917, den Flor am linken Oberarm tragen.

München, den 13. Oktober 1916. Ludwig. Frhr. v. Kreß"

Mit Rücksicht auf den Kriegszustand fand eine Umflorung anderer Uniformstücke nicht statt.
Aus dem Kriegsministerium ließ Frhr. v. Kreß folgendes verlautbaren:
„Ich werde an der Bahre Weiland Seiner Majestät des Königs als äu-

ßeres Zeichen der treuen Anhänglichkeit der Armee einen Kranz niederlegen und Seiner Majestät dem König das tiefempfundene Beileid der Armee zum Ausdruck bringen."

Eine weitere Zeitungsnotiz meldete: „Im Hartschiersaal der Residenz liegt eine Einzeichnungsliste auf, die sich bereits mit zahlreichen Unterschriften bedeckte. Die für Sonntag, 15. ds. Mts., aus Anlaß des Namensfestes der Königin angesetzten Festgottesdienste wurden abgesagt."

Inzwischen liefen die Vorbereitungen für die Trauerfeierlichkeiten bereits auf vollen Touren. Mit dem Trauerschmuck in der Michaelskirche, mit dem Altar, Chor und Oratorien ausgeschlagen werden sollten, wurde unverzüglich begonnen.

Rückkehr in die Münchner Residenz

Überführung von Ottos Leichnam nach München

Der Leichnam Ottos wurde in der Nacht von Freitag auf Samstag [13.10 auf 14.10.] ab 9 Uhr abends in aller Stille von Fürstenried nach München überführt, wo er in der Fürstengruft der Michaelskirche beigesetzt werden sollte. Ein eindrucksvolles Stimmungsbild von der „nächtlichen Überführung nach München" lieferten die Münchner Neuesten Nachrichten:

„Der Herbstabend spann über die Wiesen weiße Nebel. Ihre Schleier waren um die im Süden München lagernden Wälder geworfen, deren Bäume wie dunkle Bergrücken aus dem Weiß tauchten. Draußen vor der Stadt, wo ihre Lichterreihen sich verloren, wirkte der Zauber der Mondlandschaft geheimnisvoll. Auf der von hohen, schon entlaubten Linden umsäumten breiten Straße bewegten sich dunkle Schatten zu dem wohlbekannten Schlosse, von dem ferner Lichtschein kam. Das eine und das andere Mal rauschte an den Fußgehern, weit voraus den Lichtstrahl der Reflektoren werfend, ein Auto vorbei, mit der Königlichen Krone gekennzeichnet. Sonst lag Fürstenried um die Abendstunde in tiefster Ruhe, heute herrschte Leben, da der Tod seine Schatten auf das Haus gesenkt.

Abends ½ 9 Uhr. Das Schloßportal ist geöffnet. Gendarmen wehren Unberechtigten den Zutritt. In mildem Lichtschein, der hinter den Vorhängen des weißen Saales hervorquillt, liegt das Schloß. Davor haben sich Frauen, Männer, Kinder angesammelt – ein Bild, als wäre ein Landedelmann gestorben, dem die Umgebung noch das Geleite auf dem letzten Wege geben will. Vor dem Schloßportal ist der Hof-Leichenwagen vorgefahren. Ein mächtiger Trauerbaldachin überragt ihn, weiße Löwen blicken aus dem Schwarz der Stoffdraperien. Die Geistlichkeit ist zur Aussegnung gekommen, Kränze werden auf dem Trauerwagen befestigt. Von den Glockentürmen kündet ein heller Schlag die neunte Stunde. Der Einsiedler von Fürstenried wird das Haus verlassen, das so lange seinem Leid, seiner Trübsal Herberge gewesen. Ein scharfes militärisches Kommando: ‚Stillgestanden! Augen rechts!' Die Kompanie des Leib-Regiments ehrt den toten König. Der helle Eichensarg mit dem vergoldeten Kruzifix, der seine irdische Hülle umschließt, wird auf den Wagen gehoben und mit dem Bahrtuch umhüllt, das die Wappen Bayerns und des Hauses Wittelsbach trägt. Der Zug setzt sich in Bewegung. Durch eine Seitenzufahrt verläßt er den Hof.

Es ist 9.15 Uhr. Der Zug tritt heraus auf die mondscheinumflossene Allee. Drei Schutzleute zu Pferd darauf. Drei Hofkutschen mit der Geistlichkeit und Beamtenschaft folgen. Dann zwei Reiter in hellblauer Gala mit Windlichtern und in dröhnendem Schritte ein Zug Leiber mit aufgepflanztem Seitengewehr. Auch zu beiden Seiten des Trauerwagens, der den Mittelpunkt des Zuges bildet, schreiten Soldaten. Sechs in wallendes Schwarz gehüllte Rappen, am Zügel geführt von livrierten Dienern mit Schiffhüten, von einem Kutscher auf hohem, schwankendem Sitz geleitet, ziehen den Wagen. Lakaien mit Wachsfackeln gingen zur Seite. Der diensttuende Offizier der Ehrengarde und ein Hofkurier folgten zu Pferd dem Leichenwagen, in Kutschen die Kuratoren und die Hofkavaliere des Königs. Leibregimentsoldaten bildeten die Nachhut des Zuges, der seinen Weg nahm durch die Forstenrieder-, Plinganser-, Lipowskystraße über den Bavariaring, durch die Schubertstraße, Kaiser-Ludwigplatz, Pettenkofer-, Nußbaumstraße, über den Sendlingertorplatz durch die östliche Sonnenstraße, das Karlstor, Neuhauserstraße zur St. Michaelshofkirche. Immer dichtere Menschengruppen warteten in den Straßen des Toten, der nun in die Residenzstadt einzog. Hatte im Schlosse Stiftspropst Dr. v. Hechter mit den Kanonikern Stauchhammer, Dr. Kellner und Scheuerer, sowie dem Zeremoniar Schuster die Aussegnung vorgenommen, so empfingen bei St. Michael Präfekt Braun und einige Hofgeistliche den Sarg, der von Unteroffizieren aufgenommen und zum Mittelschiff getragen wurde. Nach 11 Uhr war der Zug angekommen."

„Komme, toter König, komm hab' Ruh!"

Aufbahrung von Ottos Leichnam in der St. Michaelskirche

„Bald darauf war die Leiche aufgebahrt, zu deren Seiten Hartschiere die Ehrenwache halten", berichteten die Münchner Neuesten Nachrichten. „Die Michaels-Hofkirche ist ganz in Trauer gehüllt. Der Hochaltar, der Chor und die Nebenaltäre sind bis hoch hinauf mit schwarzem Tuch ausgeschlagen, ebenso der Boden, die Marmorstufen und die Betstühle. Der hochgewölbte Raum ist von umflorten Lampen matt erhellt. Über dem erhöhten Katafalk, auf dem die Leiche des Königs gebahrt liegt, hängt ein prachtvoller, in Schwarz und Gold gehaltener Baldachin, der oben mit der Königskrone abschließt. Zu Häupten des Toten steht ein Kruzifix, auf einem großen, schwarzsamtenen Kissen liegen die Königlichen Insignien gebreitet. Zahllose Kerzen auf silbernen Leuchtern gießen ihr mildes, weihevolles Licht über das ernste Bild. Lorbeerbäume, Blumen und Blattpflanzen umrahmen den Katafalk und umgeben die Altäre und den schwarzverhängten Thronsessel, der für König Ludwig und seine Gemahlin bestimmt ist. Herrliche Kränze mit weißblauen Schleifen sind am Katafalk niedergelegt, darunter die Blumenspenden der Mitglieder des Königlichen Hauses, des Gesamt-Staatsministeriums und ein besonders schöner Kranz – eine Fülle weißer Rosen – von der treuen bayerischen Armee.

So hat die altehrwürdige Michaels-Hofkirche, in deren Gruft schon

mancher Wittelsbacher seine letzte Ruhestätte gefunden hat, den toten König in weihevollem Trauerschmuck empfangen."
In der Ausgabe des „Bayerischen Vaterlandes" vom 15. Oktober war ein schlicht gereimtes Gedicht zu lesen:

Gruß an den einziehenden toten König!

Ernstvoll zieh'n sie durch die Straßen her,
Lautlos, prunkloswürdig, frei von Thränen
Schiebt der Zug sich durch der Lichter Meer.
Ach, ein König ist's, den schwarze Strähnen
Führen durch die Hauptstadt hin zur Ruh.

Armer König, einst so schön, so gut,
Hochgeliebt und hochgeprüft im Leiden,
Wer versteht, was eigner Adern Blut
Angst und Qual Dir schuf bis an Dein Scheiden?

Komme, toter König, komm hab' Ruh![326]

„Das Volk sieht erstmals seinen König..."

Letzte Ehrbezeugung vor Ottos Leichnam

Der Bevölkerung wurde in der Michaelskirche am Samstag, den 14. Oktober, von 7 Uhr früh bis nachmittags ½3 Uhr Zutritt gewährt. Der trotz Kriegszeit ungeheure Zudrang zur Aufbahrung des Königs legte Zeugnis für die großen Sympathien ab, die Münchens Bevölkerung für den kranken Monarchen hatte. Auch hierüber liegt eine ausführliche Beschreibung der Münchner Neuesten Nachrichten vor: „Schon lange vor der Stunde, da die Pforten der Michaelskirche dem freien Besuch sich eröffneten, hatte eine große Menschenmenge sich gestaut, des Einlasses harrend, der um 7 Uhr morgens gewährt wurde.

326 Bayerisches Vaterland, 15.10.1916

Das Publikum nahm, bei der Synagoge sich anstellend, den Zutritt durch die Kapellenstraße, die den ganzen Vormittag von sich drängenden Menschen gefüllt war. Jenen, die über eine Einlaßkarte verfügten, erschloß sich die neben dem Alten Turm gelegene Pforte über den rückwärtigen malerischen Hof des Gotteshauses. Über kerzenbeleuchtete Treppen steigt man hier empor zu den Logen, die auf der linken Seite des Hochaltars angeordnet sind. Die Stufen, die zu ihm emporführen, sind schwarz ausgeschlagen. Am untersten Ende steht in gerader Linie eine Kette von Leibregimentssoldaten mit Gewehr bei Fuß, an ihr wandelt das Publikum vorüber, den Blick nach oben gerichtet zu der Estrade, auf der des Königs Leichnam aufgebahrt liegt. Eine Fülle von Blumen umschließt den gegen das Kopfende erhöhten Sarg. Palmen ragen aus dem zarten Grün, das nach vorne in einem Halbkreis von blühenden Blumen abgeschlossen wird, farbigen Chrysanthemen und weißen Lilien, deren Kelche aus dem dunklen Grunde ragen. Den einfassenden Abschluß bilden die Kränze mit ihren meist weißblauen Seidenschleifen. Über allem breitet sich das Licht von 48 Kerzen auf hohen, silbernen Leuchtern. Die Tuchflügel des Baldachins, die aus der unter dem Deckengewölbe aufgehängten Krone herniederfallen, umfassen den Aufbau. Als Wächter stehen zur Linken und Rechten des Katafalks je drei Hartschiere mit Stahlhelmen, im Arm die Hellebarden, Offiziere und Unteroffiziere des Infanterie-Leibregiments haben an dieser Ehrenwache teil, an deren Spitze Königliche Kämmerer in weißen Beinkleidern mit scharlachroten Röcken stehen. Welt- und Ordensgeistliche lösen sich in dem Betdienst ab, den stille Messen auf dem Hochaltare begleiten.
Alle Blicke sind auf den Toten gerichtet, der in der malerischen Tracht der Hubertusritter zur Ruhe gebettet ist. Die an das Samtwams anschließende weiße Mühlradkrause läßt den Kopf scharf hervortreten.
Es ist ein fesselndes Gesicht, dessen Augen sich im Frieden des Todes geschlossen haben. Das kurzgeschnittene graue Haupthaar läßt die hohe Stirne frei. Unter der scharf geschnittenen Nase sitzt ein kräftig entwickelter Schnurrbart, das Kinn deckt ein etwas schütterer Kne-

belbart. Bei der unverkennbaren Ähnlichkeit mit König Ludwig II. wird man beim Anblick des toten Fürsten an Wallenstein-Bilder erinnert. Das wachsbleiche Antlitz verrät nichts mehr von dem Leid und der Last, die das Leben dieses Unglücklichen erfüllten, der Allversöhner Tod hat die Züge sanft geglättet. Die goldene Ordenskette unter der Halskrause funkelt im Kerzenlicht. Neben ihrem Kreuze liegt des Königs Rechte, während die Linke von innen das Barett hält, das mit weiß-blauen Straußenfedern geschmückt ist. Hoch zu Häupten liegen auf schweren Kissen die Abzeichen Königlicher Würde, Krone und Zepter, deren Machtbefugnisse auszuüben ein dunkles Schicksal diesem Wittelsbacher nicht vergönnt hat."

Bestattung von Bayerns Monarchie

Pomp funèbre für Otto I.

Die Beisetzung des Königs in der St. Michaelskirche wurde auf Samstag, den 14. Oktober um 17.00 Uhr festgesetzt. Sämtliche militärische und staatliche Gebäude waren schwarz beflaggt oder in den Landesflaggen mit Trauerschleife.
Die Einsegnung sollte Kardinal Erzbischof Dr. von Bettinger vornehmen, der seine Reise an die Front unterbrechen wollte. Da er letztlich doch nicht verfügbar war, nahm sie in seiner Vertretung Weihbischof Neudecker vor. In den umliegenden Straßen und Plätzen stand das Publikum dicht gedrängt.
An der Trauerfeier nahmen zahlreiche prominente Gäste teil: das Königspaar, die in der Stadt anwesenden Prinzen und Prinzessinnen, das diplomatische Korps, die obersten Hof- und Staatswürdenträger, Vertreter der Geistlichkeit und der Stadt, zahlreiche Offiziere usw.
Die im Folgenden ausführliche Schilderung der pomphaften Bestattungsfeierlichkeiten ist darin begründet, dass mit König Otto I. nach immerhin 738 Jahren gleichsam auch die Herrschaft der Wittelsbacher zu Grabe getragen wurde, die de facto allerdings erst zwei Jahre später abrupt endete. Über die Beisetzung meldeten die Münchner Neuesten Nachrichten:

„In den Samstagmittagsstunden war die Zahl derer, die des Königs Aufbahrung noch sehen wollten, so groß, daß der Strom der Anstehenden in mehrfacher Gliederung das ganze Geviert des alten Jesuitenkollegs umzog und bis zum Wittelsbacherbrunnen reichte. Dem einst so beliebten Sproß des Wittelsbacher Hauses, der freilich für die heutige jüngere Generation längst ein Toter war, wollten viele noch einen letzten Gruß entbieten.

Um 3 Uhr wurden die Tore der Michaels-Hofkirche geschlossen und die Vorbereitungen für die Beisetzung getroffen. Der schwarze Paradesarg wurde von der hohen Estrade herabgehoben und in einen schweren Schrein aus hellem Eichenholz eingesetzt, der am Kopfende mit dem Kruzifix, an den Ecken mit metallenen Kronen verziert ist. Dann wurde der Sarg geschlossen und rings herum wurden die Kränze geschichtet, die von fürstlichen Personen, von hohen Behörden, der Armee, Regimentern, mannigfachen Verbänden und Körperschaften gespendet worden waren. Auch vom Kaiser Franz Joseph von Österreich war ein Blumengruß gekommen, und im Auftrag des Deutschen Kaisers legte der preußische Gesandte noch vor der Beisetzung einen mächtigen Lorbeerkranz mit weißen Schleifen nieder, darauf in Gold das W mit der Krone. Über den lichtergeschmückten Katafalk wurde eine Decke mit Wappenschildern und Inschriften gebreitet, die Rang, Würden und Titel des Entschlafenen kündeten.

Der Trauerschmuck der Stadt hatte sich noch gemehrt, schwarze Fahnen wehten nicht nur von den Staatsgebäuden, da und dort tauchten die bayerischen Flaggen mit Florschleifen auf, die Straßenbahnen fuhren mit schwarzen Wimpeln, und hoch oben vom nördlichen Frauenturm ließ der Herbstwind die dunkle Trauerfahne flattern, die das freudige Zeichen des Kirchweihfestes verdrängt hatte. Das Schwarz in seinem Gegensatz zu dem schwarzroten Schimmer des alten Backsteinbaues, der Patina der Turmhaube und dem hellblauen Herbsthimmel gab malerischen Reiz.

Um 3 Uhr 15 Minuten schon zogen in der Ett- und Neuhauserstraße Truppen zur Absperrung auf. Um 4 ½ Uhr begann die Auffahrt der Hofwagen in langer Reihe mit Hof- und Staatswürdenträgern, hohe

Militärs, Gesandte und Minister, die Vertreter der Stadt, die Prinzessinnen und Prinzen langten an dem Gotteshause an. Im Mittelschiff der Kirche herrschte das Feldgrau vor. Die Offiziere waren in großer Zahl gekommen. Nur einige weiße Mäntel von Angehörigen der Leibgarde, rote und blaue Uniformröcke und die gestickten Fräcke der Konsuln hoben sich von dem einförmigen Ton der Reihen ab, der nach rückwärts in das bürgerliche Schwarz der Stadtvertretung überging und im Hintergrund eine prägnante Einsäumung fand mit den weißen Spitzenhauben betender Klosterfrauen. Im rechten Gang standen die Abordnungen der Truppen, links in einer langen Zeile Leibregiments-Soldaten mit Gewehr bei Fuß und aufgepflanztem Bajonett. Vor dem Hochaltar saß mit Weißer Inful [Bischofsmütze] Weihbischof Neudecker, der in Vertretung des abwesenden Erzbischofs die Aussegnung der Leiche vornahm, rechts das Domkapitel mit seinen violetten Überhängen, Nuntius Frühwirth im weißen Dominikanergewand mit Mantelumhang und dem karmesinroten Käppchen, zu Seiten die Hofbeamten in silberbestickten Uniformen. Um 5 Uhr betraten der König und die Königin, der König im Mantel mit großer Ordenskette, die Königin in tiefer Trauer mit langer Schleppe und herabfallenden Schleiern, das Schiff der Kirche, empfangen von der Geistlichkeit und dem kleinen Dienst, um sich in feierlichem Zug zum Hochaltar vorüber am Sarge und am Katafalk zur Evangelienseite zu begeben, wo sie auf den bereitgestellten Thronsesseln Platz nahmen. Das Officium defunctorum stimmt das Vespergebet, die Matutin an. Den Hartschieren am Katafalk treten lichtertragende Pagen zur Seite. Die Kerzen werfen ihren Widerschein auf den Sarg, in dem König Otto ruht. Die Geistlichkeit begibt sich nach vorne, Hofbedienstete bringen die Kränze zur Seite, der Sarg wird mit einem bestickten Tuch überdeckt, Weihrauchwolken steigen empor, vom Chore herab erklingt von einem volltönenden Baßbariton das ‚Ego sum resurrectio‘ [Ich bin die Auferstehung ...], Glockengeläut fällt ein. Leibregimentsoldaten nehmen den Sarg auf, Edelknaben begleiten ihn, wenige Hofbeamte, darunter der Ministerpräsident in schwarzem Radmantel, folgen ihm.

Um 5 Uhr 20 Minuten ist der kleine Zug zur Gruft hinabgestiegen, deren Öffnung bei dem Seitenaltar rechts zwischen Lorbeerbäumen und Kronleuchtern sichtbar ist. In der Gruft wird der Sarkophag mit zwei Schlössern verschlossen und verriegelt. Je einer der beiden Schlüssel wird dem Ministerpräsidenten und dem Obersthofmeister zur Aufbewahrung überreicht. Von draußen herein klingt der Präsentiermarsch der Militärkapellen und von fernher der Kanonendonner der Geschütze. Diese Ehrensalven sind für die Beisetzung von Kriegsteilnehmern vorgeschrieben.
Auf dem Chor hat die Kgl. Vokalkapelle unter Leitung von Professor Joseph Becht das herrliche fünfstimmige Benedictus von Franz Lachner begonnen, der schöne Klang prächtig sich verschmelzender Frauen- und Männerstimmen durchschwebt den Raum. Bald sind die Weisen verhallt; es wird still in dem hohen Gotteshaus. Der König und die Königin erheben sich und verlassen, wie sie gekommen, die Kirche, langsam leeren sich die mächtigen Hallen. Draußen nimmt das Gewühl des Alltags, der rege Verkehr der Abfahrt die Heimkehrenden in Empfang, die Dämmerung senkt sich auf Stadt und Kirche, in deren Gruft ein Fürst gebettet liegt, dem die erste Feierlichkeit, die ihn als König ehrte, auch die letzte werden sollte."

Am Montag, den 16. Oktober, wurde von Kardinal Dr. von Bettinger ein feierliches Requiem abgehalten, an dem ebenfalls alle prominenten Trauergäste teilnahmen. Die Königliche Vokalkapelle brachte unter Leitung von Prof. Becht das Requiem in c-Moll von Cherubini.
„Hinter dem schwarzen Riesenbaldachin stand der lichtumstrahlte von Blumen reich umsäumte Katafalk [...] Der schwarzbehangene Hintergrund des Presbyteriums zeigte das Wappen des Königs und die Aufschrift Otto, Rex Bavariae, Comes palat., Rheni, dux Bavariae, Frankoniae, Sueviae etc. Darunter das Datum des Geburts- und Todestages des Verstorbenen.
Auf dem Sterbebild, auf dem das offizielle Bild von Ottos aufgebahrten Leichnam in Fürstenried zu sehen ist, werden daneben zwei Aussprüche des Königs zitiert:

„Ein Lieblingsspruch des Königs aus seinen Jugendjahren: Kommt dir ein Schmerz, so halte still / Und frage, was er von dir will, / Die ew'ge Liebe schickt dir keinen / Bloß darum, daß du mögest weinen." Darunter ein kurzer „Ausspruch des Königs aus der späteren Zeit: Sehnsucht nach dem Himmel."

Otto hatte seinen Bruder um 30 Jahre überlebt. Seit 1880 verbrachte er über 13 000 Tage in der strengen Isolation des Schlosses Fürstenried. Nun hatte er in einem schlichten Sarkophag in der Fürstengruft der St. Michaelskirche seine letzte Ruhe gefunden, allerdings nicht „wie immer seinem Bruder zur Seite", sondern in gehörigem Abstand schräg gegenüber vom prunkvollen Sarkophag seines Bruders Ludwig. Während davor regelmäßig frische Blumen und Kränze liegen, findet man vor Ottos Grabstätte nur selten einen derartigen Schmuck. Auch die Jahrestage seiner Geburt und seines Todes werden kaum feierlich begangen. Es existieren eben keine König Otto-Vereine in Bayern. Auch Postkarten mit seinem Bild und andere Andenken sind im Handel kaum erhältlich.
Manche behaupten, die Monarchie in Bayern sei bereits 1886 mit dem Tod Ludwigs II. gestorben, mit dem Tod seines Bruders Otto 1916 sei sie begraben worden und zwei Jahre später, 1918, habe sie sich dann in Nichts aufgelöst.

König Otto I., der vergessene König

Während Ottos Bruder, König Ludwig II. nach seinem rätselhaften Tod rasch zum Mythos wurde, eine ständig zunehmende Verehrung erfuhr und längst zu einer zeitlosen Kultfigur geworden ist, die bis heute weltweit millionenfache Aufmerksamkeit erfährt, war König Otto I. nach seinem Tod, der in die Wirren des Ersten Weltkriegs fiel, rasch vergessen. Etliche wissen überhaupt nicht, dass König Ludwig II. einen Bruder hatte. Wenn der Name Otto fällt, denken manche allenfalls an seinen gleichnamigen Onkel, den König Otto von Griechenland (1815-1867). König Otto I. von Bayern scheint jedoch nicht existent zu sein und findet deshalb in der Liste der bayerischen Könige auch meist keine Aufnahme.

... 's wird nimmer lang geh, na wird da Otto aufghängt!"

Gerüchte über Ottos Leben und seinen Tod

Nachdem über König Ludwig II. bekanntlich eine lange Liste von Gerüchten verbreitet wurde, wäre es fast verwunderlich, wenn dies nicht auch über seinen Bruder Otto geschehen wäre. Im Wesentlichen beziehen sich jedoch „nur" vier Gerüchte auf seine Person.

Otto war nicht der Sohn König Maximilians II.

Angeblich sei der stets kränkliche Max II. infolge einer Geschlechtskrankheit, die er sich auf einer Kavaliersreise 1835 in einem der Budapester Bäder zugezogen habe, zeugungsunfähig gewesen, weshalb er nicht der Vater der Prinzen Ludwig und Otto gewesen sein könne. Bereits frühzeitig seien diesbezügliche Vermutungen im Umlauf gewesen. Angeblich habe schon Ludwigs II. Jugendfreund Max von Holnstein einst im Streit dem König auf den Kopf zugesagt, kein Wittelsbacher zu sein, während er, Holnstein, wenigstens von einer

Bastardlinie dieser Dynastie abstamme. Als ungewöhnlich empfanden es manche auch, dass des Königs eigene Familie in der Ikonographie der Schlösser nicht zu finden ist. Seine wittelsbachischen Ahnen ließ er dort weder auf Bildern noch in Skulpturen darstellen.
Der Historiker Rudolf Reiser fand Andeutungen und Aussagen in den Memoiren des Architekten Leo von Klenze (1784-1864), „die auf eine Manipulation größeren Formats in der Königsfamilie schließen" ließen. Danach könne „der mit Marie von Preußen verheiratete König [Max II.] wegen dieser Krankheit nicht der Vater der beiden Prinzen Ludwig [...] und Otto sein."[327] Prinzregent Luitpold habe das „gewusst und auch seinem Sohn Ludwig erzählt. Und dieser ernannte sich 1913 prompt zum König – mit dem Hinweis, der noch lebende Bruder des ‚Märchenkönigs', Otto, sei ebenso wenig von Maximilian II." Das habe Ludwig III. an seinem Stammtisch auch zu dem Bauingenieur Oskar von Miller (1855-1934)[328] gesagt. Philipp Fürst zu Eulenburg-Hertefeld berichtet in seinen Erinnerungen, dass Ludwig II. seiner Mutter vorgeworfen habe, „ihn nicht aus der Ehe mit König Max empfangen zu haben."[329] Als mögliche Väter der Prinzen waren seither mehrere im Gespräch, so etwa der Flügeladjutant König Max' II., Freiherr von der Tann-Rathsamhausen, oder der Kammerdiener und Kellermeister Josef Tambosi.
Kritiker dieser Behauptungen führen an, der Münchner Historiker und Lehrstuhlinhaber Prof. Karl Bosl habe 1991 Gerüchte über eine illegitime Vaterschaft zwar angedeutet, sich aber kurz darauf von dieser Behauptung wieder distanziert und sie eben „nur ein Gerücht" genannt.

---

327 Reiser, Rudolf: Klenzes geheime Tagebücher, München 1998, S. 66 ff (künftig: Reiser-Klenze)

328 Reiser, Rudolf: Königsmord am Starnberger See. Wie und warum Ludwig II. am 13. Juni 1886 sterben musste. München 2002, S. 41 f (künftig: Reiser-Königsmord)

329 Eulenburg-Hertefeld, Philipp Fürst zu: Das Ende König Ludwigs II. und andere Erlebnisse, 1. Bd. hg. von seiner Witwe Fürstin Augusta zu Eulenburg-Hertefeld, Leipzig 1934; Neuausgabe, Frankfurt a.M. und Leipzig 2001, S. 49

Otto war gar nicht „verrückt"

Immer wieder werden in der Literatur nicht nur König Ludwigs II. Geisteskrankheit, sondern auch die Ottos angezweifelt. Aus der Fülle der Kritiken hier nur zwei Stimmen: „Prinz Otto – nunmehr König – wurde nach Schloss Fürstenried gebracht und dort wie ein Gefangener gehalten. Angeblich war auch er nervenkrank. Aber allein der erwähnte Brief Ottos (gemeint ist jener, in dem Otto Ludwig anfleht, dem Preußen nicht die Kaiserkrone anzubieten) an seinen Bruder spricht anders. Zeit seines Lebens hat sich Luitpold geweigert, die Königskrone zu übernehmen. Er blieb ‚Prinzregent'. Aus schlechtem Gewissen?" So Herbert Rosendorfer in einem Aufsatz.
Und ebenso fragte der Schriftsteller Georg Lohmeier: „War am Ende König Otto gar nicht verrückt gewesen? Ist er von den nationalliberalen Zeitungen für geisteskrank und tobsüchtig erklärt worden, und ist das so raffiniert getarnt worden, dass sogar der eigene Bruder das geglaubt hat? Nichts Gewisses ist nicht zu erfahren. Die Geheimdienste hinterlassen keine Sachakten, nur Personalakten.[…] Im geheimen Hausarchiv soll es Briefe geben von hohen Verwandten, die den kranken Otto in Fürstenried 1913/14 besucht haben und die sich stundenlang mit ihm über Kunst und Literatur unterhalten haben. Wenn sie freilich auf seine Krankheit zu sprechen kamen, hat er gleich wieder einen Anfall bekommen. […]"
Ludwig II. und sein Bruder Otto seien, so Lohmeier, wegen ihrer Ablehnung Preußens Bismarck ein Dorn im Auge gewesen. Vor allem „die norddeutschen Journale" hätten „dieses Gerücht verbreitet […] da steckt eine Regie dahinter", ist sich Lohmeier sicher. „Welch armer Mensch, dieser König [Otto]! Bei jedem Aufbegehren wurde er sofort in eine Zwangsjacke gesteckt oder ans Bett gebunden. – Wer kann bei solch einer Behandlung genesen? […] Und wenn er wirklich einmal verwirrt gewesen sein sollte, dann ist er mit der Zeit natürlich verrückt geworden, tobsüchtig. Weiß der Teufel, wer den Prinzen Otto für geisteskrank erklärt hat! Er hat sich etwas auffällig benommen […] Die beiden Brüder (Otto und Ludwig) waren gefährlich empfind-

lich, aber doch wohl kaum geisteskrank […] Und am End hat er gar nicht gesponnen.“[330]

Otto wurde verrückt gemacht

In England hielt sich lange Zeit das Gerücht, es seien Drogen gewesen, die Otto verrückt gemacht hätten. Man habe sie dem politisch unbequemen Prinzen und Preußenhasser heimlich eingeflößt, um ihn auszuschalten, was nach Jahrzehnten – 1916 – auch gelungen sei.

Otto wurde umgebracht

Nach dem rätselhaften Tod Ludwigs II. am Pfingstsonntag 1886 tauchte relativ schnell ein böses Schnaderhüpferl im bayrischen Oberland auf:

Und an Max hams vagift,
an Ludwig datränkt,
jetzt steht's nimmer lang o,
wird der Otto aufg'hängt!

In der Tat war Ottos und Ludwigs Vater, König Max II., vor 22 Jahren unerwartet verstorben. Man munkelte damals, dass er von einer Anstecknadel, die ihm ein österreichischer Adeliger angeheftet habe, gestochen worden sei. Die Stichstelle habe sich eigenartig verfärbt. Tage später starb er dann an Rotlauf oder Blutvergiftung.

Wenn man schon Ottos Bruder Ludwig II. ertränkt oder erschossen habe, so sei es doch nur naheliegend, so jedenfalls mutmaßte man nach Ludwigs Tod, dass auch Otto selbst bald ausgeschaltet werden würde. Es wäre nicht verwunderlich, wenn er eines Tages in Fürstenried erhängt aufgefunden würde. Er habe sich in seiner Geistesverwirrung selbst das Leben genommen, so würde dann verbreitet werden.

---

330 Lohmeier, Georg: Die Ahnen des Hauses Bayern. Die Geschichte der Wittelsbacher. München 1980. S. 273-277 (künftig: Lohmeier)

Doch als dies nicht geschah, so munkelte man eben nach seinem Tod 1916, man habe nunmehr von staatlicher Seite etwas nachgeholfen, um den unheilbar Kranken „von seinem Leiden zu erlösen".

König Ottos Erbe

Eine komplizierte Aufteilung

Trotz der Reduzierung von Ottos königlichem „Gehalt" hatten die Kuratoren im Lauf von 30 Jahren ein beträchtliches Vermögen erwirtschaftet, das vorrangig aus Kapitalvermögen (19 Mio. Mark), 2350 Hektar Grundbesitz (6 Mio. Mark) und Mobiliar (5 Mio. Mark) bestand, also insgesamt 30 Millionen Mark umfasste. Nach heutigem Wert entspräche dies etwa 100 Millionen Euro. Unter anderem gehörten zu seinem Nachlass auch die drei Königsschlösser Ludwigs II., Herrenchiemsee, Linderhof, Neuschwanstein und die Schlösser Hohenschwangau und Fürstenried, außerdem das Gärtnertheater und diverse Jagdhäuser seines Bruders.

Otto hatte keine Kinder hinterlassen. Ein Testament von ihm lag nicht vor. Er war ja entmündigt und damit testierunfähig. Da er der letzte Nachkomme seines Vaters König Max II. war, ging das Erbe an dessen beide Brüder. Dies waren Prinz Luitpold und Prinz Adalbert. Der dritte Bruder Otto hatte als König von Griechenland auf sein Erbrecht verzichtet. Luitpold und Adalbert waren bereits verstorben, so dass das Erbe auf deren Söhne überging. Prinzregent Luitpolds Söhne waren die Prinzen Ludwig – seit 1913 König Ludwig III. –, Leopold und Arnulf. Da Arnulf bereits 1907 verstorben war, folgte ihm als Erbe sein Sohn Prinz Heinrich nach. Die Söhne Prinz Adalberts waren Ludwig Ferdinand und Alfons.

Die fünf Erben waren also: König Ludwig III., Prinz Leopold und Prinz Heinrich. Diese drei erbten jeweils ein Sechstel. Prinz Ludwig Ferdinand und Prinz Alfons erbten jeweils ein Viertel. Auch wenn damit alles geklärt zu sein schien, war das Erbe Ottos doch „mit erheblichen rechtlichen und politischen Problemen verbunden. […] Die Verteilung der Erbschaft auf mehrere Erben und die drohende

Erbschaftsteuer gefährdeten den Fortbestand des bayerischen Königsvermögens. Die Verfassungsproblematik um die Liegenschaften schließlich ließ die Erbauseinandersetzung zu einem der letzten Verfassungskonflikte der bayerischen Monarchie werden, der sich in der Fürstenabfindung nach der Revolution fortsetzte."[331]

Ein Jahr nach Ottos Tod, im Oktober 1917, ließ der Justizminister Prinzessin Therese zu sich rufen. Er hielt sie für die geeignete Person, „in der Hinterlassenschaft des Königs Otto auf diejenigen Gegenstände aufmerksam zu machen, welche irgendwelchen Erinnerungswerth für die Familie oder das Land besaßen." Therese erfüllte die Bitte, war sie in der Tat doch die einzige, die „noch etwas von den Traditionen dieses Zweiges unserer Familie wußte, welche den Affektionswerth der einzelnen Gegenstände kennen konnte. Mit Eifer machte ich mich an diese wehmüthige Arbeit, brachte Stunden u. Stunden in Fürstenried u. der Residenz zu, aussuchend, notierend, Listen verfassend, u. viele mir bekannte Objecte gingen, liebe Erinnerungen an jüngst vergangene Tage weckend, durch meine suchenden Hände. Nach zwei Wochen angestrengter Arbeit war ich fertig."[332]

Obwohl Prinzessin Therese die einzige aus ihrer Familie war, die ihren Vetter König Otto regelmäßig in Fürstenried besucht hatte und ihm bis zu seinem Tod und darüber hinaus in Treue und Liebe verbunden war, gestand man ihr keinen Anspruch auf irgendein Objekt aus Ottos Nachlass zu.

Die Bedeutung von Ottos Erkrankung für die Etablierung der Psychiatrie

Münchens Entwicklung zum bedeutenden akademischen Standort der Psychiatrie

Dadurch, dass gleich zwei Mitglieder des bayerischen Königshauses – Ludwig II. und Otto I. – über mehr als ein viertel Jahrhundert mit

331 Aretin-Erbschaft, S. 74

332 Bußmann, S. 243

Psychiatern zu tun hatten, rückte die Psychiatrie, die in der zweiten Hälfte des 19. Jahrhunderts noch immer in den Kinderschuhen steckte, nicht nur in München und Bayern, sondern im gesamten Deutschen Reich dauerhaft ins Blicklicht des öffentlichen und politischen Interesses. Die Folge war ein Zuwachs an Renommee für diesen noch jungen medizinischen Fachbereich. Wenige Jahrzehnte zuvor ereigneten sich psychische und geistige Erkrankungen von Fürsten sozusagen unter Ausschluss der Öffentlichkeit, indem die Betroffenen ohne psychiatrische Betreuung in oft abgelegenen Refugien weggesperrt wurden. So war noch 1823 „Herzog Pius August in Bayern, ein anderes, psychisch auffälliges Mitglied des Hauses Wittelsbach, fast ohne ärztliche Supervision in der Bayreuther Eremitage auf Lebenszeit interniert worden."[333] Der Krankheitsverlauf Ottos, 50 Jahre später, und die Begutachtung Ludwigs II., die sich im Verlauf von nur 15 Jahren zudem auch noch bündelten, wurden von der Presse hingegen aufmerksam verfolgt, ja bisweilen geradezu ausgeschlachtet. Verhaltensauffälligkeiten und Krankheitssymptome, Gutachten-Inhalte und therapeutische Versuche, Internierungsvorgänge und Veränderungen im Krankheitsverlauf wurden regelmäßig bis ins Detail geschildert und kommentiert. Die Parallelität zwischen Ludwig und Ottos war unverkennbar, auch wenn es nicht zu leugnende Unterschiede gab, vor allem in der Intensität der psychischen Auffälligkeiten.

„Ungleich stärker als bei Ludwig II. bestimmten Hofärzte und verbeamtete Psychiater das Leben Ottos. Vor allem die letztgenannte Gruppe, die Direktoren der Oberbayerischen Kreisirrenanstalt in München, ihre Assistenten und ausgewähltes Pflegepersonal, erhielten durch die psychiatrisch-medizinische Versorgung des Prinzen eine gesellschaftliche Position, die ihnen bis dahin verwehrt war. Nicht zuletzt die Legitimierung der Psychiatrie als Instrument zur Lösung konkreter politischer Probleme schuf die Basis für ihren Aufstieg zur staatstragenden und staatlich geförderten Wissenschaft, wovon die Professionalisierung und Institutionalisierung dieser jungen

333 Burgmair-Weber, S. 52

medizinischen Disziplin erheblich profitierte. Psychiatrische Themen gelangten in die öffentliche Diskussion; ihre Protagonisten, allen voran der Münchner Ordinarius für Psychiatrie, Bernhard von Gudden, wurden zu Personen von historischem Interesse."[334]

Es war aber nicht nur die Krankheit Ottos und die Behandlung durch die drei Psychiater Dr. Solbrig, Dr. Gudden und Dr. Grashey, wodurch die Psychiatrie und deren Vertreter insbesondere in Bayern einen medizinischen und gesellschaftlichen Stellenwert erhielten, der ihr vordem nicht in gleicher Weise eingeräumt worden war. Auch die Begutachtung von Ottos Bruder Ludwig II. durch Dr. Gudden erregte ungeheures Aufsehen und verhalf der Psychiatrie nicht nur in Bayern zu breitem öffentlichen Interesse und in der Folge zu wachsendem Ansehen und zunehmender Bedeutung.

Bereits vor der Entmündigung Ludwigs II. – und nach seinem Tod ein weiteres Mal – wurde festgestellt, dass sein Bruder Otto nicht eigenverantwortlich als Regent handeln konnte. Dies führte nicht nur zur Einsetzung Luitpolds als Prinzregent, sondern nach dessen Tod auch zu einer spektakulären Verfassungsänderung. Erst danach konnte Luitpolds Sohn Ludwig zum König ausgerufen werden. Als Ludwig III. hatte er neben sich Otto I. als König zu dulden, auch wenn dieser regierungsunfähig war und in Schloss Fürstenried interniert blieb. Die dadurch entstehende Doppelmonarchie in Bayern von 1913 bis 1916 sorgte in den letzten Lebensjahren Ottos für erhebliche verfassungsrechtliche Unruhe und hatte damit eine ungeahnte politische Dimension.

Seit 1871 entwickelte sich mit Ottos Erkrankung eine Allianz zwischen Staat und Psychiatrie, die sich in zunehmender Unterstützung der institutionellen und wissenschaftlichen Ziele der Psychiatrie durch den Staat und durch Wissenschaftsmäzene äußerte. Einen ersten Höhepunkt erreichten diese Unterstützungsbemühungen ein Jahr nach Ottos Tod am 13. Februar 1917, als durch König Ludwig III. in München die Stiftung der „Deutschen Forschungsanstalt für Psychia-

334 Burgmair-Weber, S. 28

trie“ erfolgte, aus der das heutige Max-Planck-Institut für Psychiatrie hervorging. Die Anregung dazu kam von dem Psychiater Emil Kraepelin (1856-1926), einem Gudden-Schüler. Das erste Stiftungskapital für das Institut in Höhe von 500 000 Reichsmark kam von James Loeb, einem amerikanischen Bankier deutsch-jüdischer Abstammung.

In seinem Nachruf auf Dr. Gudden rühmte der Berliner Psychiater Heinrich Laehr die „hohe Blüthe [...] deren sich das Irrenwesen Bayerns erfreut.“ Gudden habe „die Kreisirrenanstalt [München] zu einem international beachteten hirnpathologischen Forschungszentrum entwickelt, das in der zweiten Hälfte des 19. Jahrhunderts die wesentliche Grundlagenwissenschaft der Psychiatrie leistete.“ Guddens „Assistenten August Forel, Franz Nissl und Emil Kraepelin wurden auf neuropathologischem, experimentalpsychologischen und klinisch-nosologischem Gebiet richtungsweisend und bestimmten international die psychiatrische Wissenschaft bis in die erste Hälfte des 20. Jahrhunderts. München entwickelte sich damit neben Wien, Zürich und Berlin zum bedeutendsten akademischen Standort der Psychiatrie.“[335]

König Otto I. und sein Bruder Ludwig II. leisteten zu diesem Erfolg durch ihr tragisches Leben unfreiwillig einen nicht unwesentlichen Beitrag.

„Hat er am End' gar nicht gesponnen?“

War Otto geisteskrank?

Mit solchen und ähnlichen Vermutungen und Andeutungen wurde die Öffentlichkeit seit dem rätselhaften Tod König Ludwigs II. verunsichert. Das Dunkel, das um das Ende des Märchenkönigs entstand, breitete sich so langsam auch auf den Aufenthalt seines Bruders Otto in Schloss Fürstenried aus. Deshalb sollen noch einmal im Überblick

335 Burgmair, Wolfgang / Weber Matthias M.: Die Psychiatrie in Bayern in der Regierungszeit König Ludwigs II. In: Peter, Wolf / et al. (Hrsg.): Götterdämmerung. König Ludwig II. und seine Zeit. Aufsätze. Augsburg 2011, S. 65-67. (künftig: Burgmair/Weber: In: Götterdämmerung – Aufsätze)

die Fakten zusammengefasst werden, die dafür sprechen, dass Otto tatsächlich geisteskrank war.

1. Mögliche erbliche Belastungen von Seiten der Mutter Marie, aber auch durch Vater Max sind aufgrund belegbarer Fakten in der Ahnenreihe und Verwandtschaft nicht mehr anzuzweifeln.
2. Bereits von Kindheit an wurden von verschiedenen Beobachtern, nicht zuletzt von der Mutter, von Prinzessin Therese und von König Ludwig selbst, bei Otto Halluzinationen und Zwangsvorstellungen festgestellt, die sich mit der Zeit verschlimmerten.
3. Auch von Otto selbst ist bekannt, dass er zu Beginn seiner Erkrankung die genannten Störungen an sich feststellen konnte und den Ärzten darüber Bericht erstattete.
4. Ebenso wurde in der Öffentlichkeit, trotz größter Abschirmungsbemühungen, immer wieder Ottos eigenartiges Verhalten auffällig, besonders bei dem Vorfall an Fronleichnam 1875 in der Münchner Frauenkirche.
5. Die Kriege 1866 und 1870/71 verschlimmerten Ottos Zustand derart, dass auch Ludwig, der ihm die Thronfolge zugedacht hatte, schriftlich seine Beobachtungen niederlegte und die Ärzte einschaltete.
6. Ludwig erlebte in späteren Jahren mehrmals die Tobsuchtsanfälle seines Bruders, da er zu dessen Beruhigung von den Ärzten zugezogen werden musste.
7. Selbst die Mutter, die der Krankheit Ottos zunächst mit großer Ahnungslosigkeit gegenüber stand, konnte sich bei Besuchen in Fürstenried von der Schwere der Störung und der zunehmenden Verschlechterung des Zustandes ein Bild machen.
8. Die geistige Schwäche des Patienten, seine Sinnestäuschungen, die Verwirrungen und Depressionszustände wurden auch von einigen außenstehenden Personen, z. B. vom Personal (etwa Hofkoch Theodor Hirneis) beobachtet und schriftlich fixiert.

9. Bilddokumente führen den geistigen Verfall Ottos deutlich vor Augen und geben beredtes Zeugnis von der zunehmenden Verschlechterung seiner gesundheitlichen Verfassung.
10. Die Untersuchung von Ottos Gehirn durch den Neurologen Walther Spielmeyer ergab, dass die Erkrankung einen „selbstständigen Destruktionsprozess des Rindengewebes" darstellt und „die Hirnrindenveränderungen denen" entsprechen, wie sie „bei sehr lange bestehenden, weit vorgeschrittenen jugendlichen Verblödungsprozessen [zu] finden"[336] sind.
11. Vor dem Tod Ludwigs II. wurde von niemandem Ottos Geisteskrankheit angezweifelt. Erst nach der ungeklärten Todesursache Ludwigs II. stellten plötzlich manche auch Ottos Krankheit in Frage.

Abschließend muss also angenommen werden, dass Otto an einer Geisteskrankheit litt, die nach dem damaligen Stand der Medizin seine Internierung und Isolierung erforderlich machten. Es mag sein, dass manchen Personen und Gruppen die Erkrankung des „Preußenhassers" und „Kaisergegners" Otto in politischer Hinsicht nicht ungelegen kam, da er dadurch als Thronfolger ausgeschaltet war. Es wäre aber zu spekulativ, davon abzuleiten, dass diese Kreise es veranlasst haben könnten, Otto ohne Grund gefangen setzen und ihn systematisch mit Medikamenten und Drogen zugrunde richten zu lassen. Der Fall König Ludwig II. mag weiterhin ungeklärt sein. Der Fall seines Bruders Otto birgt keine Rätsel mehr.
Gleichwohl sorgte sein Schicksal immer wieder für Diskussionen, so etwa anlässlich des 50. Todestages Königs Ottos I. am 11. Oktober 1966. Nachdem damals in der Kreuzkapelle von St. Michael auf Initiative der „Vereinigung dem Gedenken König Ludwig II. von Bayern e.V." eine Messe gelesen worden war, wurden erneut Fragen laut, ob der Schattenkönig Otto I. wirklich geisteskrank war.

336 Walther Spielmeyer: Bericht über die mikroskopische Untersuchung des Gehirns Weiland seiner Majestät des Königs Otto von Bayern, GHA, Hausurkunden Nr. 5980

Nach Angaben des Ludwig-II.-Forschers Chapman-Huston waren im Geheimen Wittelsbacher Hausarchiv vor dem Zweiten Weltkrieg über vierzig Bände mit Berichten über Ottos Krankheit archiviert, zu denen der Forschung lange Zeit nur bedingt Zugang ermöglicht wurde. 2002 erhielten die Psychiater Wolfgang Burgmair und Matthias M. Weber vom Münchner Max Planck-Institut für Psychiatrie Zugang zu allen Krankenakten. Sie konnten nach deren Studium die Erkrankung König Ottos I. von Bayern in vollem Umfang bestätigen.[337]

Woran litt Otto?

Unterschiedliche Meinungen zu Ottos Krankheit

Verhaltensauffälligkeiten und Diagnosen zu Lebzeiten Ottos

Fasst man die Verhaltensauffälligkeiten, die bei Otto während seines Lebens beobachtet wurden und die Diagnosen zusammen, die über seine Krankheit erstellt wurden, ergibt sich folgendes Bild.

Otto I. litt an einer schon länger währenden geistigen Störung, die zunächst als „materielles Nervenleiden, als eine krankhafte Reizbarkeit des Gehirns und überhaupt des ganzen Nervensystemes" bezeichnet wurde, das auf einer angeborenen Anlage beruhe. Später sprach man auch von „Verrücktheit", „Dementia praecox" oder „Paranoia", deren Anfänge bis in die Kindheit zurückreichen und die einen periodischen Verlauf nehmen. Das Leiden äußerte sich in häufigen Exaltationszuständen, also Reizbarkeit und Aufgeregtheit, gelegentlich sogar in Aufregungsparoxysmen, d.h. gewaltigen Aufregungsausbrüchen. Kennzeichnend waren außerdem Verwirrtheit, Depressionen mit ausgeprägtem Schuldwahn, verminderte Selbstkontrolle, Sinnes-

337 Wolfgang Burgmair und Matthias M. Weber vom Max Planck-Institut für Psychiatrie in München haben die Krankheit des Prinzen Otto in einem medizinischen Beitrag kompetent und sorgfältig analysiert: „… daß er selbst mit aller Energie gegen diese Hallucinationen ankämpfen muß …" König Otto von Bayern und die Münchner Psychiatrie um 1900.", erschienen in Südhoffs Archiv, Band 86, Heft 1, Stuttgart 2002

täuschungen, Zwangsbewegungen, Ängste und Wahnvorstellungen. Später kamen Artikulationsstörungen, motorische Störungen, Beeinträchtigung des Erinnerungsvermögens und Störungen des Schlaf-Wach-Rhythmus sowie Selbstvernachlässigung, Essenverweigerung, Schluckstörungen und Urin- und Stuhlinkontinenz hinzu. Als Ursachen für die Verschlimmerung der Krankheit erachtete man Ottos Reise – 1868/69 – in den Orient und die dortige Erkrankung an Wechselfieber, außerdem die nervliche Belastung in den Kriegen 1866 und 1870, an denen er teilnahm.
Otto führte nach 1875 kein regelmäßiges Leben mehr. Tagelang stand er nicht auf, oft schlief er bekleidet. Er führte Gespräche mit nicht anwesenden Personen und hörte geheime Stimmen. Bemerkenswert sind die religiösen Auffälligkeiten. So litt er etwa unter der Zwangsvorstellung, ein großer Sünder oder ewig verdammt zu sein, weil er einmal unwürdig kommuniziert habe. Zeitweise hielt er sich vom Teufel besessen. In einem Adjutanten glaubte er, den Teufel zu erkennen. Diese Auffälligkeiten hängen zweifellos mit der strengen religiösen Erziehung in der Kindheit und Jugend zusammen.
Trotz allem zeigten sich zumindest in frühen Jahren bei dem Kranken immer wieder auch Reste normaler Geistesaktivität. Die Prognose ging aber bald dahin, dass keine Aussicht auf Heilung bestehe. Da das körperliche Befinden jedoch störungsfrei sei, habe das Leiden aller Voraussicht nach keinen Einfluss auf die Lebensdauer, da diese Art geistiger Erkrankung abläuft, ohne das organische Leben zu beeinträchtigen oder gar zu zerstören. Doch Ottos letzte Lebensphase war durch schweren Persönlichkeitsverfall und Demenz gekennzeichnet.

Obduktionsbefund Walter Spielmeyers (1916)

Eine konkrete Krankheitsursache wurde bei der Obduktion nicht genannt. Der Neurologe Walther Spielmeyer, der, wie erwähnt, Ottos Gehirn nach dessen Tod untersuchte, diagnostizierte „einen selbstständigen Destruktionsprozess des Rindengewebes", also „Gehirnschrumpfung". Sie weise auf eine „Dementia praecox" hin, die heute als „Schizophrenie“ bezeichnet würde. Anfänglich, ab etwa 1871, nahm man an, Otto habe sich mit „Syphilis“ [338], also „einer durch Infektion erworbenen Geschlechtskrankheit“, infiziert und die Erkrankung befinde sich „im fortgeschrittenen Stadium der Paralyse“. Doch aufgrund des Krankheitsverlaufs und der langen Lebensdauer des Patienten nahm man von dieser Annahme später wieder Abstand.

Diagnose von Karl Leonhard (1986)

Der Psychiater Karl Leonhard (1904-1988), bis 1969 Professor an der Humboldt-Universität Berlin, ist der Auffassung, dass „die Könige Ludwig und Otto von Bayern an einer Schizophrenie litten. Bei Ludwig lässt sich zeigen, daß seine Psychose eine *Affektvolle Paraphrenie* war, bei Otto fehlen genauere Unterlagen über die Gestalt seiner Psychose. Der Vorfahre der beiden Könige, Wilhelm von Braunschweig, auf den die Krankheit zurückzugehen scheint, lebte vor vielen Generationen. Alle vier Großeltern von Ludwig und Otto stammen von ihm ab und unter den Vorfahren fanden mehrfach Verwandtenheiraten statt. Die Wahrscheinlichkeit, daß sich das kranke Gen bei beiden Eltern fand, ist dadurch erhöht. Der recessive Erbgang“, der von Leonhard „bei der Affektvollen Paraphrenie angenommen wird, kann“, nach seinem Urteil, „demnach bei der Krankheit der beiden Könige als verwirklicht angesehen werden.“ [339]

Diagnose von Wolfgang Burgmair und Matthias M. Weber (2002)

Nach dem Urteil von Wolfgang Burgmair und Matthias M. Weber vom Max-Planck-Institut für Psychiatrie in München ist „trotz unlös-

---

338 Georg von Werthern an Otto von Bismarck. 12.XI.1872 , Politisches Archiv des Auswärtigen Amtes, Berichte der Preußischen Gesandtschaft in München (PAAA) R 2.706/2.707

339 Leonhard, Klaus: Recessiver Erbgang der Affektvollen Paraphrenie bei den Königen Ludwig und Otto von Bayern. In: Der Nervenarzt, 57/12, S. 692-697, Heidelberg 1986, S. 692

baren Schwierigkeiten retrospektiver diagnostischer Zuschreibungen am ehesten davon auszugehen, dass Otto nach heutigen Kriterien an einer *paranoid-halluzinatorischen Psychose aus dem schizophrenen Formenkreis* litt."[340]

Diagnose von Heinz Häfner (2008)

Der Diagnose von Burgmair/Weber widerspricht der Heidelberger Psychiater Heinz Häfner. Er vermutet trotz Walter Spielmeyers gegenteiligen Befund als Ursache für Ottos Krankheit eine *„durch Syphilis ausgelöste progressive Paralyse."*[341] Prinz Otto habe sich beim Kontakt mit Prostituierten mit Syphilis infiziert. „Als Folge davon könnte sich *eine Neurolues, insbesondere eine progressive Paralyse* entwickelt haben."[342]

Da „die progressive Paralyse keine erbliche Krankheit"[343] ist, so Häfner, lässt sich „eine Erbkrankheit im engeren Sinn" auch nicht „bei seinem Bruder Otto wahrscheinlich machen."[344] Eines aber steht auch für ihn fest: „Prinz Otto litt an einer bis zum totalen geistigen Verfall voranschreitenden psychischen Erkrankung, die im Laufe der Zeit Unterbringung und Pflege unter ärztliche Aufsicht zwingend erforderte."[345]

War Ottos Krankheit eine Erbkrankheit?

Erbfaktoren als Auslöser für psychische und geistige Erkrankungen wurden im 19. Jahrhundert nicht grundlos angenommen. Bis heute werden sie immer wieder diskutiert. Nicht nur die Ärzte und Psychi-

---

340 Burgmair-Weber, S. 28

341 Häfner, S. 343 f

342 Häfner, S. 344

343 Häfner, S. 346

344 Häfner, S. 352

345 Häfner, S. 331

ater, die sich mit den königlichen Brüdern Ludwig und Otto zu deren Lebzeiten befassten, suchten nach schlüssigen Erklärungen dafür, weshalb gleich bei zwei Vertretern der regierenden Wittelsbacher Linie psychisch-geistige Auffälligkeiten und Krankheiten auftraten. Als mögliche Ursachen benannten sie erbbiologische Zusammenhänge. Auch in der Folge befassten sich Fachleute mit diesem Phänomen. Genealogische Studien, die dies zu belegen suchten, wurden etwa von Prof. Wilhelm Strohmayer, Leipzig (1912)[346], Johannes Hohlfeld (1939)[347], Emil Eugen Roesle (1962)[348], Gerhard O. Schwerdtfeger (1996)[349] und Arndt Richter (1997)[350] sowie anderen Forschern veröffentlicht, erfuhren aber auch Widerspruch, so jüngst etwa durch Heinz Häfner (2008), der, wie oben erwähnt, eine Erbkrankheit bei Otto ebenso wie bei seinem Bruder Ludwig II. in Abrede stellt.

Wilhelm Strohmayer erwähnte 1912 als verantwortlichen Ahnen aus dem 16. Jahrhundert den 1535 geborenen Herzog Wilhelm d. J. von Braunschweig-Lüneburg, der 1582 auf Grund der bei ihm diagnostizierten Geisteskrankheit (Schizophrenie) unter Vormundschaft kam und regierungsunfähig war. Er hinterließ nach seinem Tod 1592 sieben Söhne und acht Töchter, die in alle möglichen Dynastien ein-

346 Strohmayer, Wilhelm: Psychiatrische-genealogische Untersuchung der Abstammung König Ludwigs II. und Ottos I. von Bayern. Wiesbaden 1912

347 Hohlfeld, Johannes: Die Ahnentafel von Kronprinz Rudolf v. Österreich mit Ahnentafel der Könige Ludwig II. und Otto v. Bayern: In: Ahnentafeln berühmter Deutscher, V. Folge, 6. Lieferung, S. 3 (127) - 12 (136), Leipzig 1939

348 Roesle, Eugen, E.: Die Geisteskrankheit der bayerischen Könige Ludwig II. und Otto in der Sicht neuer gebealogisch-erbbiologischer Methoden. Genealogisches JahrbuchII, S. 101-111, 1962

349 Schwerdtfeger, Gerhard, O,: Die Erbanlagen bei Ludwig II. und Otto von Bayern aus genealogischer Sicht. Eine kritische Bestandsaufnahme und neue Forschungsergebnisse. Teil I. Genealogisches Jahrbuch, Bd.35, Neustadt a. d. Aisch, 1995, S. 11-42 und Teil II. Neue Forschungsergebnisse. Genealogisches Jahrbuch, Bd. 36, Neustadt a. d. Aisch, 1996, S. 135-192

350 Richter, Arndt: Die Geisteskrankheit der bayerischen König Ludwig II. und Otto. Eine interdisziplinäre Ahnenstudie mittels Genealogie, Genetik und Statistik mit einer EDV-Programmbeschreibung von Weert Meyer. Neustadt a. d. Aisch, 1997 (künftig: Arndt)

heirateten, darunter in die Dynastie der Wittelsbacher und Hohenzollern und auf diese Weise ihre Gene verbreiteten.
Eugen Roesle, der sich 1962 mit diesem Thema befasste, fand heraus, dass alle Großeltern Ludwigs und Ottos und deshalb auch beide Elternteile von besagtem Herzog abstammten, wodurch die von ihm ausgehende Erblinie in den königlichen Brüdern den Höhepunkt erreicht und zur Katastrophe geführt habe. Natürlich lässt sich die Geisteskrankheit des Herzogs v. Braunschweig-Lüneburg nicht als einzige Ursache benennen. In der Ahnenreihe der Wittelsbacher und Hohenzollern bis hin zu Ludwig II. und seinem Bruder Otto lassen sich auch weitere psychisch- und / oder geisteskranke Personen anführen, die aus etlichen anderen Linien stammten. So hatten Max II. und Marie auch erblich belastete Vorfahren aus den Häusern Birkenfeld-Zweibrücken, Pfalz-Zweibrücken, Hessen-Darmstadt, Hessen-Homburg, Sachsen-Hildburghausen, Braunschweig, Wolfenbüttel und anderen.
Dringt man noch tiefer ins Netz der genealogischen Zusammenhänge ein, stößt man auf Marie von Jülich-Berg (1491-1543). Sie stammt, wie es heißt, aus einem Geschlecht, in dem geistige Erkrankungen stark vertreten waren. So war ihr Sohn Wilhelm von Cleve unzurechnungsfähig. Dessen Sohn Johann Wilhelm starb in „anerkanntem Wahnsinn".
Immer wieder genannt wird auch die spanische Königin „Johanna die Wahnsinnige" (1479-1555), von der eine relativ direkte Linie zum bayerischen Königshaus führt, denn eine Urenkelin von ihr, Magdalene v. Jülich, heiratete im 16. Jahrhundert den Wittelsbacher Johann I. v. Pfalz-Zweibrücken. Dieser war ein Vorfahre von König Max I. Joseph, dem Vater von Ludwig I, der bekanntlich der Großvater Ludwigs II. und Ottos war. Johanna erhielt ihren Beinamen „die Wahnsinnige" nach ihren Verhaltensauffälligkeiten. Nach dem Tod ihres Mannes weigerte sie sich, die Leiche herauszugeben. Mehrmals öffnete sie den Sarg, um den einbalsamierten Leichnam berühren und mit ihm Zwiesprache führen zu können. Im Oktober 1508 heißt es in einem Brief des Bischofs von Málaga, sie esse und schlafe auf dem Fußboden, sie

wasche sich nicht und wechsle auch nicht ihre Kleidung. Schließlich wurde sie unter der Obhut der Klosterfrauen des Klosters Santa Clara in der Festung von Tordesillas interniert.

Arndt Richter konstatierte 1997: „Bei kritischer Wertung der gesamten mir bekannten Literatur müssen wir jedenfalls die drei mittelalterlichen Königsahnen

Ahn 514: Wilhelm d. J. v. Braunschweig-Lüneburg (1535-1592),

Ahn 2069: Maria v. Jülich-Berg (1491-1543) und

Ahn 4141: Johanna die Wahnsinnige v. Kastilien (1479-1555)

als Krankheitsüberträger-‚Kandidaten' in die engere Wahl ziehen. [...] Fast alle anderen mutmaßlichen Krankheitsüberträger, die besonders Strohmayer systematisch aus der ihm damals vorliegenden Ahnentafel angegeben hat, sind zumindest Nachkommen von Wilhelm dem Jüngeren v. Braunschweig-Lüneburg oder Jülich-Cleve-Berg, manchmal aber auch von beiden ‚Herden' zugleich."[351]

Bekanntlich musste das Blut der Hocharistokratie – also der Wittelsbacher, der Hohenzollern und Habsburger – traditionsgemäß rein gehalten werden, weshalb nahverwandte Personen häufig untereinander heirateten. Das führte, wie der Volksmund dies bezeichnet, zur „Inzucht". Die Folge war eine Abnahme der genetischen Vielfalt, zugleich aber eine Erhöhung der Wahrscheinlichkeit, dass ungünstige und krankheitsauslösende rezessiv unterdrückte Erbmerkmale in den Kindern zusammentrafen und letztlich zur Degeneration führten. Hans Rall und Michael Petzet sprechen in diesem Zusammenhang von „unheilvollen erbbiologischen Zusammenhängen [...] durch unglückliche genealogische Verkettung, die wir heute nach dem erbbiologischen Grad der Verwandtschaft überblicken". Dadurch hätten sich „schizophrene Erbanlagen aus mehreren Herrscherfamilien in rezessivem Erbgang verhängnisvoll"[352] gehäuft.

Die komplizierten dynastischen Verflechtungen der Wittelsbacher und Hohenzollern zu durchdringen und sich in dem genealogischen

351 Arndt, S. 27

352 Rall-Petzet, S. 2

Labyrinth zurechtzufinden, ist extrem kompliziert. Dabei wird jedoch deutlich, „in welchem Ausmaß nahezu alle Adelshäuser miteinander versippt waren. Wenn auch die Gefahren der Inzucht schon bekannt waren, wurden rein erbbiologische Überlegungen in der Regel hintangestellt. Dynastische und machtpolitische Ziele, auch die Zusammenführung oder Bewahrung von Besitztümern hatten Vorrang. Es gab zwar kirchliche Verbote bezüglich der ehelichen Verbindung von Blutsverwandten untereinander. Dem Adel und gar regierenden Häusern gegenüber nahm man dies aber nicht so genau; erforderliche Dispensen wurden relativ großzügig gewährt. [...] In sämtlichen Zweigen, die bei den infrage stehenden Geschlechtern der Wittelsbacher und der Hohenzollern kreuz und quer zusammenlaufen, hat es also immer wieder geistig abnormale oder zumindest gestörte Vertreter und Vertreterinnen gegeben."[353]

Fasst man die in etwa drei Jahrhunderten aufgetretenen unterschiedlichen Auffälligkeiten zusammen, lassen sich insbesondere folgende benennen: Menschenscheu, Depressionen, Zwangsvorstellungen, Ängste, Ticks, Schlafstörungen, Störungen des Tages-Nacht-Rhythmus, Halluzinationen, Wahnvorstellungen, Zügellosigkeit, Verschwendungssucht, Aggressivität bis hin zu Grausamkeiten und Geistesschwäche.

Königin Marie befielen beim Blick auf Ottos Krankheit und Ludwigs Verhaltensauffälligkeiten mit Sicherheit gewisse Ahnungen, spätestens dann, als ihr Dr. Gudden angeblich Formulare vorlegen ließ, in denen folgende Daten abgefragt wurden:

„Systematische Belege für die Krankheitsvorgeschichte, als da sind Nachweis der Herkunft, Abnormitäten der Vorvoreltern, Voreltern, Eltern. Angaben über Verwandtschaftsgrad, Müdigkeitserscheinungen körperlicher und seelischer Art, Heiratsalter, Fortpflanzungsneigung, Liebhabereien, Umstände bei der Geburt und Tod. Ferner gesammelten Materials über Umgang und Erziehung, Umgebung, Eindrücke und so weiter, Krankheiten im Kindheitsalter, Frühreife,

353 Müller Wolfgang, S. 57 und S. 53 ff

Begabungen, Anzeichen der Geschlechtlichkeit, Jugendsünden, Angstzustände."[354]

Vorbelastet durch beide Elternteile seien Ludwig und Otto deshalb durchaus prädestiniert gewesen, so mutmaßte man damals – und vielfach noch heute –, dass bei ihnen geistige Störungen zum Ausbruch kommen konnten. „So glücklich die Ehegatten Max und Marie miteinander lebten, so verhängnisvoll wurde ihre Verbindung für ihre beiden Kinder, denn auch bei dem jüngeren Sohn Otto schlugen krankhafte Anlagen durch [...]"[355]

Heute wird die Vererbungsproblematik jedoch sehr viel differenzierter gesehen. „Die Zuordnung bestimmter Krankheitsdiagnosen zu einzelnen Ahnen aus Stammbäumen, die viele Generationen umgreifen, steht vor kaum lösbaren Schwierigkeiten", meint etwa Heinz Häfner. „Die Diagnose ist retrospektiv schwierig. Die Probleme steigen mit dem zeitlichen Abstand der diagnostischen Zuordnung von der Lebenszeit der betreffenden Person."[356]

Auch wenn sich erbbiologische Zusammenhänge und Ursachen bei Ludwig II. und seinem Bruder Otto also nicht leugnen ließen, so dürfe und könne man nach heutiger Sichtweise die bei ihnen aufgetretenen psychischen und geistigen Auffälligkeiten nicht ausschließlich darauf zurückführen.

Otto – mehr als nur Ludwigs irrer Bruder?

Die enge Verbindung der Königsbrüder

Bisher wurde in der Literatur bei der Beurteilung der Person König Ludwigs II. viel zu wenig die Bedeutung seines Bruders Otto für ihn berücksichtigt. Sie ist jeweils nur am Rande erwähnt und kommt hauptsächlich im Hinblick auf dessen Krankheit zur Sprache. Dabei

354 Euringer, Richard: Ludwigslegende. Aus hundert Jahren Anarchie. Hamburg 1935, S. 286

355 Rall-Petzet, S. 2

356 Häfner, S. 349

scheint gerade Otto das Leben und Verhalten Ludwigs II. zwar unauffällig, aber besonders nachhaltig beeinflusst zu haben.

Bereits in der Kindheit manifestierte sich Ludwigs Abhängigkeit von seinem von Geburt an schwächlicheren Bruder. Niemand sonst aus der Familie, nicht die abgelehnte Mutter noch der gefürchtete Vater bedeuteten, wenn auch uneingestanden, Ludwig von klein auf so viel, wie der einzig wirklich regelmäßig verfügbare Spielkamerad Otto. Er war gleichzeitig aber auch Ludwigs erster Untertan und sein gefügiger Befehlsempfänger, der ihm unterlegen war und der sich dieser unabänderlichen Tatsache auch großenteils willig fügte. Dieses Abhängigkeitsverhältnis hatte für Ludwig lebenslang Bestand.

Als er König geworden war, setzte sich die dringend benötigte Partnerschaft seines Bruders Otto als Begleiter bei Festlichkeiten und Reisen, als Botschafter privater und politischer Nachrichten sowie als Ratgeber in politischen Fragen und Vermittler bei Verhandlungen fort. Zusammen mit seinem Bruder wagte sich Ludwig offensichtlich leichter vor das Volk, und gemeinsam mit ihm gelang es ihm, seinen Regierungspflichten, insbesondere den repräsentativen Aufgaben einigermaßen nachzukommen. Bei Enttäuschungen griff Ludwig ebenfalls auf Otto zurück. Er sollte für ihn heiraten. Ihm wollte er nach seiner Abdankung Königtum und Regierung anvertrauen. Er sollte politische Frustrationen für ihn verarbeiten, indem er sich seinen Problemen widmete. Stellvertretend für Ludwig nahm Otto auch an den beiden Kriegen 1866 und 1870 teil, ebenso an der Kaiserproklamation 1871 in Versailles. Sogar noch nach Ludwigs Tod wurden Ottos Ersparnisse für die Tilgung der Schulden des Märchenkönigs verwendet.

Ab 1872, als Ottos Erkrankung immer ernster wurde und er sich seinem Bruder mehr und mehr entfremdete, begann sich Ludwig auffallend rasch aus der Öffentlichkeit und der Politik zurückzuziehen, wobei andere für Ludwig deprimierende Vorgänge seinen Ausstieg noch beschleunigten. Er wandte sich vermehrt seinen Träumen zu, so der Musik Richard Wagners, dem Theater mit Separatvorstellungen, vor allem aber seinen Schlossbauten. Zu einem Besuch seiner Schlösser lud Ludwig seinen Bruder nie ein. Als die Bauten vorzeigbar waren, war Ottos geistige Zerrüttung bereits zu weit fortgeschritten.

1880 klagte der König dem von ihm verehrten Juristen Anton von Hirschberg (1853-1929) seine Einsamkeit. „Sein Bruder sei krank, er habe niemand, mit dem er wahrhaft intim verkehren könne.“[357] Der König verkroch sich immer mehr in die Bergwelt, mied den Tag und flüchtete bei nächtlichen Ausfahrten in das Dunkel des Vergessens. Karl Alexander von Müller meinte: „ [...] Wenn er eines seiner geliebten Pferde besteigt, beginnt er zu reiten, als ginge es um sein Leben; wenn er sich in den Wagen setzt, muß dieser fliegen, als flöhe er vor seinem Schicksal. Seine Menschenscheu, sein trotziges Ausweichen vor den Staatsgeschäften nehmen zu, die Pflicht zu öffentlichem Hervortreten wird ihm ein ‚furchtbarer Beruf‘ [...]“

Ja, es schien fast, als würde er die Isolation Ottos durch seine eigene, selbstgewählte Vereinsamung teilen und nachvollziehen wollen. Besuche bei dem Kranken in Fürstenried wühlten alle genannten Empfindungen stets aufs Neue auf und verstärkten sie. Dabei handelte es sich um Gefühle der Angst und Ohnmacht, womöglich selbst von dem Leiden des Bruders betroffen zu werden. Ludwig versuchte sich durch rastlose Tätigkeiten abzulenken, konnte sich aber nicht mehr dem Bann des auch ihm drohenden Schicksals entziehen. Er entrückte sich aus der „normalen“ Umwelt und machte sich dadurch gleichsam „verrückt“. Er aktivierte dadurch alle eventuell in ihm schlummernden Krankheitspotentiale und negativen Erbanlagen. Zwar suchte Ludwig nach Ottos Weggang verzweifelt immer wieder neue Freunde wie Schauspieler, Sänger, Hofbeamte, Adelige und Bedienstete, wechselte aber in kurzer Zeit von einem zum andern, weil keiner ihm zu geben vermochte, was ihm einst sein Bruder bedeutet hatte.

Fatalistisch nahm es Ludwig deshalb hin, als er sein eigenes Schicksal in dem seines Bruders münden sah. Als einzige Möglichkeit, sich dem unüberwindlichen Problemkonglomerat zu entziehen, nahm er bereitwillig und billigend den Tod in Kauf, der einzig seinen unge-

357 Böhm, S. 512

ordneten Fluchtgedanken zum Erfolg verhelfen konnte und ihn dem ersehnten Ziel zuführte: Freiheit von allen für ihn unlösbaren Schwierigkeiten und Ängsten.
Sicher ist es im Nachhinein müßig zu fragen, aber vielleicht doch einiger Überlegungen wert: Was wäre aus König Ludwig II. geworden, hätte es keinen Bruder Otto gegeben? Wie hätte sich sein Leben entwickelt, wenn er von Kindheit an gezwungen gewesen wäre, in allen Bereichen auf eigenen Füßen zu stehen? Ein solches Leben ließe sich in Gedanken durchaus durchspielen und würde für Ludwig II. womöglich zu einem ganz anderen als dem tatsächlich eingetretenen Ende geführt haben.

Epilog

Was heute noch an König Otto I. von Bayern erinnert

Spärliche Reminiszenzen

Es gibt nicht viele Erinnerungsstücke an Ludwigs unglücklichen Bruder, den „Schattenkönig" Otto I. von Bayern. Ihm wurden keine offiziellen Denkmäler errichtet, auch großformatige Gemälde, die ihn mit Hermelin und Krone zeigen, existieren nicht. Wer sich auf die Suche nach Reminiszenzen begibt, stößt allenfalls auf folgende Beispiele.

Erinnerungsstücke aus dem Leben König Ottos I.

In der Bayerischen Staatsbibliothek in München befinden sich einige Autographen und Fotos von Otto. Im Geheimen Hausarchiv der Wittelsbacher, einer Abteilung des Bayerischen Hauptstaatsarchivs, sind etliche Dokumente archiviert, darunter Fotografien, Briefe, Krankenakten, Zeichnungen Ottos und Zeitungsberichte. Sie können allerdings nur mit schriftlicher Genehmigung der Nachfahren des Hauses Wittelsbach eingesehen werden. Im Besitz von privaten Sammlern befinden sich u.a. Postkarten, ein Trinkbecher mit Ottos goldenem Monogramm „O" und elf Spielzeugsoldaten aus Holz, mit denen Otto gespielt haben soll. Sie waren ursprünglich in der Adelsfamilie Notthafft aufbewahrt und wurden später an nahe Verwandte weitergegeben. Einige Freiherren der Notthafft standen bei den Königen Max II. und Ludwig II. in Diensten. Heute sind diese Spielzeugsoldaten im „Museum der Bayerischen Könige" in Hohenschwangau ausgestellt. Erhalten ist außerdem Ottos prachtvolles Georgi-Ritter-Schwert.

Der Sarkophag in der Fürstengruft von St. Michael

Im Vergleich zum prächtigen Sarkophag seines Bruders Ludwig ist Ottos Sarg nur ein bescheidener Sarkophag aus Zinn mit einer aufgesetzten Blechkrone. Als Otto 1916 bestattet wurde, herrschten kriegsbedingte Notzeiten.

Büste König Ottos I. in der LMU-München

Die wohl einzige lebensgroße Büste Ottos als König befindet sich in der Großen Aula der Ludwig-Maximilians-Universität in München. Unter einem prächtigen Jugendstil-Mosaik mit allegorischer Darstellung der Kultur und Wissenschaft stehen in sieben Wandfeldern auf Konsolen aus schwarzem Marmor die lebensgroßen Büsten der sieben Wittelsbacher Herrscher. In der Reihenfolge von rechts beginnend sind dies: Maximilian I. Joseph, Ludwig I., Maximilian II., Ludwig II. und Otto I. sowie Prinzregent Luitpold und Ludwig III.

Veröffentlichungen über König Otto I. von Bayern

Als erste Veröffentlichung erschien 1906 im Verlag Seitz und Schauer in München ein 30-seitiges gebundenes Heft von Georg Ludwig Scharrer-Schauenberg mit dem Titel: „Zwanzig Jahre auf dem bayerischen Königsthron. Otto I., König von Bayern 1886 bis 1906“. Zwei Jahre später gab 1908 die Münchner Buchdruckerei und Verlagsanstalt „Gutenberg“ (Th. Michl) eine 15-seitige Loseblattsammlung heraus von H. F. Schwanburg: „Bayern's geistesumnachteter König. Die Geschichte Otto's v. Bayern bis zum heutigen Tag (1870 bis 1908)“. Beide Publikationen sind Raritäten und selbst antiquarisch kaum noch erhältlich. Als erste umfangreiche Publikation erschien 1992 im Münchner Ehrenwirth-Verlag Alfons Schweiggerts Buch: „Schattenkönig. Otto, der Bruder König Ludwig II. von Bayern. Ein Lebensbild“. Es umfasst 159 Seiten. Die vierte Publikation über Otto ist die vorliegende Biographie.

Filmische Spurensuche über König Otto

2010 entstand für den BR der 45 Minuten dauernde Film „Otto – Bayerns Schattenkönig. Eine Spurensuche“ (Regie: Barbara Schepanek), in dem Ottos Bedeutung in der Reihe der bayerischen Könige dargestellt ist. Natürlich tritt Otto auch in den bekannten Spielfilmen über seinen Bruder Ludwig II. auf, allerdings jeweils nur in einigen Kurzszenen.

Die König-Otto-Tropfsteinhöhle bei Velburg

Diese Tropfsteinhöhle südöstlich von Neumarkt in der Oberpfalz gilt als eine der schönsten Tropfsteinhöhlen Deutschlands. Sie wurde nach König Otto I. von Bayern benannt, da sie am 30. September 1895, Ottos Namenstag, von dem Schäfer Peter Federl entdeckt wurde. König Otto hat sie selbst allerdings niemals betreten. Die Höhle hat eine Gesamtlänge von 450 Metern. 270 Meter davon sind in einer etwa 40-minütigen Führung begehbar.

Der „Prinzensteig“ im Bayerischen Wald

Während seines Aufenthalts im Sommer 1876 in Schloß Ludwigsthal spazierte Otto auf Anraten seiner Ärzte auf dem eigens für ihn angelegten „Prinzesteig“, der entlang des Flüsschen Regen nach Regenhütte verläuft. Es wurde sein Lieblingsweg. Ottos „Prinzensteig“ existiert noch heute.

Die Schlösser König Ludwigs II. sind auch Schlösser Ottos I.

Das sollte man nie vergessen, denn hätte Otto den Schuldenberg von 14 Millionen Mark seines Bruders Ludwig nach dessen Tod nicht abgetragen, hätten diese heute weltberühmten Bauwerke womöglich versteigert werden müssen.

Die Votivkapelle in Berg

Sie befindet sich am Seeufer auf einer Anhöhe nahe bei der durch ein Kreuz gekennzeichneten Todesstelle Ludwigs II. und ist eigentlich dem Andenken König Ludwig II. gewidmet. Den Bau veranlasste 1896 Prinzregent Luitpold. Eingeweiht wurde die Kirche 1900. Bei der Finanzierung griff man, was wenig bekannt ist, auch auf das Privatvermögen König Ottos zurück. Begründet wurde dies damit, „daß bei der Durchführung des Werkes die hohen Kuratoren und die Administration des Vermögens des Königs Otto den Intentionen des Regenten das bereitwilligste Entgegenkommen bethätigt haben, in der richtigen Erkenntnis, daß dieser Denkmalbau ganz in dem von der Trübung unberührten Geiste des Königs Otto gelegen wäre, der in der geistig klaren Jugendzeit an seinem königlichen Bruder ja mit großer Zärtlichkeit hing.“[358] So gesehen sollte die Votivkapelle in Berg künftig auch dem Andenken König Otto I. gewidmet werden und an sein trauriges Schicksal erinnern.

Die Ottostraße in der Münchner Maxvorstadt?

Bedauerlicherweise wurde sie jedoch nicht nach König Otto I. von Bayern benannt, sondern im Jahr 1880 nach seinem Onkel, König Otto I. von Griechenland (1815-1867). Beide Herrscher werden bis heute immer wieder miteinander verwechselt.

Schloss Fürstenried

Wer in unseren Tagen den letzten Aufenthalt Prinz Ottos aufsuchen will, der muss sich zur südwestlichen Stadtgrenze Münchens, an den nördlichen Rand des Forstenrieder Parks begeben.

358 Ettmayr, Corbinian: Die Gedächtniskapelle für König Ludwig II. und die Königskapelle im Parke des Schlosses Berg. München 1901, S. 13-40

Nach Ottos Tod befand sich Fürstenried von 1916 bis 1919 im Besitz König Ludwigs III. Nach dem Ende der Monarchie wurde es 1925 der katholischen Kirche als Exerzitienhaus zur Verfügung gestellt. 1927 war hier das erzbischöfliche Spätberufenen-Seminar St. Matthias untergebracht. Während des Zweiten Weltkriegs nutzte man das Schloss wieder einmal als Lazarett, und nach Kriegsende erneut als Exerzitienhaus. Von 1947 bis 1949 diente es der Theologischen Fakultät der Ludwig-Maximilian-Universität und dem Priesterseminar Georgianum als Ausweichquartier. In dieser Zeit studierte hier auch der spätere Kardinal Josef Ratzinger, der von 2005 bis 2013 in Rom als Papst Benedikt XVI. wirkte.

Im März 2003 beschloss die Erzdiözese, „dass das Schloss Fürstenried als Exerzitienhaus weitergeführt werden soll. Es soll kein Bildungshaus werden, sondern „ein Haus für Menschen“ bleiben, „die eine geistliche Heimat suchen. Hier sollen sie einen Ort finden, wo sie ohne Druck des Alltags ihren Standort überprüfen können, ihr Leben am maßgebenden Wort Gottes neu orientieren, in stiller Besinnung, Aussprache und Gespräch, Klärung und Wegweisung finden und in Gebet und Gottesdienst ihr Leben zur Sprache bringen vor Gott."

Im einstigen „Weißen Saal“, in dem sich Otto großenteils aufgehalten hatte, wurde inzwischen die Hauskapelle eingerichtet. In ihr kann man während der Tage der inneren Einkehr Ruhe und Frieden finden. Zweifellos ist die heutige Nutzung dieser Stätte besonders angemessen, bemühen sich die Teilnehmer an Exerzitien doch um die Vervollkommnung ihrer geistlichen und sittlichen Reife. Manch einer wird dabei zu Recht an das bedauernswerte Leben des Prinzen Otto und an das nicht minder tragische Schicksal seines Bruders Ludwig erinnert. Beides ermahnt, sich stets die Last und Begrenztheit des eigenen Daseins vor Augen zu halten.

Zeittafel

1848 27. April: Prinz Otto kommt zwei Monate zu früh auf die Welt. Er wird auf die Namen „Otto Wilhelm Luitpold Adalbert Waldemar“ getauft. Der Taufpate ist König Otto von Griechenland.

1853 Bei Otto werden erste Auffälligkeiten beobachtet wie Ängste, Aggressionen, Zwangsvorstellungen und leichte Halluzinationen.

1854 Als Erzieher stehen Ludwig und seinem Bruder Sybille Meilhaus, die spätere Baronin Leonrod, Volksschullehrer Michael Klaß, ab 1854 Graf Theodor Basselet de La Rosée, Baron Wulffen und später Major Carl von Orff zur Verfügung.

1857 Sommer: Kronprinz Ludwig zeigt in Berchtesgaden seinem Bruder Otto, dass dieser als der Jüngere „sein Vasall“ ist, der ihm zu gehorchen hat.

1859 Beginn des Gymnasialunterrichts für Otto.
Winter: Kronprinz Ludwig zeigt ein weiteres Mal bei einem Streit mit Otto „um einen Schneeballen“, dass er der Erste ist, dem stets Vorrechte zustehen.

1860 Otto legt sich eine Speisenkartensammlung an, die er auch als Notiz- und Skizzenpapier verwendet.

1861 27. April: Otto wird an seinem 13. Geburtstag von seinem Vater zum Unterleutnant ernannt.

1863 Prinzessin Therese von Bayern fühlt sich zu ihrem Cousin Otto hingezogen. Diese liebvolle Zuneigung bleibt lebenslang bestehen. Otto verliebt sich in Prinzessin Olga, Tochter des Großfürsten Konstantin Nikolajewitsch Romanow, eines Bruders des Zaren Alexander II. Doch aus dieser Verbindung wird nichts.

1864 1. März: Otto wird zur militärischen Ausbildung ins Kadettenkorps eingeführt.

10. März: Tod König Maximilians II. in München. Ottos Bruder Ludwig wird als Ludwig II. König von Bayern.

26. Mai: Otto wird von seinem Bruder zum Oberleutnant befördert.

18. Juni bis 15. Juli: Otto begleitet seinen Bruder Ludwig nach Kissingen zu einem Treffen mit dem österreichischen und russischen Kaiserpaar.

2. Okt.: Otto beteiligt sich mit Ludwig erstmals am Oktoberfest

1865 19. April: Otto fährt mit seiner Mutter, der Königin Marie, nach Schwerin und Berlin; von hier aus besichtigt er Hamburg und Kiel.

19. Juni: Otto nimmt an der Aufführung von „Tristan und Isolde“ an der Seite des Königs von Griechenland, seines Taufpaten, teil.

Sommer: Prinzessin Therese beobachte an ihrem Cousin Otto ungewöhnlich ängstliches Verhalten. Auffallend sind auch Zwangsvorstellungen und akustische Halluzinationen.

1. Okt.: Otto besucht mit seinem Bruder König Ludwig II. das Oktoberfest in München.

10. Dezember: Ludwig will zugunsten seines Bruders Otto erstmals abdanken und sich zu Wagner in die Schweiz begeben.

Ende des Jahres zeigen sich bei Otto Anzeichen von „Jugendirresein“.

1866 6. März: Otto wird von seinem Bruder nach Miramare gesandt. Er wird als Kandidat für den erledigten Thron der Donaufürstentümer vorgeschlagen, doch ohne Erfolg.

27. April: Otto wird volljährig und zum Hauptmann befördert. Er studiert an der Münchner Universität u. a. bei Prof. Wilhelm von Giesebrecht Geschichte der deutschen Kaiser, bei Prof. Wilhelm Heinrich Riehl die Geschichte der sozialen Theorien und bei Prof. Carrière Ästhetik.

1. Mai: Otto tritt in den aktiven Militärdienst (Infanterie-Leib-Regiment).

9. Mai: König Ludwig will lieber zugunsten Ottos abdanken als die Mobilmachung befehlen.

10. Mai: Ludwig II. befiehlt die Mobilmachung für den 22. Juni.

21. Juni: Otto reist an Stelle seines Bruders Ludwig als Offizier ins Hauptquartier (Franken) seines Onkels, des Prinzen Karl. Für sein tapferes Verhalten wird er später mit dem Ritterkreuz 1. Klasse ausgezeichnet.

21. Juli: Ludwig II. will erneut abdanken und die Krone seinem Bruder Otto übertragen.

22. Aug.: Bayern schließt einen Friedensvertrag mit Preußen, der das „Schutz- und Trutzbündnis" zwischen Bayern und Preußen beinhaltet.

10. Sept.: Otto erhält das Ritterkreuz 1. Klasse

17. Sept.: Otto begrüßt und empfängt die 2. Batterie des Artillerie-Regiments bei dessen Einzug in München.

29. Sept.: Otto tritt eine Reise nach Oberitalien an (Mailand, Turin, Vincenza, Padua und Venedig), von der er am 6. November zurückkehrt.

25. Nov.: Otto nimmt die Verteilung der Auszeichnungen an Offiziere und Mannschaften aus dem Feldzug 1866 im Hofe der Türkenkaserne vor.

5. Dez.: Ludwig, der sich auf seiner triumphalen Frankenreise befindet, lässt Otto zu sich nach Nürnberg kommen. Eine Deputation der städtischen Behörden in Nürnberg empfängt den Prinzen.

31. Dez.: Bei einer Teegesellschaft seiner Mutter zu Sylvester fühlt sich Otto grundlos provoziert und fordert eine dritte Person zum Duell. Ludwig II. schließt eine eventuelle Thronfolge seines Bruders aus.

1867 22. Januar: Ludwig II. verlobt sich mit Herzogin Sophie Charlotte in Bayern.

Frühjahr: Otto reist nach Rom und Neapel. In Rom trifft er seinen Großvater Ludwig I.

31. Mai bis 1. Juni: Gemeinsame Reise Ludwigs und Ottos nach Eisenach zum Besuch der Wartburg.

11. Juli: Otto wird Inhaber des 5. Chevauleger-Regiments, das er am …

12. Aug.: … in Speyer, dessen Garnison, inspiziert.

10. Oktober: Die Verlobung Ludwigs mit Herzogin Sophie wird aufgelöst.

1868 1. April: Otto veranstaltet im Auftrag seines Bruders Hoftafeln.

29. April: Otto wird durch seinen Bruder in den Ritterorden vom Heiligen Georg, den Hausorden der Wittelsbacher aufgenommen.

2. bis 10. Aug.: Reise des Königs mit Prinz Otto nach Kissingen; Treffen mit dem russischen Kaiserpaar.

1869 8. Febr.: Otto erlebt mit Ludwig den Metzgersprung (= Freisprechung der Metzgerlehrlinge zu Gesellen) auf dem Münchner Marienplatz.

27. April: Einführung in die Reichsratskammer, dort gibt Otto sein erstes Votum ab (Schulgesetz).

Auf Initiative von Kardinal Karl August von Reisach erfolgt die Investitur Ottos in den Ritterorden vom Heiligen Grab in Jerusalem.

Ab Mai führt Otto eine „Grand Tour" nach Italien, Frankreich, Spanien, Österreich, auf den Balkan, in der Türkei und ins Heilige Land.

August: Otto bekommt Wechselfieber, deren Ursache unbekannt ist. Man vermutet, er habe sich mit Malaria infiziert.

12. Sept.: Otto kehrt von seiner Orientreise zurück.

1870 17. Jan.: Otto nimmt mit dem König an der Landtagseröffnung teil. Ludwig II. schwört Preußen Bündnistreue.

16. Juli: Ludwig II. befiehlt die Mobilmachung gegen Frankreich.

27. Juli: Otto ist bei der denkwürdigen Festvorstellung im Hoftheater zu Ehren des Kronprinzen von Preußen anwesend.

22. Aug.: Otto nimmt mit seinem Bruder an der „Königsparade" teil und begibt sich auf den Kriegsschauplatz ins Hauptquartier des Königs von Preußen, des späteren Deutschen Kaisers. Wie schon 1866 beim Bruderkrieg gegen Preußen nimmt er an Stelle seines Bruders am Krieg gegen Frankreich als Oberstinhaber des 5. Chevauleger-Regiments teil.

1. Sept.: Schlacht bei Sedan. Niederlage der Franzosen.

19. Sept.: Otto nimmt mit seinem 5. Chevaulegers-Regiment am Gefecht bei Plessis-Piquet unweit Paris teil.

5. Nov.: Otto wird nach Hohenschwangau zu seinem Bruder gerufen, der ihm nunmehr bereits zum dritten Mal seine Abdankungspläne darlegt und ihm die Königskrone anbietet. Otto lehnt ab.

28. Nov.: Otto schreibt an seinen Bruder: „Ich beschwöre Dich, das Schreckliche nicht zu tun!“, nämlich König Wilhelm von Preußen die Kaiserkrone anzutragen. Doch dies ist nicht mehr abzuwenden.

1871 15. Jan.: Ottos zweite Abreise ins Hauptquartier. Nach Beendigung des Feldzuges erhält er das Eiserne Kreuz.

18. Jan.: Otto ist in Vertretung seines Bruders bei der Kaiserproklamation König Wilhelms von Preußen zum „Deutschen Kaiser Wilhelm I.“ in Versailles zugegen. „Alles so kalt, so stolz, so prunkend und großtuerisch und herzlos und leer!“

10. Mai: Ottos Geisteskrankheit verschlimmert sich. Er wird nun ärztlich überwacht. Untersuchung durch Dr. Franz Xaver von Gietl und anschließend durch ein vierköpfiges Ärzte-Concilium (Dr. Gietl, Dr. Wolfsteiner, Dr. Brattler und Dr. Solbrig). Therapeutische Maßnahmen sind: Mahnreden, religiöse Beeinflussung durch Abt Haneberg, Stahlbäder, Bäder mit Mutterlaugenextrakt, Roborierung, kalte Regenbegießungen, Abreibungen; medikamentöse Behandlung u. a. mit Chloralhydrat, Morphium, Eisenpräparaten.

15 . Nov.: Reichskanzler Otto von Bismarck wird über Ottos Geisteskrankheit informiert.

1872 15. Jan.: Ärztliches Gutachten, dass Prinz Otto als geistesgestört zu betrachten sei. Überlegungen bei Otto eine magnetische Kur zu versuchen werden im März verworfen.

Feb.: Der kaiserlich-russische Staatsrat Alexander Aksakof macht Ludwig II. den Vorschlag, zur Behandlung Ottos den Magnetiseur Daniel Dunglas Home nach München einzuladen.

25. Feb.: Otto wird auf Anordnung seines Bruders Ludwig gegen seinen Willen aus der Münchner Residenz, wo er bisher wohnte, nach Schloss Nymphenburg verbracht. Er erfährt dort im südlichen Pavillon des Schlosses eine milde Isolierung.

März: Dr. Gietl schlägt eine Wechselstrombehandlung (Faradisation) vor, die vermutlich aber nicht durchgeführt wird.

31. Juli: Otto nimmt an der 400 jährigen Stiftungsfeier der Universität München teil.

Dr. Gietl tritt zurück. Hofstabsarzt Dr. Brattler wird sein Nachfolger.

Herbst: Untersuchung Ottos durch Dr. Brattler.

Dezember: Dr. Gudden, der als Nachfolger des verstorbenen Dr. Solbrig Leiter der Oberbayerischen Kreisirrenanstellt in München wird, untersucht Prinz Otto.

1873 28. April: Anlässlich der Hochzeit Prinz Leopolds von Bayern mit Erzherzogin Gisela am 20. April findet am 28. April ein „Königliches Hofbankett" im Hofballsaal der Residenz statt, an dem auch Prinz Otto teilnimmt.

Ende Juni: Cholera-Epidemie in München. Dennoch bewegt sich Otto in der Öffentlichkeit und besucht Vorstellungen des Zirkus Ciniselli, bis ihm das von seinem Bruder untersagt wird.

25. August: Otto nimmt an der Feier des 28. Geburtstages seines Bruders in Hohenschwangau teil.

1874 Kaiserin Elisabeth in München. Sie besichtigt die Oberbayerische Kreisirrenanstalt in München. Besuch bei Prinz Otto und seiner Mutter.

12. Okt.: Übertritt der Königin-Mutter Marie in Waltenhofen zum römisch-katholischen Glauben. Diesen Schritt unternimmt sie auch im Hinblick auf Ottos Krankheit.

1875 9. Feb.: Gutachten Dr. Guddens über Prinz Ottos geistig-seelischen Zustand.

27. Mai: Otto gibt in der Münchner Frauenkirche einen Beweis für seine geistesverwirrte Verfassung. Beim Fronleichnams-Festgottesdienst bekennt er öffentlich seine Sünden. In der Folge wird seine Isolierung in Schloss Nymphenburg intensiviert.

7. Juni: Otto will eine Reise in die Beneluxländer, Skandinavien und Russland unternehmen. Doch bereits am 9. Juni muss die Reise wegen auftretender starker Wahnideen abgebrochen werden.

Juli /August: Otto hält sich bei seiner Mutter in Elbigenalp auf. 22. Aug.: Ottos letzter öffentlicher Auftritt zusammen mit seinem Bruder Ludwig ist die Teilnahme an der Königsparade auf dem Münchner Marsfeld.

Ende des Jahres erfolgt in der Abtei St. Bonifaz erneut ein „Sündenbekenntnis“ Ottos , worauf er in Schloss Nymphenburg streng isoliert wird.

1876 1. Juni bis 31. August: Otto hält sich in Schloss Ludwigsthal bei Zwiesel im Bayerischen Wald auf. Eine Besserung seines Leidens erfolgt durch den Kuraufenthalt jedoch nicht.

29. Okt.: Dr. Gudden wird nach dem Rücktritt Dr. Brattlers betreuender Arzt des Prinzen Otto. Er führt das System der „Prinzenärzte“ ein, d. h. er wählt aus seinen Assistenzärzten Freiwillige aus, die für jeweils einen Monat oder zwei Monate Ottos Betreuung in Schloss Fürstenried übernehmen.

1878 16. März: Offizielle Entmündigung Ottos durch seinen Bruder Ludwig II.

Herbst 1878: Als zeitweiser Aufenthaltsort wird nun Schloss Schleißheim für Otto bestimmt. Dort hält er sich bis 1879 auf.

1879 Kurzaufenthalte Ottos in Schloss Fürstenried. Wie es heißt, fanden erste Aufenthalte bereits seit 1877 statt.

1880 Februar: Schloss Fürstenried muss für Ottos künftigen Aufenthalt saniert und teilweise umgebaut werden. Ludwig II. genehmigt dafür einen Betrag von 152.000 Mark.

März: Ottos Vermögensverwaltung erwirbt das Schloss mit Park zum Preis von 126.915 Mark. Damit ist Schloss Fürstenried Ottos Privateigentum.

13. März: Internierungsbeschluss für Ottos künftigen Aufenthalt in Schloss Fürstenried.

Die Umbaumaßnahmen dauern bis 1883. Dennoch gibt es während dieser Zeit im Schloss Aufenthaltsmöglichkeiten für den kranken Prinzen.

1881 3. bis 15. Juni: Der von Ludwig verehrte Schauspieler Josef Kainz zu Besuch in Schloss Linderhof.

27. bis 14. Juli: Ludwig mit Kainz in der Schweiz auf den Spuren Wilhelm Tells.

1882 29. Sept. bis 8. Oktober: Aufenthalt Ludwigs II. auf Herrenchiemsee, um die Bauarbeiten des neuen Schlosses zu überwachen.

1883 13. Feb.: Richard Wagner stirbt in Venedig.

Nach Beendigung der Sanierungs- und Umbauarbeiten wird Otto in Schloss Fürstenried nun fest interniert. Er zeigt sich ab jetzt kaum mehr in der Öffentlichkeit. Ludwig reduziert seine Besuche bei Otto in Fürstenried nach und nach.

1884 Beginn der „Königskrise“: Die Privatschulden Ludwigs überschreiten 8 Millionen Mark. Doch er hält sich an keine Sparpläne und baut weiter.

16. Mai: Ludwig erwirbt die Burgruine Falkenstein und plant weitere Bauten.

1885 12. Mai: 209. und letzte Separatvorstellung für den König.
Im Spätherbst: Einstellung der Arbeiten in Schloss Herrenchiemsee.
August: Die Schulden Ludwigs II. betragen bereits 14 Millionen Mark. Die ersten Gläubiger reichen Zivilklage ein.

1886 8. Juni: Ein psychiatrisches Gutachten erklärt Ludwig für geisteskrank. Verfasser: Dr. Bernhard von Gudden. Mitunterzeichnet von Dr. Hagen, Dr. Hubrich, Dr. Grashey.

10. Juni: Proklamation der Regentschaft.

12. Juni: Ludwig II. wird entmündigt und nach Schloß Berg verbracht.

13. Juni: Tod König Ludwigs II.

14. Juni: Prinz Otto tritt als König Otto I. die Nachfolge seines Bruders Ludwig II. an und wird zum König proklamiert.

15. Juni: Kuratoren verkünden König Ottos I. die Proklamation zum König. Kurz darauf wird er aufgrund seiner Krankheit entmündigt. Prinzregent Luitpold übernimmt die Regentschaft.

1887 Nach Ludwigs Tod droht der Nachlasskonkurs. Er wird durch einen strengen Sparkurs, neue Bankkredite, ein Darlehen aus Ersparnissen von Ludwigs Bruder, König Otto I., Eintrittsgelder der Schlösser und Einnahmen aus den Urheberrechten von Werken Wagners abgewendet.

1888 „Dreikaiserjahr“: Tod Kaiser Wilhelms I.; sein Sohn und Nachfolger, Friedrich III., stirbt nach drei Monaten ebenfalls; Thronbesteigung des 29-jährigen Kaisers Wilhelm II.

1889 17. Mai: Ottos Mutter Marie stirbt in Hohenschwangau als letztes Mitglied seiner Familie. Nun kümmert sich nur noch seine Cousine Prinzessin Therese von Bayern um ihn.

1890 Alljährlich begibt sich eine Parlamentarierabordnung zum Schloss Fürstenried, um sich von der noch bestehenden Regierungsunfähigkeit Ottos ein Bild zu machen. Sein Zustand wird jeweils als unverändert beschrieben.

1898 6. April: Bei Otto tritt eine „Blasenblutung“ auf. Es wird eine Nierenreizung vermutet.

Genauere Diagnosen verhindert Otto, der sich gegen Untersuchungen zur Wehr setzt.

27. April: Ottos 50. Geburtstag. Wie jedes Jahr wird an den Geburtstag des Königs mit einem Gottesdienst und der Beflaggung öffentlicher Gebäude gedacht.

1900 11. Mai: Es wird die „Bildung eines Nierensteines“ bei Otto vermutet.

5. Juni: Die Augsburger Abendzeitung meldet, Otto leide an Blasenkrebs, was sich als Gerücht erweist.

1903 27. April: König Otto I. wird 55 Jahre alt.

1907 Sept.: Der Schriftsteller Ludwig Thoma spricht für viele Menschen, als er fordert, Bayern brauche endlich wieder einen regierungsfähigen, gesunden König, den das Volk auch zu Gesicht bekommt, was bei König Otto I. nicht der Fall ist.

1909 Die Schulden Ludwigs II. sind, u.a. auch mit Geldmitteln seines Bruders Otto, restlos getilgt.

1911 14. Juni: Otto I. – 25 Jahre „Schattenkönig“ auf dem bayrischen Königsthron.

1912 12. Dez.: Tod des Prinzregenten Luitpold, Ottos Stellvertreters, im Alter von fast 90 Jahren. Nachfolger als Prinzregent wird sein Sohn Ludwig.

1913 27. April: König Otto I. wird 65 Jahre alt.

Herbst: Der Bayerische Landtag lässt von den Psychiatern Emil Kraepelin, Hubert von Grashey, Friedrich Vocke, Ernst Rehm und Gustav Specht ein Gutachten über den geistigen Zustand Königs Ottos erstellen. Ottos Zustand ist unverändert.

8. Nov.: Luitpolds Sohn Ludwig wird als Ludwig III. bayrischer König. Otto darf seinen Titel „Otto I., König von Bayern“ weiterhin behalten, verliert aber zeitlebens den Anspruch auf Regierungsfähigkeit. In Bayern gibt es somit zwei Könige, d.h. eine Doppelmonarchie.

1914 28. Juli: Beginn des Ersten Weltkriegs. An diesem Tag erfolgte die Kriegserklärung Österreich-Ungarns an Serbien. In der Folge treten immer mehr Staaten in den Krieg ein, der erst am 11. Nov. 1918 endet.

1916 11. Okt.: König Otto I. stirbt unerwartet an einer Darmverschlingung aufgrund seiner ungesunden Ernährungsweise. Ottos Leiche wird durch den Pathologen Werner Hueck seziert. Das Gehirn untersuchte im neuropathologischen Labor der Münchner Universitätsnervenklinik der Neurologe Walther Spielmeyer. Er stellt „einen selbstständigen Destruktionsprozess des Rindengewebes im Gehirn“, also „Gehirnschrumpfung“ fest. Dies weise auf eine „Dementia praecox“ hin, die heute als „Schizophrenie“ bezeichnet würde.

14. Okt.: König Otto I. wird in der Fürstengruft der St. Michaelskirche München nahe bei dem Sarkophag seines Bruders zur letzten Ruhe gebettet.

1918 7. Nov.: Kurt Eisner beendigt mit einem Staatsstreich die Monarchie in Bayern und ruft die Republik aus.

13. Nov.: Ludwig III. dankt ab. Damit endet die 738 Jahre währende Herrschaft der Wittelsbacher.

1921 18. Okt.: Fünf Jahre nach Ottos Tod stirbt König Ludwig III. als letzter bayrischer König bei einem Jagdaufenthalt in Ungarn.

Literatur

Adalbert Prinz von Bayern: Nymphenburg und seine Bewohner. München 1949

Adalbert Prinz von Bayern: Erinnerungen 1900 – 1955, München 1991

Aretin, Cajetan von: Die Erbschaft des Königs Otto von Bayern. Höfische Politik und Wittelsbacher Vermögensrechte 1916 bis 1922. Beck, München 2006, (Schriftenreihe zur bayerischen Landesgeschichte 149), (Zugleich: München, Univ., Diss., 2006).

Beeh-Lustenberger, Suzanne: Dem Licht Farbe gegeben. 150 Jahre Franz Mayer'sche Hofkunstanstalt 1847-1997. In: Das Münster 51, 1998. S. 35-55

Below, Ludwig: Dem Toten die Ehre. Entsigelte Dokumente. Treue Bayernherzen ihrem Liebling als Denkmal. Roman eines Königstraumes nach ganz neu erschlossenen Quellen. München 1926

Bialuch, Jürgen (Hrsg.): Gestalten um den Märchenkönig. Biographische Skizzen. Bd.1. Reutlingen 1994

Blunt, Wilfried: Ludwig II. König von Bayern. München 1970

Böhm, Christiane: „... Dein treuer Freund Ludwig" oder Warum auch ein König keinen Elefanten bekam. Eine Biographie König Ludwigs II. von Bayern für Jung und Alt. München, 2011

Böhm, Gottfried von: Ludwig II. König von Bayern. Sein Leben und seine Zeit. Berlin 1924

Burgmair, Wolfgang / Weber, Matthias M.: „... daß er selbst mit aller Energie gegen diese Hallucinationen ankämpfen muß ...": König Otto von Bayern und die Münchner Psychiatrie um 1900. In: Sudhoffs Archiv. Bd. 86, H. 1 (2002), S. 27-53. Verlag Franz Steiner

Burgmair, Wolfgang / Weber, Matthias M.: Otto I. von Bayern und die Münchner Psychiatrie um 1900. Staatsrechtliche Konsequenzen und die Etablierung der Psychiatrie. In: Neurotransmitter 4, 2004, S. 88-93

Burgmair, Wolfgang / Weber, Matthias M.: Aufbau der Versorgungsstrukturen in Bayern um 1850. Das „rückständige öffentliche Irrenwesen". Teil 1 in: Neurotransmitter 21 (1), 2010, S. 24-26, Teil 2 in: Neurotransmitter 21 (2), S. 29-31, Teil 3 in: Neurotransmitter 21 (3), S. 23-25

Burgmair, Wolfgang / Weber Matthias M.: Die Psychiatrie in Bayern in der Regierungszeit König Ludwigs II. In: Wolf, Peter/et al.. (Hrsg.): Götterdämmerung. König Ludwig II. und seine Zeit. Aufsätze. Augsburg 2011 (S. 65 ff.)

Burgmair Wolfgang / Engström, Eric J. / Weber, Matthias M.: Emil Kraepelin – „Persönliches" (Edition Emil Kraepelin, Bd. 1). München 2001

Busch, Moritz: Tagebuchblätter, 3 Bde., Leipzig 1899

Bußmann, Hadumod: „Ich habe mich vor nichts im Leben gefürchtet". Die ungewöhnliche Geschichte der Therese Prinzessin von Bayern. (1850 – 1925). München, 4.Aufl., 2012

Conrad, Georg: Majestät – Ein Königsroman. Berlin 1902

Conrad, M. G.: König und Schauspielerin. In: Die Propyläen, Heft 17, 1920, S.313-315

Corti, Egon Caesar Conte: Elisabeth – Die seltsame Frau. Salzburg 1934

Craemer, Josef Ludwig: Die Bayerischen Königsschlösser in Wort und Bild. München 1898

Craemer, Josef Ludwig: Königs-Historien, Theile 1–3. München 1894/95/96

Dickinger, Christian: Die schwarzen Schafe der Wittelsbacher. Zwischen Thron und Wahnsinn. Wien 2003

Doeberl, Michael: Bayern und die Bismarckische Reichsgründung. München-Berlin. 1925

Dörflinger, Robert: Ludwig II. – Was ihn prägte. Augsburg 1983

Ettmayr, Corbinian: Die Gedächtniskapelle für König Ludwig II. und die Königskapelle im Parke des Schlosses Berg. München 1901

Eulenberg, Herbert: Die letzten Wittelsbacher. Wien 1929

Eulenburg-Hertefeld, Philipp Fürst zu: Das Ende König Ludwigs II. und andere Erlebnisse, 1. Bd. hg. von seiner Witwe Fürstin Augusta zu Eulenburg-Hertefeld, Leipzig 1934; Neuausgabe, Frankfurt a. M. und Leipzig 2001

Euringer, Richard: Ludwigslegende. Aus hundert Jahren Anarchie. Hamburg 1935

Gerold, Otto (Hrsg.): Die letzten Tage König Ludwig II. Erinnerungen eines Augenzeugen. Zürich 1908

Glaser, Hubert (Hrsg.): Kurfürst Max Emanuel. Bayern und Europa um 1700, Bd. II. München 1976

Grein, Edir (Hrsg.): Tagebuch-Aufzeichnungen von Ludwig II., König von Bayern. Schaan/Lichtenstein 1925

Gritschneder, Otto: Weitere Randbemerkungen. München 1986. Darin: Doppelmonarchie in Bayern? Wie Ludwig III. König wurde.

Grünwald, Konstantin: Ludwig II. – Die Geschichte eines Märchenkönigs. Wien/München 1970

Gudden, Wolfgang: Bernhard von Gudden. Leben und Werk. Dissertation. Univ. München 1987.

Haasen, Gisela: Ludwig II. Briefe an seine Erzieherin. München 1995

Hacker, Rupert (Hrsg.): Ludwig II. von Bayern in Augenzeugenberichten. Düsseldorf 1966

Hacker, Rupert: Ludwig II. von Bayern, die Königskrise von 1885/86 und der Weg zur Regentschaft (347 ff.) - König Ludwig II. von Bayern. Krankheit, Krise und Entmachtung – Quellentexte (481 ff.) In: Kommission für bayerische Landesgeschichte: Zeitschrift für bayerische Landesgeschichte 2011. Band 74 [Heft 2], München 2011.

Häfner, Heinz: Ein König wird beseitigt. Ludwig II von Bayern. München 2008

Hamann, Brigitte: Elisabeth, Kaiserin wider Willen. Wien/München 1982

Hausner, Hermann M.: Ludwig II. v. Bayern – Berichte der letzten Augenzeugen. München 1961

Häupler, Hans-Joachim: Das Drama von Ludwigsthal. Sauerlach 1982

Heindl, Hannes: Marie, Königin von Bayern. München 1989

Herre, Franz: Ludwig II. von Bayern – Sein Leben – Sein Land – Seine Zeit. Stuttgart 1986

Hierneis, Theodor: Der König speist. Erinnerungen aus der Hofküche König Ludwigs II. München 1953

Hilz, Max: Das Buch für Zwiesel und Umgegend, Zwiesel 1890

Hippius, Hanns u. a. (Hg.): Emil Kraepelin. Lebenserinnerungen. Berlin 1983.

Hohlfeld, Johannes: Die Ahnentafel von Kronprinz Rudolf v. Österreich mit Ahnentafel der Könige Ludwig II. und Otto v. Bayern. In: Ahnentafeln berühmter Deutscher, V. Folge, 6. Lieferung, S. 3 (127) - 12 (136), Leipzig 1939

Hollweck, Ludwig: Er war ein König – König Ludwig II. von Bayern. München 1979

Hüttl, Ludwig: Ludwig II. König von Bayern. München 1986

Janetschek, Ottokar: Der König und sein Meister. Wien 1952

Kitzmann, A.R.: Das offene Tor. Protestanten in München. München 1990

Kobell, Luise von: Unter den vier ersten Königen Bayerns. 2. Bd. München 1884

Kobell, Luise von: König Ludwig II. von Bayern und die Kunst. München 1898

Kraepelin, Emil: Psychiatrie. 8. Aufl., Bd. 1. Leipzig 1910

Kriegelsteiner, Franz Xaver.: Exerzitienhaus Schloß Fürstenried. Führer durch das Schloss und seine Geschichte, München 1936

Laehr, Heinrich: Die Heil- und Pflegeanstalten für Psychisch-Kranke des deutschen Sprachgebiets. Berlin 1882.

Lampert, Friedrich: Ludwig II., König von Bayern. München 1890

Landesvorstand der Sozialdemokratischen Partei Bayerns (Hrsg.): Die Absetzung des Königs, die Erhöhung der Zivilliste und die Sozialdemokratie. München 1913

Langer, Brigitte / Ottomeyer, Hans / Alexander Herzog von Württemberg: Die Möbel der Residenz München. Bd. 111. Möbel des Empire, Biedermeier und Spätklassizismus. München 1997

Larisch-Wallersee, Marie Louise: Kaiserin Elisabeth und ich. Leipzig 1935

Lau, Katja, u. a.: Speisen wie ein König. München 1983

Locher, Wolfgang: Die Medizinische Fakultät der Universität München im 19. Jahrhundert. München 1985

Lohmeier, Georg: Die Ahnen des Hauses Bayern. Die Geschichte der Wittelsbacher. München 1980.

Mayr-Ofen, Ferdinand (= Zarek, Otto): Ludwig II. von Bayern. Das Leben eines tragischen Schwärmers. Leipzig-Wien, 1937

Memminger, Anton: Der Bayernkönig Ludwig II. Würzburg 1919

Merta, Franz: Die Tagebücher König Ludwigs II. von Bayern. In: Zeitschrift für Bayerische Landesgeschichte, Bd. 53, Heft 2, München 1990

Möckl, Karl: Die Prinzregentenzeit. München/Wien 1972

Müller, Friedrich von: Lebenserinnerungen. München 1951

Müller, Franz Carl: Die letzten Tage Ludwigs II. von Bayern – Nach eigenen Erlebnissen geschildert. Berlin 1888

Müller, Wolfgang: „Ein ewig Rätsel bleiben will ich…“. Wittelsbacher Schicksale: Ludwig II., Otto I., und Sisi. München 1999

Münsterer, Robert: König Ludwig II. und die Musik. Rosenheim 1980

Nöhbauer, Hans F.: Die Wittelsbacher. München 1979

Nöhbauer, Hans F.: Auf den Spuren König Ludwigs II. München 1986

Orlop, Nikolaus: Von Garibaldi bis Ludwig III. Die Herzöge, Kurfürsten und Könige Bayerns. München 1979

Petzet, Michael/Neumeister, Werner: Die Welt des Bayerischen Märchenkönigs – Ludwig II. und seine Schlösser. München 1980

Posipal, Isabella: Fürstenried, Asyl eines kranken Königs. In: Münchner Stadtanzeiger, Nr. 1, 5./6. Januar 1967, S. 17

Possart, Ernst von: Erstrebtes und Erlebtes. Erinnerungen aus meiner Bühnentätigkeit, Berlin 1916

Racowitza, Helene von: Von Anderen und mir. Erinnerungen aller Art. Berlin 1909

Rall, Hans / Petzet, Michael: König Ludwig II. – Wirklichkeit und Rätsel. München/Zürich 1968

Rall, Hans / Petzet, Michael: Leben und Tod König Ludwigs II. München/Zürich 1986

Reiser, Rudolf: Klenzes geheime Tagebücher. München 1998

Reiser, Rudolf: Königsmord am Starnberger See. Wie und warum Ludwig II. am 13. Juni 1886 sterben musste. München 2002

Richter, Werner: Ludwig II. König von Bayern. München 1939

Richter, Arndt: Die Geisteskrankheit der bayerischen König Ludwig II. und Otto. Eine interdisziplinäre Ahnenstudie mittels Genealogie, Genetik und Statistik mit einer EDV-Programmbeschreibung von Weert Meyer. Neustadt a. d. Aisch,1997

Riehl, Hans: Märchenkönig und Bürgerkönige – Wittelsbacher Geschichte(n) 1806-1918. Pfaffenhofen 1979

Roesle, Emil Eugen: Die Geisteskrankheit der bayerischen Könige Ludwig II. und Otto. I in Sichte neuer genealogisch-erbbiologischer Methoden: In: Geneal. Jahrbuch 2. Neustadt a. d. Aisch 1962

Rummel, Walter von: Ludwig II. – Der König and sein Kabinettchef. München 1930

Sailer, Anton: Bayerns Märchenkönig – Das Leben Ludwigs II. in Bildern. München 1983

Sand, Hermann / Ellenrieder, Stefan: Das Schloß Fürstenried (Forstenrieder/Fürstenrieder Hefte 4). München 1996

Scharrer-Schauenberg, Georg Ludwig: Zwanzig Jahre auf dem bayerischen Königsthron. Otto I., König von Bayern 1886 bis 1906, München 1906

Schad, Martha: Bayerns Königinnen, Regensburg 1992

Schlim, Jean Louis: Otto I. Der vergessene König auf Bayerns Thron. In. Charivari, Jg. 1991. Heft 10, S. 22 – 26

Schmidbauer, Wolfgang / Kemper, Johannes: Ein ewiges Rätsel will ich bleiben mir und anderen – Wie krank war Ludwig II. wirklich? München 1986

Schrott, Ludwig (Hrsg.): Der Prinzregent. Ein Lebensbild aus Stimmen seiner Zeit. München 1962

Schultze, Marie: Marie, Königin von Bayern. München 1892

Schulze, Dietmar: Ludwig II. Denkmäler eines Märchenkönigs. München 2011

Schwanburg, H. F. von der: Bayern's geistesumnachteter König. „Die Geschichte Otto's v. Bayern bis zum heutigen Tag (1870 bis 1908). München, um 1908.

Schweiggert, Alfons: Schattenkönig. Otto, der Bruder König Ludwig II. von Bayern. Ein Lebensbild. München 1992

Schweiggert, Alfons: Der Kronprinz. Kindheit und Jugend. König Ludwig II. von Bayern. Pfaffenhofen/Husum 1995

Schweiggert, Alfons: Die letzten Tage im Leben König Ludwig II. St. Ottilien 2003

Schweiggert, Alfons: Edgar Allan Poe und König Ludwig II. Anatomie einer Geistesfreundschaft. St. Ottilien 2008

Schweiggert, Alfons: Der Mann, der mit Ludwig II. starb. Dr. Bernhard von Gudden, der Gutachter des bayerischen Königs. Husum 2014

Schweiggert, Alfons / Adami, Erich: Ludwig II. Die letzten Tage des Königs von Bayern. München 2014

Schwerdtfeger, Gerhard, O.: Die Erbanlagen bei Ludwig II. und Otto von Bayern aus genealogischer Sicht. Eine kritische Bestandsaufnahme und neue Forschungsergebnisse. Teil I. Genealogisches Jahrbuch, Bd. 35, Neustadt a. d. Aisch, 1995

Schwerdtfeger, Gerhard, O.: Die Erbanlagen bei Ludwig II. und Otto von Bayern aus genealogischer Sicht. Eine kritische Bestandsaufnahme und neue Forschungsergebnisse. Teil II. Neue Forschungsergebnisse. Genealogisches Jahrbuch, Bd. 36, Neustadt a. d. Aisch, 1996

Seitz, Maria: „Hätt ich Flügel, um mich zu Dir schwingen zu können …" Dokumente einer lebenslangen Freundschaft. Briefwechsel zwischen König Ludwig II. von Bayern und seinem Vetter Prinz Wilhelm von Hessen-Darmstadt. Darmstadt 2011

Sendtner, Kurt: Rupprecht von Wittelsbach, Kronprinz von Bayern. München 1954

Stadler, Peter: Joseph Effner (Dachauer Museumsschriften, Bd. 5). Dachau 1986.

Steinberger, Hans: Ludwig II. von Bayern. Der Romantiker auf dem Königsthrone. Kaufbeuern 1916

Streißler, Fr.: König Ludwig II. von Bayern. Ein deutsches Fürstenleben. Leipzig-Rendnitz 1886

Strohmayer, Wilhelm: Psychiatrisch genealogische Untersuchung der Abstammung König Ludwigs II. u. Ottos I. von Bayern. Wiesbaden 1912

Thoma, Ludwig: Gesammelte Werke. 8. Band. München 1956

Thoma, Ludwig: Gesammelte Werke in sechs Bänden. Band 6, München 1968

Thoma, Ludwig: Ein kranker König. In: März. Halbmonatsschrift für deutsche Kultur. 1. Jg., H. 19, München 1907

Thoma, Ludwig: Die bayerische Königsfrage. In: März. Halbmonatsschrift für deutsche Kultur. Bd. 7, S. 621-623, München 1913

Wallersee, Marie von: Meine Vergangenheit. Berlin 1913

Weber, Matthias M.: Die Entstehung der Psychopharmakologie im Zeitalter der naturwissenschaftlichen Medizin. München 1999

Wilhelm, Kurt (Hrsg.): Luise von Kobell und die Könige von Bayern. Historien und Anekdoten anno 1890. München 1980.

Wöbking, Wilhelm: Der Tod König Ludwigs II. von Bayern. Rosenheim 1986

Wolf, Georg Jacob: König Ludwig II. und seine Welt. München 1925

Wolf, Peter et al. (Hrsg.): Götterdämmerung. König Ludwig II. und seine Zeit. Aufsätze. Augsburg 2011

Zils, W. (Hrsg.): König Ludwig III. im Weltkrieg. München 1917

Ziemssen, Hugo von: Handbuch der allgemeinen Therapie. Bd. 11,1. Leipzig 1880

Ziemssen, Hugo von: Die Electricität in der Medizin. Berlin 1866

Zeitungen (in Auswahl)

	Jahr	Jahrgang	Nummer	Datum
Rosenheimer Anzeiger	1900	46	108	12. Mai
Das Bayerische Vaterland	1916	48	—	15. Okt.
Münchner Illustrierte Zeitung	1916	9	44	5. Okt.
Münchner Merkur	1966	21	242	11. Okt.
Münchner Neueste Nachrichten	1886	39	286	13. Okt.
	1916	69	519	11. Okt.
	1916	69	520	12. Okt.
	1916	69	525	14. Okt.
	1916	69	526	15. Okt.
Münchner Post	1916	30	239	13. Okt.
Münchner Stadtanzeiger	1967	23	1	5./6. Jan.
Münchner Volkszeitung	1916	44	277	12. Okt.
	1916	44	280	15. Okt.
Münchner Zeitung	1916	25	288	17. Okt.
Neue freie Volkszeitung in München	1916	—	278	13. Okt.

Bildnachweis

Bilder aus historischen Publikationen:

Albert, Joseph, Hofphotograph. In: Ranke, Winfried: Hofphotograph der bayerischen König – Joseph Albert. München 1977, Tafeln 6, 8, 23, 24, 26, 27, 29, 33, 41 und S. 10, 13, 14, 20, 22, 51, 114

Below, Ludwig: Dem Toten die Ehre. Entsigelte Dokumente. Treue Bayernherzen ihrem Liebling als Denkmal. Roman eines Königtraumes nach ganz neu erschlossenen Quellen. München 1926, S. 4, 28, 102, 119, 122, 389, 391

Bertram, Werner: Der einsame König – Erinnerungen an Ludwig II. von Bayern. München 1936, S. 241

Böhm, Gottfried von: Ludwig II. König von Bayern – Sein Leben und seine Zeit. 2. Aufl. Berlin 1924. S. 16, 448

Grunwald, Constantin von: Ludwig II. Die Geschichte des „Märchenkönigs". Album von Pierre Waleffe. Wien-München o. J., Tafel 6, 10, 11, 13, 32

Kobell, Louise von: König Ludwig II. von Bayern und die Kunst. München 1898, S. 4, 5, 7, 26, 299, 404, 409, 440, 442, 456, 464

Lampert, Friedrich: Ludwig II., König von Bayern. München 1890, S. 8, 10, 18, 32, 34, 74

Linde Fritz: Ich, der König. Der Untergang Ludwig II. Leipzig 1926. S. 9 (2 Bilder)

Pollety, Hildegard, Altötting: Herzurne König Ottos I. von Bayern

Schauenberg, Georg L.: Im Banne der Rosen. König Ludwig II. in Tagebuchblättern. Diessen vor München, 1924, S. 87, 128

Schultze, Marie: Marie, Königin von Bayern. Ein Lebensbild. München 1892. Vorsatz, 13, 37, 39, 42, 50, 54

Schweiggert, Alfons: Schattenkönig – Otto, der Bruder König Ludwig II. von Bayern. Ein Lebensbild. München 1992, S. 11, 14, 20, 21, 22,23, 27, 30, 31, 35, 51, 56, 64, 75, 81, 91, 95, 105, 108. 123, 143

Steinberger-Prien, Hans: Ludwig II. von Bayern. Der Romantiker auf dem Königsthron. Kaufbeuern 1906, S. 28, 30, 65, 99, 164

Wolf, Georg Jacob: König Ludwig II. und seine Welt. München 1922, S. 21, 24, 28, 100, 101

Bilder aus Archiven

Archiv Erich Adami, Kleinwallstadt
Archiv Alfons Schweiggert, München
Archiv Anna Trautner, Thalhausen

Personenregister